DIREITO E DESENVOLVIMENTO
Biomedicina, Tecnologia e Sociedade Globalizada

Jussara Maria Leal de Meirelles
Marcia Carla Pereira Ribeiro

Coordenadoras

DIREITO E DESENVOLVIMENTO

BIOMEDICINA, TECNOLOGIA E SOCIEDADE GLOBALIZADA

Belo Horizonte

2011

© 2011 Editora Fórum Ltda.

É proibida a reprodução total ou parcial desta obra, por qualquer meio eletrônico, inclusive por processos xerográficos, sem autorização expressa do Editor.

Conselho Editorial

Adilson Abreu Dallari
André Ramos Tavares
Carlos Ayres Britto
Carlos Mário da Silva Velloso
Carlos Pinto Coelho Motta
Cármen Lúcia Antunes Rocha
Cesar Augusto Guimarães Pereira
Clovis Beznos
Cristiana Fortini
Dinorá Adelaide Musetti Grotti
Diogo de Figueiredo Moreira Neto
Egon Bockmann Moreira
Emerson Gabardo
Fabrício Motta
Fernando Rossi
Flávio Henrique Unes Pereira

Floriano de Azevedo Marques Neto
Gustavo Justino de Oliveira
Inês Virgínia Prado Soares
Jorge Ulisses Jacoby Fernandes
José Nilo de Castro
Juarez Freitas
Lúcia Valle Figueiredo (*in memoriam*)
Luciano Ferraz
Lúcio Delfino
Márcio Cammarosano
Maria Sylvia Zanella Di Pietro
Ney José de Freitas
Oswaldo Othon de Pontes Saraiva Filho
Paulo Modesto
Romeu Felipe Bacellar Filho
Sérgio Guerra

Editora Fórum

Luís Cláudio Rodrigues Ferreira
Presidente e Editor

Coordenação editorial: Olga M. A. Sousa
Revisão: Marcelo Belico
Bibliotecária: Izabel A. de Araújo Miranda – CRB 2904 – 6ª Região
Capa e Projeto gráfico: Walter Santos
Diagramação: Juliana Vaz

Av. Afonso Pena, 2770 – 15º/16º andares – Funcionários – CEP 30130-007
Belo Horizonte – Minas Gerais – Tel.: (31) 2121.4900 / 2121.4949
www.editoraforum.com.br – editoraforum@editoraforum.com.br

D598   Direito e desenvolvimento: biomedicina, tecnologia e sociedade globalizada / Coordenadoras Jussara Maria Leal de Meirelles, Marcia Carla Pereira Ribeiro. Belo Horizonte: Fórum, 2011.

359 p.
ISBN 978-85-7700-476-8

1. Biodireito. 2. Bioética. 3. Biomedicina. 4. Ciência. 5. Direito privado. I. Meirelles, Jussara Maria Leal de. II. Ribeiro, Marcia Carla Pereira.

CDD: 341.272
CDU: 347.121.1

Informação bibliográfica deste livro, conforme a NBR 6023:2002 da Associação Brasileira de Normas Técnicas (ABNT):

MEIRELLES, Jussara Maria Leal de; RIBEIRO, Marcia Carla Pereira (Coord.). *Direito e desenvolvimento*: biomedicina, tecnologia, e sociedade globalizada. Belo Horizonte: Fórum, 2011. 359 p. ISBN 978-85-7700-476-8.

Aos nossos filhos
Giovani Ribeiro Rodrigues Alves
(Marcia Carla Pereira Ribeiro) e
Cassiana Meirelles Fowler e
Bárbara Meirelles Fowler
(Jussara Maria Leal de Meirelles).
E aos nossos alunos.

Nossos agradecimentos ao Conselho Nacional de Desenvolvimento Científico e Tecnológico – CNPq, pelo apoio às pesquisas desenvolvidas no âmbito do projeto "Terapia celular humana: limites e possibilidades de ordem ética e jurídica" e do PROCAD – UFSC/PUCPR/ UNIBRASIL/UNISANTOS.

Sumário

Apresentação 17

Parte I
Biodireito e Tecnologia

La Investigación con Células Troncales, Técnicas de Clonación y Otras de Reprogramación Celular: el Debate Jurídico y Jurídico-Penal Actual sobre su Función Respecto a las Biotecnologías

Carlos María Romeo Casabona 25

1   De la clonación reproductiva a la clonación "terapéutica" 26

2   Las células troncales: el estado de la cuestión científica ... 29

2.1   Naturaleza y características de las células troncales 29

2.2   Origen de las células troncales 31

2.3   Fuentes de las células madre 33

2.4   Potencialidades terapéuticas y estado de la investigación 34

3   Obtención de células madre de embriones humanos *in vitro*: el estatuto ético-jurídico del embrión 36

3.1   Las paradojas 36

3.2   Posiciones sobre el estatuto del embrión 39

4   Marco jurídico-constitucional de la protección del embrión 43

5   Creación de embriones humanos 48

6   Células madre de embriones supernumerarios 57

7   Células troncales de cordones umbilicales, embriones y fetos abortados 62

7.1   Cordón umbilical 62

7.2	Embriones y fetos abortados	67
7.3	Obtención de células troncales de adultos	68
8	Los ensayos clínicos	68
9	¿Qué función puede corresponder al Derecho Penal en relación con la biotecnología humana?	73
9.1	Derecho Penal preventivo o Derecho Penal meramente simbólico frente a las biotecnologías	73
9.2	¿La tipificación de delitos orientados al futuro como síntoma de un Derecho Penal meramente simbólico?	75
9.3	El Derecho Penal sobre las biotecnologías, más allá de su valor simbólico	78
9.4	La satisfacción razonable de la función preventiva del Derecho Penal en relación con la biotecnología humana	81
9.5	Derecho Penal simbólico y técnicas de tipificación penal	87
	Referências	89

Sobre a Patenteabilidade das Formas Superiores de Vida

Stefan Martin 95

1	Introdução	96
2	O contexto internacional	106
3	Os trabalhos da Assembleia Parlamentar do Conselho Europeu	107
4	A Declaração Universal sobre o Genoma Humano e os Direitos do Homem da UNESCO de 1997	108
5	A Convenção sobre os Direitos do Homem e a Biomedicina do Conselho da Europa	109
6	A Convenção sobre a Diversidade Biológica	109
7	O Direito comparado	110
7.1	Experiência americana	111
7.2	O Direito europeu: Diretiva 98/44/CE do Parlamento Europeu e do Conselho de 6 de julho de 1998 relativa à proteção jurídica das invenções biotecnológicas	112
8	A jurisprudência do Instituto Europeu de Patentes	113

9	A situação do Brasil: a exclusão da patenteabilidade das formas superiores de vida	115
10	A posição tradicional no Canadá: a rejeição da patenteabilidade das formas superiores de vida	116
11	A reversão jurisprudencial no acórdão Monsanto	122
12	Qual o futuro para as patentes sobre as formas superiores de vida no Canadá?	126
13	Conclusões	129

A Dignidade do Embrião Humano: Análise da Distinção entre "Humano" e "Pessoa" em Bioética

Mário Antônio Sanches, Leide da Conceição Sanches 131

1	Introdução	131
2	Os termos do dualismo	133
3	A questão da dignidade humana	136
3.1	A dignidade na máxima extensão factual	139
3.2	A dignidade na máxima extensão relacional	143
3.3	A dignidade humana e dos outros animais	147
4	Conclusão	151
	Referências	152

Pesquisas com Células-Tronco Embrionárias no Brasil e a (In) Constitucionalidade do Art. 5º da Lei de Biossegurança

Maria de Fátima Freire de Sá, Bruno Torquato de Oliveira Naves, Diogo Luna Moureira 155

1	Introdução	155
2	Por uma medicalização do direito?	158
3	Experimentação com células-tronco embrionárias	162
3.1	O embrião é pessoa em sentido jurídico?	166
4	E o art. 5º da Lei nº 11.105/2005, é (in)constitucional? As vozes dos ministros	168

5   A problemática da fertilização *in vitro* no Brasil e a "inconstitucionalidade parcial" do art. 5º da Lei nº 11.105/2005 178

A BIOINFORMAÇÃO COMO BEM JURÍDICO: DA PRESENÇA DO MERCADO À TUTELA DA PESSOA NA SOCIEDADE DA INFORMAÇÃO

Rosalice Fidalgo Pinheiro 183
1   Introdução 183
2   Do "homem-máquina" ao "homem-informação" 185
3   A arquitetura dos bens: da patrimonialidade à essencialidade 191
4   A bioinformação como bem jurídico: tutela do mercado ou tutela da pessoa? 197
5   Conclusão 208
    Referências 209

PARTE II
SOCIEDADE E TECNOLOGIA

PREVENÇÃO DE DISPUTAS DECORRENTES DE TRANSAÇÕES INTERNACIONAIS

Jeffrey A. Talpis 215
1   Introdução 216
2   Direito Preventivo em geral 217
3   Prevenção de disputas nos negócios internacionais 219
4   Prevenção das disputas em relação à lei aplicável aos contratos internacionais 221
4.1   Princípios gerais 221
4.2   Abordagem clássica 222
4.3   Abordagem unilateral 223
4.4   Quando um contrato é internacional? 223
4.5   A lei aplicável diante da ausência de eleição pelas partes 224

4.6	Princípio da autonomia da parte: eleição da lei pelas partes	225
4.7	Prevenção de disputas por meio da lei aplicável: designação pelas partes	226
4.7.1	Limites para designação (quando o princípio é reconhecido)	227
4.7.2	Outras medidas que as partes podem aplicar para evitar disputas por meio da lei aplicável	231
5	Prevenção de conflitos que poderiam se tornar graves disputas por conflito de gestão: "matar logo no nascimento"	233
5.1	Mecanismos integrados para readaptação do contrato e revisão contínua	233
5.2	Programas integrados de construção de relação	234
6	Prevenção de disputas por meio de como e onde disputas não resolvidas devem ser solucionadas	236
6.1	Resolução de disputas perante os tribunais é preferível	237
6.1.1	Incerteza de jurisdição	237
6.1.2	Acordos sobre eleição de foro	238
6.1.3	A Convenção de Haia de 30 de junho de 2005 sobre acordos exclusivos de eleição de foro	242
6.2	Resolução de disputas por meio da arbitragem	244
6.2.1	A arbitragem tornou-se uma alternativa para a resolução de disputas contratuais internacionais	244
6.2.2	Princípio do reconhecimento e eficácia dos acordos de arbitragem	245
6.3	Resolução de disputas por mediação	249
6.3.1	Obstáculos reais e compreensíveis relacionados ao uso da mediação para resolver disputas internacionais	250
6.3.2	Advogados não consideram a mediação alternativa proveitosa	256
6.3.3	Falta de equilíbrio dos poderes	256

6.3.4 O potencial de demora 257

6.3.5 A confidencialidade do processo 257

6.3.6 Nenhuma necessidade.. 258

6.3.7 A falta de tradição da mediação........................ 258

6.3.8 Falta de sistema legal para executar acordos de mediação e acordos alcançados por meio da mediação... 259

6.4 A opção preferível: multi-etapas ou cláusula passo a passo.. 262

7 Evitar litígios com as partes não inteiradas do contrato, *i.e.*, autoridades públicas ou partes terceiras que surgem na ocasião ou como resultado da transação de negócios internacionais... 265

7.1 Conformidade com os programas para prevenir disputas.. 265

7.2 Reestruturar operações para minimizar ou evitar disputas.. 269

Biotecnologia e Patenteabilidade: Implantação de Políticas Públicas de Desenvolvimento Econômico e Social

Marcos Wachowicz.. 273

1 Introdução 274

2 Tecnologia e processos biotecnológicos inovadores....... 277

2.1 Políticas de desenvolvimento voltadas para a biotecnologia.. 280

2.2 Mapeamento do desenvolvimento tecnológico mundial e a posição do Brasil............................... 281

2.3 A implantação de políticas de desenvolvimento no Brasil 284

2.3.1 Biotecnologia.. 284

2.3.2 Biodiversidade.. 285

2.3.3 Meio ambiente 285

2.3.4	Biopirataria 287
2.4	A responsabilidade do Estado nos planos de desenvolvimento sustentáveis 290
2.5	Limitações do Registro do Patrimônio Imaterial na OMPI e OMC 291
3	Considerações finais 294
	Referências 295

ANÁLISE ECONÔMICA DO DIREITO À INFORMAÇÃO PARA O CONSUMO E A CONSTRUÇÃO DE UM MODELO DE DESENVOLVIMENTO SUSTENTÁVEL

Leonel Betti Jr. 297

1	Introdução 297
2	O consumo e o papel da informação nos mercados 299
3	O direito à informação e o consumo no ordenamento jurídico brasileiro 302
4	A questão ambiental 309
4.1	A degradação ambiental como falha informacional sistêmica 312
5	Perspectivas: o direito à informação ambientalmente adequada 316

O PROCESSO JUDICIAL ELETRÔNICO: REFLEXOS E CONSEQUÊNCIAS DA SOCIEDADE DA INFORMAÇÃO NA ADMINISTRAÇÃO DO PODER JUDICIÁRIO

Paulo Cezar Alves Sodré 323

1	Sociedade da Informação 323
2	Características da Sociedade da Informação 328
3	O Processo Judicial Eletrônico como consequência e reflexo da Sociedade da Informação na administração do Poder Judiciário no Brasil 335

4   A mudança de paradigma e os pontos sensíveis do
Processo Judicial Eletrônico 343
5   Considerações finais 353
Referências 355

SOBRE OS AUTORES 357

Apresentação

A palavra desenvolvimento pode ter muitos significados. Desenvolvimento pode ser visto como uma maior capacidade de consumo. Nesse sentido melhor seria definido como movimento, e a acepção não atingiria a amplitude que o termo sugere. Mas desenvolvimento pode, também, significar que as liberdades individuais e coletivas encontram (finalmente) campo fértil para se confirmarem em maiores oportunidades, acesso ao conhecimento e à justiça.

É com imenso prazer que apresentamos esta obra, que tem como linha condutora a percepção da realidade, seus efeitos em relação ao Direito e seu potencial para o desenvolvimento. Em comum, todas as contribuições aqui apresentadas demonstram a sensibilidade de seus autores para com o mundo em movimento e seus "novos direitos".

Expressam o pensamento e os estudos de pesquisadores brasileiros, espanhol e canadenses sobre temas relacionados aos novos enfrentamentos com que se depara o cientista e o jurista.

Seja pela ótica da realidade das relações sociais, suas possibilidades de gerar conflito e as estratégias de solução e prevenção destes, da qual se extrai a sugestão da utilização da mediação e da arbitragem, especialmente para os contratos de natureza negocial internacionais;

seja pela adoção de um novo paradigma na tramitação dos processos junto ao Poder Judiciário, o avanço nas comunicações, da infraestrutura computacional e globalização dos mercados, os avanços e os riscos que são gerados, merecem o olhar inquieto do jurista.

A evolução da ciência também se apresenta como uma fonte de novos fatos, novos produtos, novos processos e até mesmo novos seres, sobre os quais, especialmente quando relacionados à saúde pública, ainda será preciso firmar o entendimento, quer seja em relação à natureza do direito que decorre do ato inventivo, seja com relação à resposta que será dada pelo direito, de forma a garantir o estímulo constante à inovação e a atenção que o interesse público desperta.

Será impossível firmar uma opinião jurídica sobre as novas tecnologias, sem um conhecimento técnico inclusive em relação a noções extraídas de outras ciências. Daí porque o estudioso do Direito não pode se manter encastelado, surdo às novidades, v.g., em termos de pesquisas embrionárias, tendo que, de tempos em tempos, consultar, por exemplo, um geneticista, para que este esclareça o sentido de novas palavras que mais cedo ou mais tarde aparecerão nos trabalhos normativos e doutrinários. A interação entre o Direito e as demais ciências, por mais que seja inexorável, não pode, porém, calar o jurista, porque em determinadas circunstâncias caberá justamente ao Direito servir de último baluarte dos valores ligados à humanidade às vezes preteridos pelas modernidades e por uma sociedade movida pelo consumo.

Por outro lado, são debates que excedem o círculo da comunidade científica e jurídica para abraçar os movimentos religiosos, os militantes da causa de proteção dos animais, os ambientalistas e outros. Também se postam diante de uma organização mundial que ainda se depara com diferenças econômicas, culturais e sociais que dificultam a expansão dos negócios.

Quando as pesquisas atingem os seres vivos, a partir de manipulações genéticas e a criação de novos seres, o embate entre a ciência, religião e valores éticos sobressai. Mas, as investigações científicas necessitam de recursos (altos) que dependem da garantia dos privilégios que decorrem do direito patentário. Porém, legar ao homem o poder de escolha exclusivamente pautado na potencialidade de lucro, tem se mostrado um equívoco, pois, as escolhas por ele realizadas muitas vezes conduzirão ao oposto de desenvolvimento. Para não se pensar, ainda, no que significaria liberar a criação humana para a composição de novos ou diferentes seres vivos.

Os avanços tecnológicos produzem reflexos para além da pesquisa em Biomedicina. Veja-se, na lide dos juristas, os processos eletrônicos. Ou ainda, no dia a dia de qualquer pessoa, o incremento da oferta de produtos e serviços por todos os meios de comunicação e o perene acesso a essa oferta, cuja conclusão é facilitada por novos mecanismos de comunicação.

Estamos todos inseridos nessa sociedade de consumo, que transita entre o livre acesso ao mercado e as limitações necessárias a que o poder econômico não faça por deixar-se de lado o bem-estar e a qualidade de vida do cidadão.

Numa organização estatal e social, como a brasileira, que assegura a liberdade de iniciativa e a prevalência da oferta privada, as empresas são ao mesmo tempo instrumento que pode conduzir ao desenvolvimento econômico e social e os algozes de seres humanos que são cada vez mais relegados à condição de meros consumidores. Nesta hora, mais uma vez será no Direito que se poderá encontrar os primados que norteiam nossa ordem econômica e social e a centralização que o texto constitucional propositadamente atribui à dignidade da pessoa humana.

A sociedade de consumo, a dignidade da pessoa humana e o acesso à informação se cruzam, voltando-se, por exemplo, às pesquisas biotecnológicas, quando da busca do patenteamento de produtos que já são conhecidos ancestralmente em determinadas organizações sociais. Também, quando se observa a necessidade de uma rigorosa legislação que reconheça a diversidade de informações que estão sujeitos os atores desta sociedade de consumo, consumidor e fornecedor, e a necessidade de, a partir desta constatação, buscar-se um reequilíbrio forçado, por meio do Direito, especialmente ao se constatar que a formação de valores pela Educação ainda está longe de atingir tais objetivos.

No coração das disputas de interesses, a atuação do jurista pode fazer a diferença, pois, cabe e caberá apenas ao Direito definir os valores e estabelecer os limites que resguardarão o homem do próprio homem, ou que estimularão opções que prestigiem a melhoria da condição de vida em sociedade. E, somente o acesso à informação e ao pensamento de pesquisadores das diversas áreas científicas e, dentre elas, do Direito, poderá embasar a escolha pelos novos rumos.

Esta é uma obra sobre temas novos e polêmicos que não pretende ditar o que possa ser considerado certo ou errado, em relação aos chamados "novos direitos", até porque permite a comparação entre diferentes linhas de pensamento e autores que ostentam diferentes formações. É, sim, uma fonte de textos que podem auxiliar na formatação do pensamento crítico e atuante, preocupado com a expressão do que de melhor o Direito poderá contribuir para o desenvolvimento econômico e social.

É o que se pretende, nesta obra.

PARTE I

BIODIREITO E TECNOLOGIA

PARTE 1

BIBLIOTECA DE TECNOLOGIA

La Investigación con Células Troncales, Técnicas de Clonación y Otras de Reprogramación Celular: el Debate Jurídico y Jurídico-Penal Actual sobre su Función Respecto a las Biotecnologías[1]

Carlos María Romeo Casabona

Sumario: **1** De la clonación reproductiva a la clonación "terapéutica" – **2** Las células troncales: el estado de la cuestión científica – **2.1** Naturaleza y características de las células troncales – **2.2** Origen de las células troncales – **2.3** Fuentes de las células madre – **2.4** Potencialidades terapéuticas y estado de la investigación – **3** Obtención de células madre de embriones humanos *in vitro*: el estatuto ético-jurídico del embrión – **3.1** Las paradojas – **3.2** Posiciones sobre el estatuto del embrión – **4** Marco jurídico-constitucional de

---

[1] Los epígrafes 1 a 8 del presente trabajo forman parte de un Proyecto de investigación financiado por el Ministerio de Educación y Ciencia (SEJ2005-07489).

la protección del embrión – **5** Creación de embriones humanos – **6** Células madre de embriones supernumerarios – **7** Células troncales de cordones umbilicales, embriones y fetos abortados – **7.1** Cordón umbilical – **7.2** Embriones y fetos abortados – **7.3** Obtención de células troncales de adultos – **8** Los ensayos clínicos – **9** ¿Qué función puede corresponder al Derecho Penal en relación con la biotecnología humana? – **9.1** Derecho Penal preventivo o Derecho Penal meramente simbólico frente a las biotecnologías – **9.2** ¿La tipificación de delitos orientados al futuro como síntoma de un Derecho Penal meramente simbólico? – **9.3** El Derecho Penal sobre las biotecnologías, más allá de su valor simbólico – **9.4** La satisfacción razonable de la función preventiva del Derecho Penal en relación con la biotecnología humana – **9.5** Derecho Penal simbólico y técnicas de tipificación penal – Referencias

1 De la clonación reproductiva a la clonación "terapéutica"

Cuando en febrero de 1997 se dio a conocer por los investigadores del Instituto Rosslin del Reino Unido que habían obtenido mediante una técnica especial de clonación (mediante la activación de un ovocito previamente enucleado al que se había transferido el núcleo de una célula somática) y que esta técnica se podría utilizar en el futuro en el ser humano se produjo una conmoción mundial: En la comunidad científica, en primer lugar, porque se había descartado la viabilidad de esta técnica aplicada a los mamíferos. A la población en general porque se veía así la posibilidad de reproducción completamente asexuada (es decir, sin la aportación al nuevo individuo de la dotación genética masculina y femenina a través de la fusión de los dos gametos respectivos). Y a las instituciones internacionales, autoridades y líderes del mundo porque se vio la necesidad de reordenar y regular la investigación en el sector de la biotecnología humana. El rechazo de esta posibilidad de clonación de seres humanos fue, en todo caso, unánime, y se tomaron algunas medidas por parte de organismos internacionales y de algunos estados.

Paralelamente aparece y van creciendo las expectativas de otra línea de investigación vinculada con las células humanas madre o troncales para investigación y posteriores usos terapéuticos, abriendo así las puertas a la Medicina regenerativa. No obstante, la experimentación con células madre o troncales obtenidas a partir de embriones humanos, cualquiera que sea el origen de éstos, y el posible recurso a la clonación no ya con fines reproductivos, sino tan sólo como fuentes de células troncales, así como la investigación sobre otras técnicas de reprogramación celular (en concreto, aquéllas que únicamente requieren el uso de células somáticas, es decir, no vinculadas con las células de la reproducción — gametos —, y que, en principio, no darían lugar a un embrión humano), han provocado un debate social especialmente intenso, algunos de cuyos aspectos más relevantes he mencionado brevemente más arriba.

Por otro lado, también ofrecen su propio interés los ensayos clínicos que se puedan realizar a partir de estas células, por las incidencias de diversa índole que pueden presentarse en los pacientes; aunque por el momento no preocupan a la opinión pública, con toda seguridad llamarán la atención de los medios cuando estos ensayos se realicen con más frecuencia.

Las respuestas jurídicas a estas vías de investigación, en concreto a los procedimientos de obtención y utilización de células troncales embrionarias para investigación, han sido dispares y en ocasiones contradictorias, incluso dentro del propio sistema legal de un país determinado. En efecto, las decisiones de los legisladores sobre estas materias reflejan la diversidad de contextos sociales y culturales, así como, en ocasiones, las tensiones existentes en algunos países, en particular en relación con las concepciones sociales sobre el comienzo y las primeras fases de la vida humana (que algunos equiparan a la persona), así como sobre su protección en alguna de esas fases, como es el embrión *in vitro*, por un lado, y la necesidad de atender las demandas de la comunidad científica y de otros sectores de la sociedad a favor de una mayor permisibilidad en la investigación, por otro.[2]

Se ha propuesto que debe recurrirse si fuera preciso a la sanción por el Derecho Penal, y encontramos ejemplos legales. En este asunto las opiniones ya no son unánimes, a diferencia de lo que ocurrió con la clonación humana reproductiva. Por consiguiente, Derecho Constitucional, Derecho Administrativo y Derecho Penal (y el Derecho Civil) aparecen estrechamente entrelazados

---

[2] Ver MIGUEL BERIAIN, Íñigo de. *La clonación*: diez años después. Bilbao; Granada: Cátedra Interuniversitaria de Derecho y Genoma Humano Albolote; Comares, 2008.

respecto a las respuestas jurídicas que se puedan dar a estas materias, y probablemente cada uno de estos sectores del ordenamiento jurídico tiene su respectiva función que cumplir.

Puesto que todavía es frecuente entre los juristas analizar algunas materias, en especial las relacionadas con las ciencias empíricas y con las tecnologías, sin realizar una mínima aproximación fáctica previa a las mismas con el fin de poder identificar mejor los conflictos que pueden surgir y la naturaleza real de los mismos, empezaremos mencionando algunos aspectos más básicos relacionados con las células troncales: qué características presentan, cómo pueden obtenerse, qué posibilidades científicas ofrecen, que expectativas terapéuticas han generado, etc.

2 Las células troncales: el estado de la cuestión científica[3]

2.1 Naturaleza y características de las células troncales

Se entiende por células madre (también células madres) o *células troncales* aquellas células indiferenciadas

---

[3] Ver COMMISSION OF THE EUROPEAN COMMUNITIES. Commission Staff Working Paper: Report on Human Embryonic Stem Cell Research. Brussels, 3 apr. 2003. Disponible en el sitio web: <http://ec.europa.eu/research/press/2003/pdf/sec2003-441report_en.pdf>.

que conservan la capacidad de multiplicarse por un período de tiempo indefinido y que, asimismo, pueden desarrollarse en diversas células diferenciadas (*p. ej.*, células nerviosas, epidérmicas, productoras de insulina, del tejido cardiaco, etc.). Estas células presentan, en consecuencia, varias características:

a) Son indiferenciadas o, lo que es lo mismo, son células todavía no especializadas respecto a una función biológica determinada, y por ello no presentan ninguna de las estructuras morfológicas propias de las células que sí lo están (células diferenciadas);

b) Se pueden dividir y multiplicar en su estado indiferenciado por períodos de tiempo largos, dando lugar a otras células con las mismas características, esto es, idénticas a ellas;

c) En torno a ese proceso de multiplicación y bajo determinadas condiciones fisiológicas o experimentales pueden derivar asimismo en diversas clases de células especializadas (diferenciadas), con la morfología específica que corresponda a éstas.

En función de la potencialidad que poseen en relación con este proceso de derivación en células diferenciadas, se pueden agrupar en células totipotenciales, pluripotenciales y multipotenciales, sobre cuyo alcance respectivo nos ocuparemos más abajo. Aunque desde hace ya varias décadas se conocían buena parte de estas características en células de mamíferos, es más reciente la investigación sobre células madre de origen humano y sobre sus potencialidades.

2.2 Origen de las células troncales

Las células madre o células troncales tienen orígenes diversos. Es importante conocer su procedencia, tanto por las diferentes perspectivas que ofrece su investigación como por el vivo debate ético y jurídico generado en relación con el origen de algunas de ellas.

En función de su procedencia las células madre humanas se pueden clasificar como:

a) *Células madre embrionarias* – Se encuentran en el embrión preimplantatorio en su fase de blastocisto (unos cinco días después de la fecundación, con un conjunto de entre cincuenta y cien células), cuya masa interna celular está formada por blastómeros, células que tienen la propiedad de ser *pluripotentes*, esto es, son capaces de derivar en todos los tejidos y órganos que configurarán el nuevo ser. Sin embargo, no pueden dar lugar a un ser completo, pues ya no son células *totipotentes* (como ocurre con el cigoto y las células embrionarias en las fases previas a la indicada), las cuales sí poseen esta capacidad.

b) *Células madre fetales germinales* – Estas células, presentes en el feto de cinco a diez semanas, son precursoras de los gametos (espermatozoides y ovocitos). Parece ser que podrían derivar en líneas celulares de diversos tejidos pero de forma más limitada que las células madre embrionarias. De todos modos, hay todavía importantes aspectos relativos a estas células que no son bien conocidos.

c) *Células madre somáticas adultas* – Son también células indiferenciadas cuya presencia ha sido detectada en diversos tejidos y órganos de los recién nacidos y de los adultos, aunque en cantidades mucho menos abundantes. En la ubicación corporal que les es propia poseen la facultad de diferenciarse de forma limitada en células específicas — diferenciadas — con características y funciones idénticas a las células que conforman los tejidos u órganos en los que se hallan alojadas. Por este motivo se las denomina células *multipotentes*, pues en su estado natural sólo pueden derivar en una línea celular determinada. Cada vez son más los tejidos descubiertos por los científicos que albergan este tipo de células: hígado, páncreas, cerebro, piel, músculo, etc. Algunas de estas células mantienen una actividad significativa después del nacimiento (p. ej., células madre de la piel, del intestino, hematopoyéticas).

d) *Células madre fetales somáticas* – Poseen semejantes características que las anteriores. Hace ya años que se han obtenido células neuronales de fetos abortados con el fin de su implantación en el cerebro de adultos afectos de diversas lesiones o enfermedades en este órgano.

e) *Células madre del cordón umbilical* – Se encuentran principalmente en la sangre del cordón umbilical. Fundamentalmente, se trata de células hematopoyéticas, las cuales se vienen utilizando

desde hace tiempo para tratar algunas enfermedades de la sangre, como el cáncer (leucemia),
pero se ha descubierto asimismo la presencia de
otras células madre también capaces de derivar
en células diferenciadas.

2.3 Fuentes de las células madre

En correspondencia con el variado origen de las
células madre, también las fuentes de su obtención son
diversas. En el caso de células somáticas de adulto, éstas
podrían obtenerse del propio paciente, lo que evitaría los
riesgos de rechazo de las células que se implantasen, una
vez manipuladas en el laboratorio. En cuanto a las células
de origen fetal (germinales o somáticas), provendrían de
fetos abortados, espontáneamente o provocados dentro
del marco legal. Las del cordón umbilical provendrían de
éste tras el parto. Y, finamente, las embrionarias podrían
obtenerse en primer lugar de embriones creados expresamente, bien mediante reproducción sexuada *in vitro*
(fecundación inducida en el laboratorio de un ovocito
por un espermatozoide), bien por técnicas de transferencia del núcleo de una célula somática del paciente
(llamada también, "clonación terapéutica"). Otra fuente
importante, sobre todo en las fases actuales en las que
se encuentran estas investigaciones, serían los embriones obtenidos con fines iniciales de reproducción, en el
ámbito de las técnicas de reproducción asistida, cuando
por motivos diversos no es posible destinarlos a este
propósito (embriones supernumerarios, excedentarios

o "sobrantes"), lo cual puede ocurrir con más facilidad si a dicha técnica se añade la de la congelación o crioconservación de varios embriones con el fin de tenerlos disponibles para el supuesto, no infrecuente, de que el primero o sucesivos intentos de embarazo en la mujer no hayan tenido éxito.

2.4 Potencialidades terapéuticas y estado de la investigación

Las células madre constituyen, en primer lugar, un modelo para entender el desarrollo humano (evolución de la vida humana prenatal) y a partir de ahí, extraer consecuencias sobre infertilidad, interrupción espontánea del embarazo, problemas en el nacimiento, etc. Al mismo tiempo su estudio puede ofrecer información muy valiosa sobre los procesos de diferenciación y multiplicación celular, así como sobre la función de los tejidos. Y podrían servir asimismo para el tratamiento de la terapia génica y para la investigación de nuevos productos farmacológicos.

Con las técnicas oportunas desarrolladas convenientemente, las células madre podrían ser fuente para tratar determinadas enfermedades degenerativas y genéticas crónicas (diabetes, párkinson, alzheimer, infarto de miocardio), así como procesos traumáticos (lesiones de médula espinal). La plasticidad de estas células, aparentemente mayor en las células madre embrionarias, podría facilitar su uso terapéuticos en el futuro en enfermedades graves para las que, en muchos casos, no se dispone hoy de alternativas eficaces. De ahí que la comunidad científica se haya volcado sobre estas nuevas líneas de investigación y haya generado expectativas muy intensas entre la población, especialmente, como es lógico, entre aquellas personas que podrían beneficiarse de tratamientos tan prometedores.

De todos modos, son aún importantes las incógnitas no despejadas y los obstáculos pendientes de superación para lograr terapias efectivas, entre otros, el control de los procesos de diferenciación y transdiferenciación — incluidos los de migración celular — para asegurar un crecimiento celular estable; el control del proceso de división-multiplicación celular, pues su crecimiento incontrolado puede dar lugar a procesos tumorales una vez implantadas estas células en el paciente; la reacción inmune, ya conocida en el caso de los trasplantes de órganos y tejidos procedentes de donante, que podría manifestarse frente a estas células una vez implantadas. El rechazo podría resolverse mediante medicación inmunodepresora, con los riesgos que ésta comporta para el paciente, o produciendo las líneas celulares destinadas a la implantación a partir de células madre provenientes del propio paciente, o incluso mediante el uso de embriones somáticos. Estos últimos se obtienen por transferencia nuclear, esto es, por la inserción en un óvulo previamente enucleado del núcleo de una célula somática del propio paciente, procediendo a su desarrollo embrionario con técnicas similares a las utilizadas con la oveja *Dolly*. Este procedimiento ha venido a denominarse en el lenguaje popular "clonación terapéutica", expresión inadecuada, pues en el estado actual de estas técnicas su presunta utilidad residiría sólo en la investigación; su aplicación terapéutica en pacientes es, por el momento, una posibilidad meramente especulativa.

Se ha discutido mucho sobre cuál de las líneas principales de investigación en células madre (células embrionarias y somáticas, principalmente) parece más fructífera y, en consecuencia, cuál de ellas debería gozar de prioridad. Frecuentemente en este debate se entremezclan consideraciones no estrictamente científicas, sobre todo de índole moral. Muchos sostienen que, a la vista del estado actual del conocimiento, ambas líneas de investigación deben ser impulsadas, pues pueden aportar resultados y soluciones complementarias. Ello sin perjuicio del abordaje de los aspectos éticos y jurídicos específicos que pueda presentar cada una de ellas, como se exponen a continuación.

Cada una de las líneas de investigación citadas presenta unas implicaciones jurídicas de relevancia diversa. Algunas de ellas vamos a estudiar a continuación.

3 Obtención de células madre de embriones humanos *in vitro*: el estatuto ético-jurídico del embrión

3.1 Las paradojas

En relación con esta cuestión, el panorama que se nos presenta es muy distinto. Es importante señalar que no debe perderse de vista que en estos momentos nos encontramos dentro del proceso mismo de decantación de posiciones institucionales. Con esta observación quiero apuntar que en realidad es posible que no tengamos todavía una perspectiva suficiente para obtener un perfil de hacia dónde apunta el camino el derecho comparado: No obstante, puede aceptarse que se percibe una cierta apertura legal a las nuevas líneas de investigación. En cualquier caso, con independencia de las soluciones concretas que se hayan tomado por parte de los legisladores estatales y de los organismos internacionales, no ha resultado nada fácil llevar a término ninguna de ellas.

En efecto, los organismos internacionales y los poderes públicos de los estados han recurrido a los instrumentos jurídicos para tomar posiciones en ocasiones drásticas, en otras confusas o contradictorias, por lo que en estos casos bien poco han contribuido, por el momento, a aclarar a la comunidad científica, cuando menos, el marco de lo permitido y de lo prohibido, habiéndose acudido en algunos casos incluso a los instrumentos del Derecho Penal, mediante la incorporación legal de los delitos correspondientes.

Así, tenemos ejemplos legislativos en los que se prohíbe la utilización de embriones para la investigación, pero, al mismo tiempo, se permite aquélla con líneas celulares embrionarias importadas (siempre que éstas se hubieran obtenido antes de determinada fecha); en otros se prohíbe la investigación con estas células pero se establece al mismo tiempo una moratoria a la aplicación de tal prohibición; en algún caso se ha permitido la investigación con embriones supernumerarios o sobrantes de las técnicas de reproducción asistida, siempre que hubieran sido originados con anterioridad a una determinada fecha, prohibiéndose respecto de los embriones posteriores; y, finalmente, en otros se prohíbe destinar fondos públicos a este tipo de investigaciones, pero se acepta que se pueda disponer de recursos privados, mientras se llevan años intentando aprobar alguna ley sobre la materia, eso sí, en direcciones sucesivamente opuestas. Por otro lado, encontramos las posiciones legales extremas, que prohíben cualquier investigación con células embrionarias, cualquiera que fuera su origen, o, al contrario, se permite la creación de embriones (clónicos o "gaméticos"), siempre que haya sido aprobado previamente cada proyecto en particular por una autoridad independiente.

En general las soluciones contradictorias, al menos aparentemente, de algunos legisladores, pueden encontrar su probable explicación en que se han querido dirigir al mismo tiempo mensajes opuestos a dos grupos de destinatarios diferentes: en primer lugar, a algunos sectores de la población influyentes o de los propios partidos en el gobierno, en el sentido de garantizar la protección y la prevalencia del embrión *in vitro* humano frente al interés científico; y, por otro, a la comunidad científica de que se atienden sus demandas de poder investigar con células embrionarias provenientes de embriones excedentarios de las técnicas de reproducción asistida u obtenidas a través de la clonación.

Por otra parte, el transcurso del tiempo sin que se hayan conseguido resultados concretos visibles respecto a la reprogramación de estas células embrionarias ni a las técnicas de clonación mediante transferencia nuclear ha relativizado en cierta medida la urgencia y la imperiosidad de estas investigaciones, más todavía cuando algunos científicos líderes en el sector están reorientando sus esfuerzos hacia otras técnicas de reprogramación celular (células somáticas) que tal vez sean menos complejas técnicamente, y que ofrecen, por lo demás, discrepancias sustancialmente menores (si es que las hay), aunque no haya sido esto último el motor que ha provocado la exploración de otros procedimientos o técnicas.

3.2 Posiciones sobre el estatuto del embrión

Debemos recordar que el embrión humano *in vitro* es una realidad relativamente nueva para el Derecho. El aspecto novedoso consiste en la creación de ese embrión fuera del cuerpo de la madre, esto es, en el laboratorio;[4] la posibilidad de su crioconservación por tiempo indefinido sin que esta prolongación comporte disminuciones significativas respecto a su viabilidad reproductiva (es decir, biológica); y la necesidad de que el embrión sea transferido al útero de una mujer con la asistencia médica, esto es, mediante el concurso de un tercero, que se produzca su implantación en la pared del endometrio y se inicie de este modo realmente la gestación y el desarrollo

---

[4] Éste es el aspecto destacado por la Ley belga de 11 de mayo de 2003, cuando define el embrión *in vitro*: "embryon *in vitro*: un embryon qui se situe hors du corps féminin" (art. 2, 2º).

del embrión transferido hasta el nacimiento de un nuevo ser (nacimiento de Louise Brown en 1978). Por ello no había ninguna reflexión previa de cómo debía actuarse jurídicamente en esta situación de permanencia del embrión fuera del cuerpo de la mujer.

La mayor parte de los especialistas (sobre todo del campo de la Ética y del Derecho) han intentado trasladar al embrión *in vitro* las mismas o semejantes percepciones y valoraciones que se venían haciendo tradicionalmente (tanto con criterios mayoritarios como minoritarios) sobre todo el proceso de la vida humana desde la concepción y la gestación hasta el nacimiento, es decir, al *nasciturus*. Esta aproximación probablemente ha sido metodológicamente incorrecta, al no tener en cuentas las características específicas que presenta el embrión *in vitro*.

Los problemas actuales respecto a la utilización de células madre humanas de origen embrionario se centran en la valoración ética y jurídica del recurso a las mismas como material o medio de investigación o experimentación, y no destinado a tratamientos de pacientes concretos. Cada una de las fuentes para la obtención de células madre embrionarias plantea su propia reflexión ética y jurídica. De todos modos, para la mejor comprensión de ambas es necesario adentrarse previamente en una cuestión muy compleja, que es la referente al estatuto ético y jurídico del embrión, que se presenta a continuación de forma muy breve.

La cuestión primera y previa al diseño de un posible estatuto ético — y jurídico — del embrión humano descansa en si éste encarna algún valor digno de reconocimiento y, consecuentemente, de protección. Dentro de la pluralidad ideológica existente en las sociedades occidentales se ha propugnado la identificación de una ética cívica, en cuanto fundamento de los derechos humanos, que permita extraer valores éticos compartidos. En relación con el embrión, y siguiendo el parecer del Comité Asesor de Ética en la Investigación Científica y Tecnológica (español), tales valores podrían ser los siguientes:

1. El respeto a la vida humana desde la etapa de embrión, en el sentido de que la vida humana desde ese momento merece un especial respeto que no se reconoce a otros organismos vivos;

2. El valor intrínseco de intentar aliviar el sufrimiento humano por medio de investigaciones que vayan dirigidas a esa finalidad;

3. El valor de la libertad de investigación, siempre que no atente contra derechos humanos, es decir, siempre que exista conciencia de que el poder técnico no coincide con el poder ético; y

4. El valor de la libertad y, por tanto, su defensa; en este caso, la libertad de las parejas afectadas y, por tanto la necesidad de pedir su consentimiento, tras una información suficiente.[5]

Sin perjuicio de los anteriores criterios orientativos, pueden apreciarse en nuestra sociedad diferentes

---

[5] COMITÉ ASESOR DE ÉTICA EN LA INVESTIGACIÓN CIENTÍFICA Y TÉCNICA. *Informe*: la investigación sobre células troncales. Madrid: Fundación Española Ciencia y Tecnología, 2003.

aproximaciones a la valoración del embrión. Una de ellas entiende que la vida del embrión encarna un valor personal, en cuanto que desde la fecundación existe ya una persona en potencia, dirigida irremisiblemente a serlo en acto. En consecuencia, el embrión debería gozar de la misma protección que la persona natural, elevando todas sus fases vitales como supuestos de personalidad y de titularidad de derechos, modificación que podría hacerse sin dificultades, al tratarse de una creación jurídica. Como habrá ocasión de comprobar más abajo, esta propuesta va más allá del marco constitucional español, pero no es, ciertamente, incompatible con él. Sin embargo, otros especialistas han recordado que esta modificación tendría un difícil encaje, tanto en relación con los atributos que se han venido confiriendo casi de forma universal en el tiempo y en el espacio a dichas categorías jurídicas, como respecto a su propia operatividad en relación con la vida prenatal. Se añade a lo anterior que tampoco reflejaría coherentemente las valoraciones jurídicas que se han venido proyectando tradicionalmente sobre la vida prenatal y las que en particular se han ido dibujando más recientemente en torno al embrión *in vitro*.

Desde otra perspectiva muy diferente, se subraya la estrecha vinculación que existe entre la vida prenatal y la madre, y que, en consecuencia, la protección de aquélla no debe ir más allá de la voluntad de la madre, al menos hasta que el feto alcance la viabilidad extrauterina; en la misma línea, se ha puntualizado que el embrión *in vitro* no debe gozar de ninguna protección especial si pueden atenderse con él otros intereses individuales o colectivos considerados superiores. Es decir, el embrión, en cuanto que no encarna ningún interés digno de protección, no sería acreedor de ésta. Pero este criterio tampoco parece encontrar refrendo constitucional en el ordenamiento jurídico español, como habrá ocasión de comprobar.

Finalmente, existe una posición, que podríamos calificar de intermedia, conforme a la cual el embrión *in vitro* tiene un valor y merece especial respeto, pero que este valor es ponderable con respecto a otros valores. En tales términos se ha expresado el Comité Asesor de Ética en la Investigación Científica y Tecnológica.

Hechas las aclaraciones precedentes, tanto relativas los datos fácticos como a la perspectiva ética, nos centraremos a continuación en los variados y complejos aspectos jurídicos que pueden estar implicados, renunciando, por consiguiente a cualquier otro enfoque de la discusión, por ejemplo, el moral, religioso o filosófico, sin perjuicio de su interés y legitimidad en sus propios ámbitos, pues en este trabajo sólo se trata del discurso jurídico, que es autónomo.

4 Marco jurídico-constitucional de la protección del embrión

Diversos tribunales constitucionales y otros órganos jurisdiccionales estatales con funciones semejantes se vienen ocupando sobre la posición jurídico-constitucional del *nasciturus* (así EEUU, 1973;[6] Austria, 1974;[7] Francia,

---

[6] Sentencia del TS Federal de 22 enero 1973.

[7] STC de 11 octubre 1974.

1975;[8] Italia, 1975;[9] República Federal Alemana, 1975 y 1993;[10] Portugal, 1984;[11] España, 1985;[12] etc.). En estos casos estaba en discusión la aprobación de una ley relativa a la interrupción voluntaria del embarazo o aborto.

Más recientemente, algunos de estos organismos constitucionales se han ocupado del estatuto constitucional del embrión humano *in vitro* (Francia, Conseil d'État, 1994; España, 1996 y 1999;[13] Costa Rica, 2001;[14] Reino Unido, 2002;[15] Brasil, 2008[16]) en relación con leyes

---

[8] Decisión del Consejo Constitucional de 15 enero 1975.

[9] S. de la Corte Constitucional de 18 febrero 1975.

[10] SsTC de 25 febrero 1975 y 28 mayo 1993.

[11] STC de 19 marzo 1984.

[12] STC de 11 abril 1975.

[13] SsTC 212/1996, de 19 de diciembre, y 116/1999, de 17 de junio, relativas a los recursos de inconstitucionalidad contra la ley 42/1988, de 28 de diciembre, de donación y utilización de embriones y fetos humanos o de sus células, tejidos u órganos, y contra la ley 35/1988, de 22 de noviembre, sobre técnicas de reproducción asistida, respectivamente. Ver comentarios de ROMEO CASABONA, Carlos María. El derecho a la vida: aspectos constitucionales de las nuevas biotecnologías. *In*: EL DERECHO a la vida: Actas de las VIII Jornadas de la Asociación de Letrados del Tribunal Constitucional. Madrid: Centro de Estudios Políticos y Constitucionales, 2003.

[14] S de la Sala Constitucional de la Corte Suprema, de 15 de marzo de 2001 (declaró inconstitcional el Decreto estudiado). Ver texto y comentarios de VALERIO, Carlos. A falta de un debate bioético: comentarios al fallo de la Sala Constitucional de la Corte Suprema de Justicia de Costa Rica sobre la prohibición de la fertilización in vitro. *Revista de Derecho y Genoma Humano*, Bilbao, n. 14, p. 177-179, ene./jun. 2001.

[15] Ver PLOMER, Aurora. Stem Cell Research in the UK: from Parliament to the Courts. *Revista de Derecho y Genoma Humano*, n. 16, p. 181-196, ene./jun. 2002.

[16] STC de 29 mayo 2008, que declara constitucional el precepto en litigio. Ver comentarios de SÁ, Maria de Fátima Freire de; NAVES, Bruno Torquato de Oliveira. Investigaciones con células troncales embrionarias en Brasil y la: constitucionalidad del artículo 5º de la ley de bioseguridad: parte I. *Revista de Derecho y Genoma Humano*, n. 28, p. 177-191, jul./dez. 2008.

relativas a las técnicas de reproducción asistida o a la investigación con embriones humanos.

El ordenamiento jurídico español no reconoce al *nasciturus* (embrión implantado y feto humanos) ni al embrión *in vitro* la condición de persona ni la de sujeto de derechos y obligaciones, lo cual sí ocurre después del nacimiento de acuerdo con las prescripciones del Código Civil (arts. 29 y 30). A este respecto, el Tribunal Constitucional español ha llegado a las siguientes conclusiones en relación con la protección de la vida prenatal:

a) el preembrión, el embrión y el feto humanos no son persona ni titulares de derecho fundamental alguno, en particular del derecho a la vida que consagra el art. 15 de la CE;

b) desde una dimensión objetiva del art. 15 CE la vida prenatal se configura como un bien jurídico que encuentra acogida y tutela en dicho precepto constitucional, e incluye el preembrión o embrión *in vitro* vivo biológicamente viable;

c) la concreción de esta protección puede llegar, incluso, al recurso al Derecho penal, sin indicar, no obstante, cuándo este instrumento sería el adecuado, al que reconoce su función de *ultima ratio* ("última garantía" o último recurso), lo que comporta la posibilidad de recurrir previamente a otros instrumentos jurídicos de protección extrapenales, siempre que sean suficientes.[17]

---

[17] En efecto, el TC español en su s. 53/1985, de 11 de abril, relativa al recurso de inconstitucionalidad presentado contra la ley de despenalización parcial

En el ordenamiento jurídico español es posible distinguir, además, la incidencia de diversas fases o estadios en el desarrollo de la vida humana, teniendo en cuenta aquellos momentos que son relevantes para determinar la capacidad de continuar y culminar el desarrollo vital (perspectiva gradualista). Esto es así porque el derecho puede matizar su valoración jurídica sobre cada una de las fases o etapas de la vida prenatal, materializándose en una protección jurídica de diferente intensidad para cada una de ellas, en atención a la culminación de esas etapas. Esta perspectiva se aprecia en el ordenamiento jurídico español, pues constituye en él una realidad distinta el embrión *in vitro* en tanto no ha sido transferido a una mujer y no se ha producido la subsiguiente implantación de aquél, pues el cigoto resultante no tiene por sí mismo capacidad de desarrollo hasta que no ha lugar la citada transferencia.

De forma similar ha concluido el Tribunal Constitucional: "como queda afirmado con reiteración, los preembriones *in vitro* no gozan de una protección equiparable a la de los ya transferidos al útero materno", sentencia 116/1999).

No obstante, el derecho debe ofrecer a la vida del embrión *in vitro* sus mecanismos apropiados de

---

de la interrupción voluntaria del embarazo, dicho órgano rechazó que el *nasciturus* fuera titular del derecho fundamental a la vida proclamado en el artículo 15º de la Constitución. Esta apreciación se ha visto confirmada después por sus sentencias 212/1996 y 116/1999. En estas dos últimas sentencias el TC rechazó expresamente la condición de persona, en su dimensión jurídica, al embrión *in vitro*.

protección, en la medida en que constituye una forma de vida humana y puede dar lugar al nacimiento de un ser humano. Debe garantizar, además, que no será objeto de intervenciones que pueda poner en peligro la integridad o identidad del nuevo ser, sin perjuicio de que se pondere la oportunidad de admitir concretas excepciones — también discutidas —, en beneficio del propio individuo o de terceros, en este último supuesto si tal proyecto procreativo no puede satisfacerse. La falta de personalidad del *nasciturus* y del embrión *in vitro* no significa que puedan ser entendidos en el ordenamiento jurídico español como meros objetos de derecho, y por ello como cosas susceptibles de apropiación, pues gozan y han de gozar de otros privilegios diferentes y superiores a los otorgados a otras partes del cuerpo humano separadas de éste. De este modo, los conflictos que puedan plantearse en relación con el embrión *in vitro* deberán resolverse de acuerdo con el principio jurídico de la ponderación de todos los intereses presentes.

Con estos presupuestos, puede pasarse ya al estudio de los problemas que suscita la creación de embriones para obtener de ellos células madre, o la utilización de estas células con el mismo fin (embriones supernumerarios o excedentarios), sobre lo que se aprecia una notable evolución legislativa en los últimos años, así como datos científicos (*p. ej.*, en relación con las características biológicas del clon en sus primeras fases después de la activación del ovocito enucleado e insertado con un núcleo de una célula somática), lo que es relevante en relación con algunas posiciones adoptadas en este trabajo.[18] Asimismo, quedan delimitados algunos conceptos o hechos que pueden ser relevantes para el Derecho Penal, con el fin de poder tomar decisiones político-criminales sobre el si y sobre los límites de su intervención, así como las ponderaciones de los conflictos de intereses que pueden emerger, según se ha visto.

5 Creación de embriones humanos

La creación de embriones tempranos — con un desarrollo no superior a los catorce días — para obtener de ellos células madre, plantea varios problemas.

Supone, en primer lugar, crear embriones para un fin no reproductivo, la investigación.

En segundo lugar, pueden obtenerse no sólo por fecundación gamética (es decir, mediante la fecundación de un ovocito por un espermatozoide de la misma especie), sino también mediante técnicas de transferencias de núcleos (clonación). Es cierto que estas nuevas creaciones biológicas fuerzan en muchas ocasiones las definiciones científicas previas (y, lo que es más grave, también pueden afectar a la incolumidad de nuestras valoraciones), pero no se resuelven los problemas con meros disfraces terminológicos: un embrión somático (es decir, obtenido por técnicas de clonación asexuada) también podría convertirse en un ser humano una vez

---

[18] Compárese al respecto el presente trabajo con ROMEO CASABONA, Carlos María. Embryonic Stem Cell Research and Therapy: The Need for a Common European Legal Framework. *Bioethics*, v. 16, p. 557-567, 2002.

transferido en el útero de una mujer, puesto que la técnica de su creación es idéntica, sólo difieren los fines. Sin embargo, no puede desconocerse tampoco que los biólogos rechazan que durante las primeras fases de desarrollo a partir de la activación del ovocito al que ha sido transferido el núcleo de una célula somática, habiendo extraído previamente de aquél —el ovocito — su propio núcleo, estemos realmente ya ante un embrión o al menos ante un embrión viable. Por tal motivo, para algunos estudiosos el problema es inexistente cuando se recurre a la transferencia nuclear, puesto que defienden que en realidad no se trata de embriones normales de origen gamético, sino de algo distinto, pues son somáticos (el núcleo proviene de una célula somática, no reproductora; y al ovocito en el que se aloja le ha sido extraído previamente el suyo propio). Por consiguiente, lo decisivo es determinar la naturaleza biológica o la viabilidad de ese clon durante las primeras fases, teniendo en cuenta para ello el criterio de los expertos (los biólogos). En cualquier caso, la posibilidad de obtener clones con el fin exclusivo de extraer de ellos células madre para investigar con ellas (clonación no reproductiva) todavía no está exenta de discusión y de enfrentamientos de la comunidad científica y de otros grupos sociales, lo que ha tenido su reflejo en determinados instrumentos jurídicos internacionales y en la legislación interna de los estados.

La reprogramación de células somáticas, técnica sobre la que se han realizado ya algunos experimentos se aleja notablemente de lo que pueda ser considerado un embrión con independencia de la potencialidad de desarrollo de la célula reprogramada.

En todo caso, la obtención de estos embriones o de otras entidades semejantes comportaría como regla general y primera la prohibición de que pudieran ser destinados a la reproducción humana, aparte otros requisitos necesarios, como el consentimiento de los donantes si se utilizan gametos, la justificación, autorización y control del ensayo, etc.

La Asamblea General de las Naciones Unidas aprobó una "Declaración relativa a la clonación humana",[19] en la que se rechaza cualquier forma de clonación humana, por tanto, no sólo la clonación reproductiva sino también cualquier otra forma con fines no reproductivos, por ejemplo con fines de investigación o terapia (es decir, la clonación "terapéutica"): "Los Estados miembros son requeridos para prohibir todas las formas de clonación humana en la medida en que sean incompatibles con la dignidad humana y con la protección de la vida humana". El problema de tan absoluta prohibición radica si no se ha dejado algún resquicio abierto, al menos teóricamente, en cuanto que la clonación para que sea prohibida debe serlo "en la medida en que" (*in as much as*), lo que implica reconocer que algunas formas de clonación no lo serían. Cuáles podrían ser éstas, es una cuestión de interpretación, bien que no sea fácil.

Por lo que se refiere al marco europeo, el Consejo de Europa ha adoptado una regulación sobre la experimentación con embriones humanos en el Convenio sobre

---

[19] Asamblea General de las NU, Declaración de 8 de marzo de 2005.

Derechos Humanos y Biomedicina, de 1997, conocido también como "Convenio de Oviedo".[20] Dicha regulación se manifiesta en el artículo 18 en estos términos: "1. Cuando la experimentación con embriones *in vitro* esté admitida por la ley, ésta deberá garantizar una protección adecuada del embrión. 2. Se prohíbe la constitución de embriones humanos con fines de experimentación." Del conjunto del Convenio y del Protocolo Adicional al mismo sobre clonación humana de 1998 se deduce un abanico de principios valorativos en torno al embrión humano *in vitro*, que podría constituir el germen de su estatuto jurídico, pendiente de desarrollo por medio de un nuevo protocolo.

Es indudable que la prohibición de crear embriones humanos con fines de experimentación acoge, al menos, al embrión que es consecuencia de la fecundación de un óvulo humano, esto es, la penetración de un óvulo por un espermatozoide, ambos humanos. Sin embargo, en este Convenio no se prohíbe expresamente la creación de embriones humanos con fines terapéuticos directos, como sería el caso de obtener células madre. Se ha defendido que el Convenio no prohibiría la creación de embriones con el fin directo o inmediato de mejorar la salud o salvar la vida de una persona, al tratarse de una actividad radicalmente diferente a la de la experimentación. Al contrario, habría reconocido una primacía al interés de la vida del embrión frente al interés colectivo

---

[20] Este Convenio tiene especial importancia para el derecho español, al formar parte del mismo desde el 1 de enero de 2000.

que supone la promoción de ciertos sectores de investigación, pero no en relación con la salud y la vida de personas concretas.

En cuanto al alcance de la prohibición de la clonación humana, debemos remitirnos al Protocolo Adicional relativo a la prohibición de la clonación de seres humanos: "1. Se prohíbe toda intervención que tenga por finalidad crear un ser humano genéticamente idéntico a otro ser humano vivo o muerto. 2. A los efectos de este artículo, por ser humano genéticamente idéntico a otro ser humano se entiende un ser humano que comparta con otro la misma serie de genes nucleares" (art. 1º). No cabe duda de que este Protocolo prohíbe la clonación humana reproductiva, mientras que en relación con otras formas de clonación humana con fines no reproductivos es más ambigua la situación jurídica. En otro trabajo anterior llegaba a las siguientes conclusiones respecto a ésta última:

> Si bien no es posible obtener conclusiones hermenéuticas unívocas y definitivas, puede sostenerse con argumentos sólidos y convincentes que ni el Convenio sobre Derechos Humanos y Biomedicina ni el Protocolo Adicional relativo a la prohibición de la clonación de seres humanos, comportan una interdicción para que las legislaciones internas de los Estados Parte en ellos, por consiguiente, también del Estado Español, puedan disponer de un espacio de legitimidad para regular la transferencia nuclear u otras técnicas de reprogramación celular con el fin de obtener células troncales para destinarlas a la investigación o a futuros tratamientos. En efecto, la anterior conclusión se sustenta en las siguientes consideraciones: a) la clonación,

en cualquiera de sus formas, no ha sido objeto de regulación — prohibición — por parte del Convenio sobre Derechos Humanos y Biomedicina; b) la clonación no reproductiva — "terapéutica" — no ha tenido cabida en el Protocolo Adicional relativo a la clonación; c) si el producto inmediato de una clonación (es decir, en sus primeras fases de desarrollo), cualquiera que sea su propósito, es o no un ser humano en el sentido del Protocolo Adicional, se deja por éste en manos de los Estados Parte, significa que el recurso a esta técnica sin propósitos reproductivos no entraría necesariamente dentro de la prohibición de crear un ser humano genéticamente idéntico a otro ser humano; d) la cuestión de la legitimidad de la clonación "terapéutica" se ha diferido a un futuro y por el momento inconcluso Protocolo Adicional al Convenio, específico sobre el embrión humano. Por otro lado, una interpretación extensiva del Convenio, en concreto de su art. 18, más allá de lo que razonablemente permite asumir la interpretación del mismo en su propio contexto espacial-temporal, podría comportar una limitación no consentida de la soberanía de los Estados que son Parte en aquél, al abarcar restricciones más amplias que las que fueron asumidas voluntariamente por medio del acto de ratificación y vinculación formal al Convenio.[21]

Tras estos breves apuntes referidos al Derecho Internacional, podemos pasar a un breve análisis del derecho comparado.

El país que ha dado el paso que permite la creación de embriones — tanto gaméticos como clónicos — para

---

[21] ROMEO CASABONA, Carlos María. La cuestión jurídica de la obtención de células troncales embrionarias humanas con fines de investigación biomédica: consideraciones de política legislativa. *Revista de Derecho y Genoma Humano*, n. 24, p. 75-128, jul./dez. 2006.

investigar con sus células, ha sido el Reino Unido (Ley, 2001).[22]

Después lo ha autorizado Bélgica.[23] En Portugal[24] y España (ver más abajo) se prohíbe la creación de embriones por fecundación pero se permiten las técnicas de clonación con fines de investigación o terapéuticos.

En el derecho español anterior al Convenio de Oviedo, la mencionada ley 35/1988 imponía ya estrechas limitaciones a la investigación o experimentación con embriones *in vitro*. Estaba prohibida "la fecundación de óvulos humanos con cualquier fin distinto a la procreación humana" (art. 3). Esta prohibición fue elevada con posterioridad, en sus mismos términos, al rango de infracción penal, pues constituye delito desde la entrada en vigor del CP de 1995 (artículo 160.2; pena: prisión de uno a cinco años e inhabilitación especial para empleo o cargo público, profesión u oficio de seis a diez años). Sin embargo, la Ley 35/1988 ha sido derogada y sustituida por la Ley 14/2006, de 26 de mayo, sobre técnicas de reproducción asistida, en la que la mencionada prohibición ha sido eliminada.[25] Por otro

---

[22] HUMAN fertilisation and embryology. Act, 24 January 2001; Human Reproductive Cloning Act, 4 December 2001.

[23] Loi du 11 mai 2003. relative à la recherche sur les embryons *in vitro*, art. 4 §1er: "La constitution des embryons *in vitro* à des fins de recherche est interdite, sauf si l'objectif de la recherche ne peut être atteint par la recherche sur les embryons surnuméraires et pour autant que les conditions de la présente loi soient remplies".

[24] Lei 32/2006, art. 9.4, d.

[25] Ver URRUELA MORA, Asier. La clonación humana ante la reforma penal y administrativa en España. *Revista Penal*, n. 21, p. 165-191, ene. 2008.

lado, la Ley 14/2007, de 3 de julio, sobre investigación biomédica, aunque prohíbe expresamente la creación de embriones humanos (art. 33.1), permite "la utilización de cualquier técnica de obtención de células troncales humanas con fines de terapéuticos o de investigación, que no comporte la creación de un preembrión o de un embrión exclusivamente con este fin, en los términos definidos en esta Ley, incluida la activación de ovocitos mediante transferencia nuclear" (art. 33.2). El Proyecto de Código penal de 2006, pretendió introducir algunas reformas en los delitos relacionados con estas materias, las cuales, a la postre, conducían a que el futuro CP tuviera dos delitos de clonación humana reproductiva, ininteligibles ambos. Por este motivo, debe celebrarse que haya decaído al concluir la legislatura pasada.[26]

La autorización de la activación de ovocitos mediante transferencia nuclear — o clonación "terapéutica" — ha suscitado una mayor discusión, pues ha dado lugar a posiciones abiertamente contrarias a ella. Partiendo de otros míos trabajos sobre esta espinosa cuestión, resumo las conclusiones a las que he llegado, tanto desde una perspectiva constitucional como de la adecuación de esta regulación con el Convenio sobre derechos humanos y biomedicina, al que está sometido el legislador español

---

[26] Ver ROMEO CASABONA, Carlos María. El anteproyecto de modificación del Código Penal y los delitos relativos a la manipulación genética. Sus repercusiones en la legislación extrapenal sectorial. Informe elevado a la Subsecretaria de Justicia, diciembre de 2006. *In*: SILVEIRA GORSKI, Héctor Claudio (Ed.). *El derecho ante la biotecnología*: estudios sobre la nueva legislación española en biomedicina. Barcelona: Icaria, 2008. p. 89 *et seq.*

desde que se incorporó dicho Convenio al ordenamiento jurídico interno.

En relación con la perspectiva constitucional — para lo que me remito a lo señalado más arriba —, en otra ocasión tuve la oportunidad de señalar lo siguiente:

> Es razonablemente previsible que un hipotético — y tal vez remoto — recurso de inconstitucionalidad a la futura Ley de Investigación Biomédica, en razón de una supuesta carencia de legitimación constitucional de estas materias, no llegaría a prosperar, siempre que dicha Ley acogiera un conjunto de garantías relativas tanto al control y supervisión de las investigaciones en si mismas relacionadas con células troncales embrionarias o semejantes, cuanto a la protección del embrión humano como principio general y punto de partida. A reforzar este marco garantista contribuirían, sin la menor duda, las consideraciones apuntadas en estas conclusiones relativas a la inclusión en la futura Ley de las definiciones apuntadas y la transcripción literal del art. 18.2 del Convenio [sobre derechos humanos y biomedicina].[27]

Por lo que se refiere al Convenio, de él se derivan varias obligaciones para el Estado Español, que encuentran su fundamento en su art. 18 y en el art. 1º del Protocolo Adicional relativo a la prohibición de la clonación de seres humanos. Pero, según lo razonado más arriba respecto al alcance de ambos instrumentos jurídicos, éstos no vedan al legislador español la autorización de la clonación con fines no reproductivos, por lo que la

---

[27] ROMEO CASABONA. La cuestión jurídica de la obtención de células troncales embrionarias humanas con fines de investigación biomédica: consideraciones de política legislativa. *Revista de Derecho y Genoma Humano, op. cit.*, p. 125.

regulación establecida en el art. 33.2, citado más arriba, no se enfrenta a ellos. En consecuencia, la previsión legal objeto de este comentario no sería contraria ni a la Constitución ni al Convenio citado, sin perjuicio de la cuestión de la conveniencia o no de introducir esta técnica en la LIB, lo que apunta a respuestas no jurídicas, como son: la relevancia científica de la misma (cuestión de naturaleza científica, sobre la que la mayoría de los investigadores del sector del mundo han respondido afirmativamente), y la oportunidad de dejar esta posibilidad abierta en la ley, lo que sí estaría justificado, a pesar de las dificultades con las que ha estado tropezando hasta el presente (cuestión de naturaleza política, que se ha respondido, como es obvio, en sentido afirmativo).

6 Células madre de embriones supernumerarios

Más arriba se indicó cómo conforme al Convenio de Oviedo los estados parte en él pueden autorizar por ley la experimentación con embriones humanos (art. 18.1). Se deja a la decisión discrecional de los estados que autoricen o prohíban tal actividad. La autorización consiste no en crear embriones con tales fines — ya se vio tal prohibición —, sino en utilizarlos. ¿Qué embriones, entonces? Precisamente los sobrantes de técnicas de reproducción asistida. De autorizar la experimentación, se impone la obligación de que la ley debe garantizar una protección adecuada del embrión, es decir, debe incluir alguna forma de garantía con el fin de dar cumplimiento a tal objetivo. Resulta complejo determinar cuáles pueden ser esas garantías, puesto que el Convenio no aporta ninguna orientación al respecto, como tampoco el Informe Explicativo del mismo, el cual se limita a señalar que: "El artículo no adopta una postura sobre la admisibilidad del principio de investigación sobre embriones *in vitro*". Además, la utilización del embrión para la investigación descarta ya, de entrada, su destino para la procreación, aunque, no se olvide, son embriones que ya no podían ser destinados a la procreación.

En un contexto procreativo, la ponderación del interés del bienestar de la paciente frente al riesgo de que queden embriones sobrantes se ha resuelto a favor de aquélla; es decir, para el ordenamiento jurídico que así lo haya establecido, son más valiosos los intereses representados por la mujer paciente con problemas de fertilidad, es decir, para lograr la maternidad, que los que se refieren al embrión, incluso aunque implique el riesgo de que éste, el embrión, no pueda ser destinado al inicial propósito reproductivo.

Entonces surge la pregunta de qué hacer con estos embriones "sobrantes" o excedentarios.

La Comisión Nacional de Reproducción Humana Asistida española apuntó las únicas vías factibles, sin perjuicio de lo que pueda prever la legislación aplicable a este respecto:

a) Destinar estos embriones a la procreación de otras parejas distintas de la pareja de la que proceden, cuando aquéllas presentan similares problemas de infertilidad. No obstante, por diversas razones, se ha comprobado que esta posibilidad no absorbe todos los embriones crioconservados disponibles.

b) Destruirlos una vez superado el plazo máximo de crioconservación marcado por la ley. Algunos de los partidarios de esta solución han propuesto, probablemente con el fin de suavizarla, que se proceda a la descongelación de estos embriones y que se deje que la naturaleza siga su curso... que, como es fácil suponer, conduce precisamente a su destrucción.

c) Destinarlos a la investigación, añadiendo un conjunto de requisitos que pueden ser restrictivos en medida muy diversa. Esta última opción es la que enlaza con la cuestión que se está exponiendo aquí.[28]

En derecho comparado puede apreciarse una gran disparidad de soluciones.

En algunos estados se autoriza la investigación con embriones supernumerarios y por ello también la obtención de células madre de ellos (Bélgica; Brasil;[29]

---

[28] COMISIÓN NACIONAL DE REPRODUCCIÓN HUMANA ASISTIDA. *La investigación con embriones sobrantes*: Segundo informe. Madrid: CNRHA, 2000.

[29] Lei Federal nº 11.105, de 24 de março de 2005 (Lei de Biossegurança): "Art. 5º É permitida, para fins de pesquisa e terapia, a utilização de células tronco embrionárias obtidas de embriões humanos produzidos por fertilização *in vitro* e não utilizados no respectivo procedimento, atendidas as seguintes condições: I - sejam embriões inviáveis; ou II - sejam embriões congelados há 3 (três) anos ou mais, na data da publicação desta Lei, ou que, já congelados na data da publicação desta Lei, depois de completarem 3 (três) anos, contados a partir da data de congelamento. §1º Em qualquer caso, é necessário o consentimento dos genitores. §2º Instituições de pesquisa e serviços

España;[30] Finlandia, Grecia, Países Bajos, Portugal;[31] Reino Unido y Suecia, entre otros).

Otros países, por el contrario, han optado por una rigurosa prohibición, incluso bajo amenaza penal (por ejemplo, Alemania, Ley 1990; Austria; Dinamarca; Francia;[32] Italia;[33] Irlanda e Islandia, entre otros). No obstante, uno de ellos ha autorizado por ley la importación y la utilización de células madre embrionarias bajo ciertas condiciones (Alemania).[34] Y en otro de ellos se ha establecido una moratoria respecto a la disposición que prohíbe la investigación con embriones excedentarios (Francia, Decreto de aplicación de 6 de febrero de 2006, por cinco años). Debe señalarse que los sistemas jurídicos que han optado por la prohibición han recurrido con frecuencia a la vía penal como reforzamiento de dicha decisión normativa.

Finalmente, un número no determinado de países no dispone en la actualidad de normativa específica alguna en relación con la investigación con embriones humanos. No obstante, en los EEUU, donde desde hace ya una década se vienen discutiendo en el Congreso diversos

---

de saúde que realizem pesquisa ou terapia com células-tronco embrionárias humanas deverão submeter seus projetos à apreciação e aprovação dos respectivos comitês de ética em pesquisa".

[30] Ley 14/2006, arts. 14 y 15, y Ley 14/2007, art. 32.2.

[31] Ley 32/2006, art. 9.4, a, b y c.

[32] Ley 2004-800, de 4 de agosto de 2004.

[33] Ley 47/2004, de 10 de febrero, arts. 4.3 y 13.

[34] Ley 28 de junio 2002, *Stammzellegesetz*, paragr. 4 y 5.

proyectos de ley de signo opuesto, está permitida, a falta de esa regulación específica, la investigación con células troncales embrionarias cuando se proceda con fondos económicos privados, pero se ha excluido que se puedan utilizar fondos públicos para tal fin.

En el Derecho español está permitida la crioconservación de embriones con fines reproductivos por un período indefinido, que deberá ser fijado con base en criterios técnicos por los médicos, una vez que se llegue a la conclusión de que no reúnen los requisitos clínicamente adecuados para la práctica de la técnica de reproducción asistida (Ley 14/2006, art. 11.3), frente al plazo máximo de cinco años que preveía la legislación anterior (art. 11.3 de la ley 35/1988). Estas previsiones posibilitan la generación de embriones sobrantes, por ejemplo si se produce el fallecimiento de los progenitores o si éstos se separan o renuncian al proyecto procreativo u otras circunstancias. Una vez tomada la decisión sobre su inaptitud clínica para la reproducción uno de los destinos previstos por la Ley (Ley 14/2006, art. 11.4, c), es su donación para la investigación, sin perjuicio de otros destinos, como son su utilización por la propia mujer o su cónyuge (es decir, la reproducción de ellos por separado, p. ej., la mujer sola o cualquiera de ellos con otra pareja), la donación con fines reproductivos y el cese de su conservación sin otra utilización (esto, es, su destrucción) (art. 11.4, a, b y d).

Sobre esta cuestión de la crioconservación de embriones y de la eventual existencia de embriones supernumerarios o sobrantes el Tribunal Constitucional ha señalado en su sentencia 116/1999 que "de la Constitución no se desprende la imposibilidad de obtener un número suficiente de preembriones — expresión utilizada por la ley — necesario para asegurar, con arreglo a los conocimientos biomédicos actuales, el éxito probable de la técnica de reproducción asistida que se esté utilizando, lo que, desde otra perspectiva, supone admitir como un hecho científicamente inevitable la eventual existencia de preembriones sobrantes. Así entendida, la crioconservación no sólo no resulta atentatoria a la dignidad humana, sino que, por el contrario y atendiendo al estado actual de la técnica, se nos presenta más bien como el único remedio para mejor utilizar los preembriones ya existentes, y evitar así fecundaciones innecesarias".

7 Células troncales de cordones umbilicales, embriones y fetos abortados

Desde el punto de vista ético la obtención de células madre de estas procedencias apenas si plantea objeciones.

7.1 Cordón umbilical

En relación con la obtención de células troncales del cordón umbilical se han originado diversos problemas, más allá del uso de las mismas con fines de investigación, sino también cuando, presuntamente, el uso es pretendidamente clínico.

En efecto, desde hace unos años se han ido extendiendo las ofertas de recoger y almacenar algunos tejidos o células con el fin utilizarlos terapéuticamente en el futuro en la misma persona (implantes autólogos). Estas ofertas provienen en la actualidad sobre todo de establecimientos privados ubicados en el extranjero ("biobancos"), que actúan con ánimo de lucro. Cada vez con más frecuencia la obtención de información al respecto se está produciendo a través de Internet. Sea dicho de forma incidental, estos dos factores pueden poner en entredicho la operatividad de la normativa interna específica relativa a estas actividades.

El procedimiento más común consiste en poner a disposición del centro con el que se establece el contrato células sanguíneas procedentes del cordón umbilical (sangre del cordón umbilical: SCU), en condiciones adecuadas; el centro recibe una cantidad pecuniaria por los gastos iniciales de procesamiento y preservación del material, y una cantidad periódica — normalmente anual — en concepto de almacenamiento del mismo en buenas condiciones para la eventualidad de que el hijo del que provienen esas células pudiera necesitarlas a lo largo de su vida para su propio tratamiento (implantes autólogos).

Por el momento, el espectro de patologías a las que pudieran dar respuesta estas células es muy limitado, por lo general para enfermedades vinculadas con la médula ósea congénitas o adquiridas (leucemias y aplasias medulares), pero al tratarse de células madre (o troncales), se han generado expectativas — a veces interesadas y no suficientemente fundadas — sobre la posibilidad de que en el futuro puedan permitir el tratamiento de otras enfermedades, en particular las degenerativas, mediante la transformación de estas células en otras diferenciadas (es decir, con morfología y funcionalidad específicas) que pudiera necesitar el paciente. Indudablemente, sobre el desarrollo de estas técnicas se está investigando en la actualidad, pero todavía no hay bases sólidas para poder hablar con seriedad de que sea factible en el presente la creación de una especie de reservorios para la derivación universal de células somáticas.

Esta materia se ha regulado por medio del Real Decreto sobre el uso clínico de tejidos y células de origen humano, que sería finalmente aprobado como RD 1301/2006, de 10 de noviembre, por el que se establecen las normas de calidad y seguridad para la donación, la obtención, la evaluación, el procesamiento, la preservación, el almacenamiento y la distribución de células y tejidos humanos y se aprueban las normas de coordinación. La apuesta del Gobierno español ha sido la de restringir por diversos medios la proliferación de estos centros privados en nuestro país sin prohibirlos formalmente, habiéndose decantado por un sistema público (sin perjuicio de su desarrollo estructural en lo que sea necesario para acoger la donación y la demanda existentes), de forma coherente con el sistema y estructura creada en torno a la donación y trasplante de órganos (la Organización nacional de Trasplantes, ONT). En efecto, esta estructura pública se basa en los principios de solidaridad y altruismo que marcó la vigente Ley 30/1979, de 27 de octubre, sobre extracción y trasplante de órganos, que es la que da cobertura legal al RD 1301/2006. Estos principios se han de compartir personalmente, así como los demás que redondean el perfil jurídico de los trasplantes en nuestro país: los de acceso universal, confidencial y gratuito a los órganos y tejidos — y ahora también células — disponibles por parte de todos los ciudadanos que los necesiten, buscando entonces el material idóneo de acuerdo con el criterio de máxima compatibilidad inmunológica, con el fin de prevenir el rechazo del material biológico. Una variante que se ha venido considerando consiste en que la SCU se depositaría en centros públicos, quedando una parte de la misma reservada para la persona de la que procede, a fin de garantizar su eventual uso autólogo, y el resto entraría en la red general de donación y distribución para receptores no emparentados.

El RD 1301/2006 citado toma, pues, posición explícita sobre esta cuestión e incluye una regulación específica sobre el procesamiento y almacenamiento de las SCU y otras semejantes en centros privados. Ya en su Exposición de Motivos se quiere dejar bien clara tal posición:

> Esta norma prevé, además, la posibilidad de que existan establecimientos entre cuyas actividades figure la preservación de células y/o tejidos para un eventual uso autólogo. Aunque no existe una base científica actual ni respaldo de las instituciones europeas a dicha práctica, se ha considerado necesario regularla dada la presencia y progresiva implantación de este tipo de establecimientos en los países de nuestro entorno. Este real decreto establece las condiciones que tales establecimientos deben cumplir.

El instrumento más eficaz de que se vale el RD para eliminar el mercado de material biológico ha sido imponer que los establecimientos actuarán sin ánimo de lucro, lo que ha frenado en seco su proliferación — la de centros privados — en nuestro país, pero no ha logrado cerrar el recurso a centros privados que operan en el extranjero: Las actividades de los establecimientos de tejidos no tendrán carácter lucrativo, y exclusivamente podrán repercutirse los costes efectivos de los servicios prestados por el desarrollo de las actividades autorizadas" (art. 3.5). Como desarrollo y concreción de este principio, el art. 15.3 añade lo siguiente: "Según lo previsto en el artículo 3.5, las autoridades competentes de las comunidades autónomas establecerán el régimen de compensación y cargo de los costes que podrá aplicarse a los tejidos y grupos celulares distribuidos para poder cubrir los gastos derivados de su actividad. Estos cargos sólo se podrán aplicar al centro o unidad de aplicación una vez finalizada la actividad de procesamiento o preservación y distribuido el tejido o grupo celular."

Aparte de que se detrae de los propios estableci-mientos la decisión sobre la cuantía de los costes que se podrán repercutir, éstos sólo podrán ser efectivos una vez que se haya distribuido el tejido o grupo celular, lo que en el supuesto de usos antólogos eventuales se convierte en impracticable.

Además, se establece un régimen muy minucioso y un control estricto de las actividades por parte de los establecimientos (art. 14 *et seq.*).

7.2 Embriones y fetos abortados

Ciertamente, la protección de la vida, la integridad y el buen desarrollo de los embriones y fetos durante el curso del embarazo frente a intereses ajenos es el principal motivo que justifica la intervención del derecho cuando se pretende obtener y utilizar células u otros elementos que provengan de ellos. La vida humana en gestación está protegida constitucional y penalmente.

Se está de acuerdo sobre que, en principio, será suficiente el consentimiento de la pareja de quienes provienen, aunque podrían adoptarse otras soluciones más flexibles, semejantes a las previstas para la extracción de órganos de personas fallecidas para su posterior trasplante, y que consisten en que se estima suficiente que no conste la oposición a la obtención de los componentes biológicos oportunos.

Otros condicionamientos pueden estar relacionados con la seguridad y calidad de estos materiales biológicos, lo que exige un registro y documentación del origen de los mismos. Inicialmente, sería aplicable el régimen jurídico previsto para la obtención y utilización de tejidos de origen humano, sin perjuicio de los procesos de actualización que se están realizando en el marco europeo para actualizar y armonizar tal normativa.

El rechazo que por motivos éticos manifiestan algunos a la utilización de material biológico proveniente de fetos abortados de acuerdo con la ley, no alcanza al ámbito jurídico, y en principio será lícita siempre que se observen los requisitos que marque la normativa correspondiente.

7.3 Obtención de células troncales de adultos

La extracción de muestras biológicas de adultos se considera inocua, tanto por lo que se refiere a la muestra extraída, siempre que no recaiga sobre partes vitales del organismo, como a las técnicas usuales empleadas para su obtención. Raramente podrá afectar a la vida, a la integridad o a la salud de los afectados, por lo que sólo de forma excepcional podría incurrirse en alguna responsabilidad penal o civil por imprudencia.

En este caso las preocupaciones por asegurar un procedimiento que permita garantizar la calidad y seguridad de los elementos biológicos obtenidos son todavía mayores, y también aquí la perfecta identificación de su origen constituye un requisito esencial. Es cierto que esta preocupación se acentúa cuando se pretende destinar dichas sustancias a terceras personas, en particular si provienen de un cadáver humano. Por el momento esta inquietud es menor en relación con las células troncales, en la medida en que los protocolos sobre estas prácticas parten de la obtención de dichas células del propio paciente. Los demás requisitos para poder extraer células de donantes vivos se refieren al consentimiento del donante y a la confidencialidad (en particular por la información genética que puede generarse respecto al donante), así como a la gratuidad de estas donaciones.

8 Los ensayos clínicos

Por lo general, suele olvidarse en los debates en torno a las células madre que las investigaciones en el laboratorio dirigidas a lograr líneas celulares determinadas (de islotes pancreáticos, de la piel, del músculo cardiaco) no podrán agotarse en sí mismas sino que deberán probarse en seres humanos (ensayos clínicos) con el fin de poder comprobar los efectos terapéuticos y de valorar los efectos secundarios.

De hecho se han descrito ya en la literatura especializada algunos ensayos aislados con pretendidos éxitos inmediatos, pero sin haber comunicado los resultados a medio plazo, en particular en relación con la supervivencia de los pacientes sometidos a estos ensayos. En todo caso, las aplicaciones clínicas realizadas hasta ahora han sido exclusivamente con células troncales de adultos, no con células embrionarias.

Es cada vez más frecuente la intervención de la sociedad, a través de las autoridades y órganos administrativos correspondientes, en algunas prácticas de investigación y experimentación con estructuras biológicas de origen humano. La razón de tal control encuentra probablemente su explicación en la voluntad de asegurar la seriedad de los objetivos y metodologías de investigación, debido al respeto que se otorga a todo lo humano, con mayor motivo si se trata de embriones y fetos. La ausencia de explotación económica de las estructuras biológicas y la protección de la información genética que contienen otros principios que también se tienen en cuenta en las investigaciones con material humano.[35]

---

[35] Las investigaciones preclínicas con embriones *in vitro* o con sus células están sometidas a un régimen especial en la Ley 14/2006 (art. 14 y 15) y en la Ley 14/2007 (art. 34 *et seq.*).

La investigación clínica, es decir, la que se realiza sobre seres humanos, debe estar sometida a unos principios, límites y controles marcados por el ordenamiento jurídico, con el fin de prevenir los riesgos que pueden comportar estos ensayos sobre los sujetos sometidos a ellos y de asegurar que se realicen con un escrupuloso respeto de los derechos fundamentales de estas personas, y con la observancia de los demás principios éticos que han de presidir toda experimentación sobre humanos. Entre los derechos implicados se encuentran el derecho fundamental a la vida y el derecho a la integridad física y moral, así como la prohibición constitucional de tratos inhumanos o degradantes frente a hipotéticas prácticas de cobayismo (art. 15 de la Constitución Española).

De acuerdo con lo señalado más arriba, el Convenio sobre Derechos Humanos y Biomedicina en vigor en España nos ofrece asimismo un marco general: "La investigación científica en el ámbito de la biología y de la medicina se efectuará libremente, a reserva de lo dispuesto en el presente Convenio y en otras disposiciones jurídicas que garanticen la protección del ser humano" (art. 15). Fija además un conjunto de principios y condiciones básicas para la experimentación con personas:

a) que no exista un método alternativo al experimento con seres humanos de eficacia comparable;

b) que los riesgos en que pueda incurrir la persona no sean desproporcionados con respecto a los beneficios potenciales del experimento;

c) que el proyecto de experimento haya sido aprobado por la autoridad competente después de haber efectuado un estudio independiente acerca de su pertinencia científica, comprendida una evaluación de la importancia del objetivo del experimento, así como un estudio multidisciplinar de su aceptabilidad en el plano ético;

d) que la persona que se preste a un experimento esté informada de sus derechos y las garantías que la ley prevé para su protección; y

e) que el consentimiento a que se refiere el artículo 5 se haya otorgado expresa y específicamente y esté consignado por escrito. Este consentimiento podrá ser libremente retirado en cualquier momento (art. 16). Asimismo, se establecen medidas especiales de protección para las personas que no tengan capacidad para prestar su consentimiento a un experimento (art. 17).

Pautas semejantes a las anteriores vienen aplicándose desde hace años en relación con los ensayos clínicos de medicamentos y otros productos asimilados a ellos. Así ocurre en España por medio de la Ley 29/2006, de 26 de julio, de garantías y uso racional de los medicamentos y productos sanitarios (arts. 58 y ss.); y en lo que no se oponga a esta Ley, el RD 223/2004, de 6 de febrero, por el que se regulan los ensayos clínicos con medicamentos. Uno de los requisitos que no debe excusarse de ningún modo es el sometimiento previo de estas investigaciones a la aprobación de los comités éticos de investigación clínica cuando se vean involucrados seres humanos, comités que fueron creados para supervisar, aprobar y hacer el seguimiento de los ensayos clínicos con medicamentos.

En conclusión, todo ensayo clínico con células madre de cualquier origen debería ajustarse hoy a las pautas jurídicas previstas para los ensayos clínicos con medicamentos y otros productos asimilados, con el fin de asegurar que también estos ensayos satisfacen los principios de respeto de los derechos fundamentales del sujeto de la experimentación, la relevancia científica del ensayo propuesto, y la autorización, seguimiento y control oportunos por parte de las autoridades y comités correspondientes. También es cierto que hay algunos aspectos relevantes de las investigaciones clínicas con células madre que requieren una regulación específica con el fin de contar con prescripciones jurídicas mejor adaptadas a sus propias peculiaridades. Y lo mismo sucede con otras investigaciones biomédicas, como por ejemplo la terapia génica o los xenotrasplantes. En todos estos casos al final se va a requerir su contraste, aplicándolas directamente al ser humano.

Si en el futuro estos materiales biológicos y los procedimientos de su transformación fueran aceptables como estándares terapéuticos, sería complejo jurídicamente poder asimilarlos a medicamentos, a especialidades farmacéuticas en cuanto producto comercial, o a otros productos semejantes. En efecto, de acuerdo con las hipótesis científicas que se vienen manejando en la actualidad, sería necesaria una preparación específica de líneas celulares para cada paciente en particular, partiendo incluso de sus propias células.

9 ¿Qué función puede corresponder al Derecho Penal en relación con la biotecnología humana?

Esta cuestión está siendo objeto de especial discusión en la actualidad, en el contexto del futuro del Derecho Penal en relación con otras manifestaciones nuevas de la criminalidad.

9.1 Derecho Penal preventivo o Derecho Penal meramente simbólico frente a las biotecnologías

Se ha puesto en duda la conveniencia e, incluso, la eficacia misma del recurso del Derecho Penal para hacer frente a los comportamientos indeseables socialmente que pueden derivarse de las biotecnologías. Esta discusión habría que situarla en otra más amplia en la que se discute la legitimidad de la intervención del Derecho Penal para hacer frente a los nuevos peligros y riesgos vinculados con actividades más complejas en la vida social:[36] la actividad económica y financiera,

---

[36] Denuncian la inoperatividad del Derecho Penal en relación con las nuevas manifestaciones de la criminalidad, propugnando la permanencia de un Derecho Penal "nuclear", y proponiendo para aquélla una tercera vía, menos garantista pero también de consecuencias jurídicas menos graves, la llamada "Escuela de Frankfurt". Así, HASSEMER, Winfried. Kennzeichen und Krise des modernen Strafrechts. *Zeitschrift für Rechtspolitik*, Heft 10, p. 378-383, 1992; HASSEMER, Winfried. Perspektiven einer neuen Kriminalpolitik. *In*: HASSEMER, Winfried. *Strafen im Rechtsstaat*. Baden-Baden: Nomos, 2000. p. 271; HERZOG, Felix. *Gesellschaftliche Unsicherheit und Strafrechtliche*

que se ampara en organizaciones criminales opacas en las cuales es imposible determinar las personas físicas responsables; las actividades industriales y biotecnológicas, con sus aparentemente imprevisibles riesgos para la vida y la salud humana y el medio ambiente; la expansión de las nuevas tecnologías de la información y de la comunicación, etc.

La percepción de que en relación con muchas de estas actividades es difícil perfilar bienes jurídicos concretos, los cuales presentarían unos contornos más vagos o imprecisos, en especial si son de carácter colectivo (bienes jurídicos difusos); de que lo que se pretende es prevenir conductas de mero e indeterminado riesgo y no de lesión para los bienes jurídicos, alejando así al Derecho Penal del principio de lesividad; de que en realidad se ha convertido así en un Derecho Penal de mera gestión punitiva de riesgos generales, y en esa medida, se habría "administrativizado",[37] pues estas funciones corresponderían al Derecho Administrativo. Todo ello ha dado lugar a que se haya rechazado que el Derecho Penal sea el instrumento adecuado para prevenir los

---

Daseinsvorsorge: Studien zur Vorverlegung des Strafrechtsschutzes in den Gefährdungsbereich. Heidelberg: R.V. Decker, 1991; PRITTWITZ, Cornelius. *Strafrecht und Risiko*: Untersuchungen zur Krise von Strafrecht und Kriminalpolitik in der Risikogesellschaft. Frankfurt am Main: V. Klostermann, 1993; así como algunos trabajos de la obra editada por INSTITUTO DE CIENCIAS CRIMINALES DE FRANKFURT (Ed.). *La insostenible situación del Derecho Penal*. Granada: Comares, 2000.

[37] SILVA SÁNCHEZ, Jesús-Maria. *La expansión del Derecho Penal*: aspectos de la política criminal en las sociedades postindustriales. Madrid: Civitas, 1999. p. 100.

nuevos riesgos a los que se están viendo sometidas las sociedades postmodernas. Con esta forma de proceder el Derecho Penal carecería de efectividad preventiva, quedaría relegado a una mera función simbólica y perdería con ello su legitimidad.[38]

Este discurso despenalizador insiste en que los caminos que hay que transitar en los sectores indicados más arriba — por consiguiente, también en la biotecnología humana — son muy diferentes: controles sociales, formales y no formales, de muy diversa naturaleza y recursos jurídicos vinculados fundamentalmente al Derecho Administrativo, de modo que quedaría un espacio muy angosto para el Derecho Penal, incluso ninguno, para las posiciones más firmes.

9.2 ¿La tipificación de delitos orientados al futuro como síntoma de un Derecho Penal meramente simbólico?

La valoración de la oportunidad de la intervención del Derecho Penal (merecimiento y necesidad de pena) en el ámbito de la biotecnología humana y, sobre todo, de si puede cumplir realmente una función preventiva

---

[38] Sobre esta discusión en la actualidad, véase ampliamente ZAPATERO, Luis Arroyo; NEUMANN, Ulfrid; NIETO MARTÍN, Adán (Coord.). *Crítica y justificación del derecho penalen el cambio de siglo*: el análisis crítico de Escuela de Frankfurt. Cuenca: Ed. de la Univ. de Castilla-La Mancha, 2003.

eficaz, no se limita a las dificultades que comparte con otras actividades propias de la sociedad postindustrial, como son la identificación de los bienes jurídicos que pueden verse afectados de la forma más precisa posible; el problema tampoco radica tan sólo en la descripción practicable de los comportamientos punibles que habrían de incorporarse al tipo penal correspondiente y la idoneidad de los procedimientos tradicionales de imputación en estos nuevos ámbitos. En relación con las biotecnologías se añade un problema específico, nada irrelevante por lo demás.

En efecto, numerosas manipulaciones genéticas que describe la literatura científica se admiten como posibles desde una perspectiva teórica o hipotética, pero todavía no son técnicamente realizables,[39] lo que suscita la cuestión de si esa función preventiva debe adelantarse incluso a la manifestación misma de tales hechos. Esta peculiaridad puede ser origen de una posible objeción a la intervención del Derecho Penal en este ámbito, creando "tipos penales dirigidos al futuro", cuyo peso no es pertinente obviar, puesto que supone la incriminación de conductas que en el momento de la promulgación de la ley no son susceptibles de realización. ¿Cómo puede prevenirse la realización de una acción que es

---

[39] Sobre lo que sigue, ver ROMEO CASABONA, Carlos María. *Del gen al derecho*. Bogotá: Universidad Externado de Colombia, Centro de Estudios sobre Genética y Derecho, 1996. p. 431 *et seq.*; y ROMEO CASABONA, Carlos María. Límites penales de la manipulación genética. *In*: FUNDACIÓN BANCO BILBAO VIZCAYA. *El derecho ante el proyecto genoma humano*. Bilbao: Fundación BBV, 1994. p. 184 *et seq.*

irrealizable *per se*, podría objetarse? ¿No es el ejemplo más evidente de ineficacia del Derecho Penal, de aportar una respuesta sustitutiva — *p. ej.*, para tranquilizar a la sociedad ante las percepciones de temor que pueden suscitar las biotecnologías — a un problema que *tal vez* pueda plantearse en el futuro?

A la vista de lo anterior la cuestión controvertida se refiere pues a si el Derecho Penal no quedará supeditado a cumplir tan sólo una mera función simbólica antes que preventiva,[40] renunciando de este modo a su efectividad, con las consecuencias de la pérdida de la confianza de los ciudadanos en su función protectora y de que carezca de legitimidad. En efecto, se ha señalado que si bien de modo inmediato "la legislación simbólica, con su estigmatización de la conducta correspondiente y la cualificación del bien de que se trate, constituye además una manifestación especialmente clara de un Derecho penal de connotación 'educativa' o 'ético-social'... puede considerarse ya que las disposiciones con una exclusiva función simbólica son ilegítimas y deben desterrarse

---

[40] Cf. DÍEZ RIPOLLÉS, José Luis. El Derecho Penal simbólico y los efectos de la pena. *Actualidad Penal*, n. 1, p. 1-22, 2001, quien denuncia este carácter respecto al delito de clonación; GARCÍA GONZÁLEZ, Javier. *Límites penales a los últimos avances de la ingeniería genética aplicada al ser humano*. Madrid: Edersa, 2001. p. 228 *et seq.*, donde muestra cierto escepticismo sobre la idoneidad de la vía penal; y LUZÓN PEÑA, Diego Manuel. Función simbólica del Derecho Penal y delitos relativos a la manipulación genética. *In*: ROMEO CASABONA, Carlos María (Ed.). *Genética y Derecho Penal*: previsiones en el Código Penal español de 1995. Bilbao; Granada: Cátedra Interuniversitaria, Fundación BBVA, Diputación Foral de Bizkaia de Derecho y Genoma Humano, 2001. p. 49 *et seq.*, considera que este efecto es evitable en estos delitos.

del Ordenamiento jurídico", pues en aquélla se hallan ausentes las funciones preventivas que habrían de legitimarlo.[41]

También ha sido objeto de crítica el recurso a la sanción penal de estas conductas, en este caso por su falta de eficacia, por la previsible circunstancia — se apunta como argumento — de que la realización de tales conductas no va a ser descubierta por lo general y en consecuencia no podrán ser perseguidas judicialmente, dado que los potenciales autores pertenecen a la comunidad científica y los hechos van a quedar resguardados en la reserva de los laboratorios.

9.3 El Derecho Penal sobre las biotecnologías, más allá de su valor simbólico

Debe aceptarse como punto de partida que el Derecho Penal comporta siempre un contenido y proyección simbólicos, al expresar el rechazo y desaprobación social que merecen las conductas incluidas en la ley como delito. Incluso no me parece objetable la función educativa y ético-social del Derecho Penal que se le vincula como parte de su efecto simbólico.[42] Al contrario, éste es un efecto que irradia de la propia norma penal, en su

---

[41] En este sentido, SILVA SÁNCHEZ, Jesús-Maria. *Aproximación al Derecho Penal contemporáneo*. Barcelona: Bosch, 1992. p. 306.

[42] Recuérdense a este respecto las objeciones recogidas más arriba opuestas por SILVA SÁNCHEZ. *Aproximación al Derecho Penal contemporáneo, op. cit.*, p. 306.

vertiente de norma de valoración (positiva, en relación con los bienes jurídicos objeto de protección; negativa, en relación con las conductas que pueden atentar contra aquéllos, al haber sido tipificadas penalmente), sin que por ello se abandone o se pierda su faceta primaria preventiva, pues es un procedimiento de promoción de acciones de respeto a los bienes jurídicos y por ello no se aleja de la función del Derecho Penal concebida todavía en lo esencial como de protección de bienes jurídicos.[43]

También es cierto que no debe ser ésta la única o principal función del Derecho Penal, de modo que el legislador sienta cumplida su misión con la sola configuración y aprobación de nuevos tipos penales, a pesar de la conciencia de la inoperatividad e ineficacia de la ley penal. Su tarea principal consiste en prevenir los más graves ataques a bienes jurídicos de relevante valoración social, incluso aunque éstos aparentemente queden relegados a un segundo plano, como ocurre con los delitos de peligro abstracto o de acción peligrosa, en lo cuales la protección de aquéllos es la *ratio legis*, pero en los que la adecuación de la acción al tipo no requiere ni la lesión ni la puesta en peligro de los mismos.[44] Como ha señalado acertadamente Hassemer, la cuestión que se plantea en realidad no es si el Derecho Penal ha de tener

---

[43] CEREZO MIR, José. *Curso de Derecho Penal español*: parte general. 5. ed. Madrid: Tecnos, 1996. v. 1, p. 15; y ROXIN, Claus. *Strafrecht*: Allgemeiner Teil. 3. Aufl. München: C.H. Beck, 1997. p. 19 *et seq.*

[44] ROXIN. *Strafrecht*: Allgemeiner Teil, *op. cit.*, Bd. 1, p. 19.

o no efectos simbólicos, sino hasta dónde es aceptable que lleguen tales efectos.[45]

> "Simbólico" en sentido crítico es por consiguiente un derecho penal en el cual las funciones latentes predominen sobre las manifiestas: del cual puede esperarse que realice a través de la norma y su aplicación otros objetivos, fuera de los descritos en ella.[46]

Dicho de otro modo, únicamente nos encontraremos ante unos efectos simbólicos rechazables cuando dominen en la intervención penal otros efectos no confesados o no advertidos conscientemente por el legislador distintos a los preventivos de protección de bienes jurídicos frente a determinadas agresiones.

Por consiguiente, la pregunta es si en el ámbito de las biotecnologías es posible construir nuevas figuras delictivas a través de la cuales el Derecho Penal pueda satisfacer razonablemente su función preventiva, sin que se superpongan de forma predominante otros aspectos o intereses "simbólicos". Desde luego, es preciso diferenciar dos planos para obtener respuestas aceptables a la anterior pregunta. En primer lugar, debe resolverse desde el estudio de la propuestas de reforma legislativa (perspectiva *de lege ferenda*), a la vista de la política criminal

---

[45] En este sentido, HASSEMER, Winfried. Derecho Penal simbólico y protección de bienes jurídicos. Trad. de Elena Larrauri. *Nuevo Foro Penal*, n. 51, p. 17-31, ene./mar. 1991.

[46] HASSEMER. Derecho Penal simbólico y protección de bienes jurídicos. *Nuevo Foro Penal, op. cit.*, p. 24.

que se haya asumido previamente en relación con las biotecnologías, si realmente es posible cumplir la función manifiesta de proteger bienes jurídicos, lo que comporta la identificación de los mismos y de las conductas idóneas para lesionarlos. En segundo lugar, deben contrastarse las conclusiones que se obtengan de las anteriores reflexiones con las plasmaciones legislativas reales de estos delitos que nos ofrece el Derecho comparado, lo que permitirá comprobar si el escepticismo que pueda existir sobre la eficacia del Derecho penal en relación con las biotecnologías reside más bien en un defectuoso abordaje por parte del legislador (perspectiva *de lege lata*). Con tal propósito se presentan asimismo más abajo los aspectos que son relevantes para una correcta tipificación. Dejaremos para apartados posteriores las propuestas personales sobre las pautas para la intervención del Derecho Penal y el diseño de algunos bienes jurídicos.

9.4 La satisfacción razonable de la función preventiva del Derecho Penal en relación con la biotecnología humana

Puede en efecto asumirse, sin que ello comporte en principio motivo alguno de objeción, la vertiente simbólica del Derecho Penal se acrecienta considerablemente con la introducción de delitos como los relacionados con la biotecnología humana, y la novedad para el Derecho Penal radica precisamente en que se trata de conductas todavía no realizables en todos los casos, pero que el legislador ha identificado como especialmente graves en el futuro. A este respecto indica con acierto Mantovani que corresponde al jurista no sólo racionalizar el presente, sino también programar el futuro, puesto que el acelerado progreso de la biomedicina tiende siempre a transformar el "futurible" en "futuro" y el "futuro" en "presente".[47] Siendo acertado el diagnóstico en esta materia de la Biomedicina, y estar justificada entonces la ponderación del recurso a los instrumentos jurídicos, incluidos los penales, el problema radica en saber anticipar qué acontecimientos científicos que se adivinan como posibles van a experimentar una evolución en esa dirección y a partir de qué estado del avance científico deberá intervenir entonces el Derecho penal.

El Derecho Penal no se limita a irradiar ese efecto en relación con las biotecnologías, pues no está desprovisto de un relativa y razonablemente importante significado preventivo,[48] en cuanto se incriminan conductas especialmente graves y peligrosas para bienes jurídicos especialmente importantes, y la potencialidad efectiva de que dichas conductas sean practicables en el futuro es asimismo razonablemente previsible, potencialidad que indudablemente constituye un mínimo irrenunciable para que la intervención punitiva esté legitimada. Por

---

[47] MANTOVANI, Ferrando. *Manipolazioni genetiche. In*: SACCO, Rodolfo (Dir.). *Digesto delle discipline penalistiche*. 4. ed. Torino: UTET, 1993. v. 7, p. 6.

[48] LUZÓN PEÑA, Diego Manuel. Función simbólica del derecho penal y delitos relativos a la manipulación genética. *In*: ROMEO CASABONA. *Genética y Derecho Penal*: previsiones en el Código Penal español de 1995, *op. cit.*, p. 49 *et seq.*

consiguiente, no es descartable en cuanto tal la creación de delitos dirigidos al futuro. Esta afirmación es compatible con la observación de que por la propia naturaleza de estas técnicas al Derecho penal corresponde en este sector una función más modesta o limitada,[49] sobre todo en comparación con las funciones de control preventivo que atañen a diversos agentes sociales, en particular a través del Derecho Administrativo, sin olvidar la utilidad multidimensional que puede extraerse del principio de precaución.[50]

Recuérdese a este respecto que la AIDP llegó a la conclusión en su Congreso celebrado en Viena en 1989 sobre la conveniencia de introducir algunos delitos relativos a la manipulación genética y a la clonación reproductiva,[51] en un momento en el que ni siquiera la comunidad científica se planteaba como practicable sobre mamíferos la técnica que unos años más tarde dio lugar al nacimiento de la oveja Dolly (la transferencia del núcleo de una célula somática a un óvulo previamente enucleado). En relación con otros delitos más tradicionales que no son cometidos nunca o lo son muy raramente, no se

---

[49] ROXIN. *Strafrecht*: Allgemeiner Teil, *op. cit.*, L Bd. 1, p. 22.

[50] Ver ROMEO CASABONA, Carlos María. Aportaciones del principio de precaución al Derecho Penal. *In*: MODERNAS tendencias en la ciencia del derecho penal y en la criminología. Madrid: UNED, 2001. p. 77 *et seq.*; y ROMEO CASABONA, Carlos María (Ed.). *Principio de precaución, biotecnología y derecho*. Bilbao; Granada: Cátedra Interuniversitaria, Fundación BBVA, Diputación Foral de Bizkaia de Derecho y Genoma Humano, 2004.

[51] Ver ASSOCIATION INTERNATIONALE DE DROIT PÉNAL. Droit pénal et techniques biomédicales modernes. *Revue Internationale de Droit Pénal*, Tolouse, v. 59, n. 3, 4, 1988.

duda (como ocurre, *p. ej.*, con los delitos contra la seguridad exterior del Estado, cuya comisión, no obstante, sí es hipotéticamente posible), sin embargo, de la importante tarea preventiva que corresponde al Derecho Penal.

En cuanto a la afirmación relativa a la impunidad de que gozarán los autores de estos hechos en virtud de su desconocimiento mismo por parte de las autoridades competentes para su detección y persecución, delata el escaso conocimiento de cómo se desenvuelven los científicos del sector, que se hallan presionados para dar a la luz pública los logros de sus trabajos antes de que otros científicos se les adelanten, y que de estos resultados puede depender que adquieran notoriedad, reconocimiento y con ello prestigio y la posibilidad de obtener apoyos para poder continuar con sus investigaciones. Si bien es posible que los pasos previos de la investigación resulten desconocidos (*p. ej.*, manipulando gametos o, incluso, embriones humanos obtenidos *in vitro*), no es razonable pensar que los resultados vayan a permanecer para siempre encerrados en la más absoluta ocultación, pues en los resultados se encuentra la prueba más fehaciente del "éxito" científico logrado.

He aquí, en conclusión, la advertencia que dirige el Derecho Penal, de que en adelante las investigaciones o, más correctamente, determinadas aplicaciones biotecnológicas fruto de la investigación, no deben discurrir en una determinada dirección o con ciertos propósitos, sin que ello signifique una criminalización general de la investigación en este sector, pues encuentra su marco adecuado — de licitud, para ser más exactos — en el conjunto del ordenamiento jurídico y en particular en las disposiciones normativas no penales que la regulan específicamente.[52]

La clonación humana reproductiva ofrece un claro ejemplo de eficacia preventiva — al menos aparente —, dado que tanto su prohibición penal como su rechazo institucional y social generalizado han provocado que quienes afirman que están en condiciones técnicas de practicarla en el ser humano, habiendo sostenido incluso haber utilizado ya con éxito esta técnica, ocultan los verdaderos hechos que pretenden realizar o que sostienen haber realizado y siempre señalan como lugar de su ejecución un territorio inmune a cualquier forma de persecución (por el momento y a la vista de las importantes dificultades técnicas que presenta la clonación en el ser humano, más que de una infracción de este tenor, quienes se autoproclaman como autores estarían probablemente cometiendo un delito de estafa, que tendrían como sujetos pasivos a sus crédulos benefactores y posibles clientes).

Desde una perspectiva global no parece que a la vista de los delitos introducidos por los legisladores de los países más representativos se hayan vulnerado las exigencias mínimas de intervención del Derecho Penal, al menos no lo ha sido de forma relevante. De todos modos, el derecho comparado nos ofrece ejemplos en los que se

---

[52] Así, en el derecho español, el art. 20 de la Constitución, y las Leyes 14/2006, sobre técnicas de reproducción humana asistida, y 14/2007, sobre investigación biomédica.

aprecia una falta de rigor censurable por parte de los legisladores, evidenciando así no sólo el más absoluto desconocimiento del trasfondo científico de los hechos que han sido objeto de persecución penal, sino al mismo tiempo una carencia de la mínima técnica legislativa, habiendo prescindido de las más elementales reglas que dicha técnica exige.

Así, en ocasiones se ha rebasado palmariamente el límite de mínima intervención: en Alemania (Ley de 1990), Brasil (Ley de 1995, derogada y sustituida por la Ley de 2005)[53] y Francia (Ley de 2004), en cuyas leyes se han introducido figuras delictivas relacionadas con estas materias. Queda al margen de esta valoración la enorme amplitud comprensiva a la que obliga en principio la defectuosa redacción de algunos tipos penales, como ocurre con los delitos de manipulación genética en sentido estricto del CP español o el de clonación reproductiva del CP peruano.[54] Por el contrario, los mismos objetivos político-criminales que presumiblemente han llevado a los legisladores de diversos países a introducir estos delitos tenían que haberles conducido a la incorporación como delitos de algunas conductas que continúan relegadas como infracciones administrativas o que no constituyen ilícito alguno. Pero también de esta cuestión nos ocuparemos en el epígrafe siguiente.

---

[53] Lei nº 11.105, de 24 marzo 2005.

[54] Ver art. 324 del CP, introducido por la Ley 27636 (DOEP, 16 enero 2002).

9.5 Derecho Penal simbólico y técnicas de tipificación penal

Si bien hemos llegado a la conclusión de que el Derecho Penal preventivo es compatible con la punición de algunas conductas relacionadas con las manipulaciones genéticas en el ser humano cuya represión va a ser difícil y que incluso puede llegarse a la incriminación de hechos que ni siquiera son todavía realizables, pero que con toda probabilidad lo serán en el futuro, la respuesta definitiva a favor o en contra de la existencia de estos delitos queda pendiente de la valoración de cómo los plasme el legislador en el texto legal. Quiero referirme con esta observación — y lo haré muy brevemente — a las técnicas legislativas de tipificación, asunto cuyo estudio ha sido poco explorado por la doctrina y apenas apreciado por el legislador y por el prelegislador.[55]

A pesar de las dificultades que pueda entrañar la configuración de nuevos delitos en el ámbito de las biotecnologías, el legislador no puede renunciar a proceder con la máxima escrupulosidad. Precisamente, la espectacularidad y la alarma que producen en la opinión pública el mero anuncio de algunas conductas relacionadas con la biotecnología ha provocado en más de una ocasión que el legislador haya reaccionado

---

[55] Se ocupan de esta cuestión desde perspectivas e intereses diferentes, DÍEZ RIPOLLÉS, José Luis. *La racionalidad de las leyes penales*: práctica y teoría. Madrid: Trotta, 2003 y SÁNCHEZ LÁZARO, Fernando Guanarteme. *Política criminal y técnica legislativa*: prolegómenos a una dogmática de lege ferenda. Granada: Comares, 2007.

de forma inmediata, en ocasiones sin saber qué es lo que debía prohibir y sancionar, sin percibir — ni tal vez preguntarse — cuál podría ser el interés — bien jurídico — por el que había que velar, y conformándose con tranquilizar a la comunidad (efecto simbólico del Derecho Penal en su acepción más estricta).

La efectividad preventiva de estos delitos, su justificación político-criminal y que pueda tacharse o no a los mismos por su efecto meramente simbólico dependerá, en último extremo, de que se hayan satisfecho correctamente en su tipificación unas premisas de técnica legislativa.[56]

En consecuencia, el legislador deberá ajustarse a una serie de principios, que enumero brevemente a continuación: 1. la identificación o configuración de un bien jurídico digno de tutela penal; 2. la acotación del objeto material de la acción; 3. selección de las conductas con merecimiento de pena; 4. La elección de la estructura típica; 5. la descripción específica de la acción típica

---

[56] Sobre ello, ver ROMEO CASABONA, Carlos María. Los genes y sus leyes: el derecho ante el genoma humano. *In*: ROMEO CASABONA, Carlos María (Ed.). *Genética y Derecho Penal*: previsiones en el Código Penal español de 1995. Bilbao; Granada: Cátedra Interuniversitaria, Fundación BBVA, Diputación Foral de Bizkaia de Derecho y Genoma Humano; Comares, 2001. p. 227 *et seq.*; GARCÍA GONZÁLEZ, Javier. Límites penales a los últimos avances de la ingeniería genética. *In*: ROMEO CASABONA (Ed.). *Genética y Derecho Penal*: previsiones en el Código Penal español de 1995, *op. cit.*, p. 189 *et seq.*; y JORGE BARREIRO, Agustín. Los delitos relativos a la manipulación genética en sentido estricto. *In*: ROMEO CASABONA (Ed.). *Genética y Derecho Penal*: previsiones en el Código Penal español de 1995, *op. cit.*, p. 63 *et seq.*

y, en su caso, del resultado; 6. la antijuricidad; 7. las consecuencias jurídicas: proporcionalidad e idoneidad; 8. el continente: ley penal especial versus código penal común.

Referências

ASSOCIATION INTERNATIONALE DE DROIT PÉNAL. Droit pénal et techniques biomédicales modernes. *Revue Internationale de Droit Pénal*, v. 59, n. 3/4, 1988.

CEREZO MIR, José. *Curso de Derecho Penal español*: parte general. 5. ed. Madrid: Tecnos, 1996.

COMISIÓN NACIONAL DE REPRODUCCIÓN HUMANA ASISTIDA. *La investigación con embriones sobrantes*: segundo informe. Madrid: CNRHA, 2000.

COMITÉ ASESOR DE ÉTICA EN LA INVESTIGACIÓN CIENTÍFICA Y TÉCNICA. *Informe*: la investigación sobre células troncales. Madrid: Fundación Española Ciencia y Tecnología, 2003.

COMMISSION OF THE EUROPEAN COMMUNITIES. Commission Staff Working Paper: Report on Human Embryonic Stem Cell Research. Brussels, 3 apr. 2003. Disponible en el sitio web: <http://ec.europa.eu/research/press/2003/pdf/sec2003-441report_en.pdf>.

DE MIGUEL BERIAIN, Íñigo. *La clonación*: diez años después. Bilbao; Granada: Cátedra Interuniversitaria de Derecho y Genoma Humano Albolote; Comares, 2008.

DÍEZ RIPOLLÉS, José Luis. El Derecho Penal simbólico y los efectos de la pena. *Actualidad Penal*, n. 1, p. 1-22, 2001.

DÍEZ RIPOLLÉS, José Luis. *La racionalidad de las leyes penales*: práctica y teoría. Madrid: Trotta, 2003.

GARCÍA GONZÁLEZ, Javier. *Límites penales a los últimos avances de la ingeniería genética aplicada al ser humano*. Madrid: Edersa, 2001.

GARCÍA GONZÁLEZ, Javier. Límites penales a los últimos avances de la ingeniería genética. *In*: ROMEO CASABONA, Carlos María (Ed.). *Genética y Derecho Penal*: previsiones en el Código Penal español de 1995. Bilbao; Granada: Cátedra Interuniversitaria, Fundación BBVA, Diputación Foral de Bizkaia de Derecho y Genoma Humano; Comares, 2001.

HASSEMER, Winfried. Derecho Penal simbólico y protección de bienes jurídicos. Trad. de Elena Larrauri. *Nuevo Foro Penal*, n. 51, p. 17-31, ene./mar. 1991.

HASSEMER, Winfried. Kennzeichen und Krise des Modernen Strafrechts. *Zeitschrift für Rechtspolitik*, Heft 10, p. 378-383, 1992.

HASSEMER, Winfried. Perspektiven einer neuen Kriminalpolitik. *In*: HASSEMER, Winfried. *Strafen im Rechtsstaat*. Baden-Baden: Nomos, 2000.

HERZOG, Felix. *Gesellschaftliche Unsicherheit und Strafrechtliche Daseinsvorsorge*: Studien zur Vorverlegung des Strafrechtsschutzes in den Gefährdungsbereich. Heidelberg: R.V. Decker, 1991.

INSTITUTO DE CIENCIAS CRIMINALES DE FRANKFURT (Ed.). *La insostenible situación del Derecho Penal*. Granada: Comares, 2000.

JORGE BARREIRO, Agustín. Los delitos relativos a la manipulación genética en sentido estricto. *In*: ROMEO CASABONA, Carlos María (Ed.). *Genética y Derecho Penal*: previsiones en el Código Penal español de 1995. Bilbao; Granada: Cátedra Interuniversitaria, Fundación BBVA, Diputación Foral de Bizkaia de Derecho y Genoma Humano; Comares, 2001.

LUZÓN PEÑA, Diego Manuel. Función simbólica del Derecho Penal y delitos relativos a la manipulación genética. *In*: ROMEO CASABONA, Carlos María (Ed.). *Genética y Derecho Penal*: previsiones en el Código Penal español de 1995. Bilbao; Granada: Cátedra Interuniversitaria, Fundación BBVA, Diputación Foral de Bizkaia de Derecho y Genoma Humano; Comares, 2001.

MANTOVANI, Ferrando. Manipolazioni genetiche. *In*: SACCO, Rodolfo (Dir.). *Digesto delle discipline penalistiche*. 4. ed. Torino: UTET, 1993. v. 7.

PLOMER, Aurora. Stem Cell Research in the UK: from Parliament to the Courts. *Revista de Derecho y Genoma Humano*, n. 16, p. 181-196, ene./jun. 2002.

PRITTWITZ, Cornelius. *Strafrecht und Risiko*: Untersuchungen zur Krise von Strafrecht und Kriminalpolitik in der Risikogesellschaft. Frankfurt am Main: V. Klostermann, 1993.

ROMEO CASABONA, Carlos María (Ed.). *Principio de precaución, biotecnología y derecho*. Bilbao; Granada: Cátedra Interuniversitaria, Fundación BBVA, Diputación Foral de Bizkaia de Derecho y Genoma Humano; Comares, 2004.

ROMEO CASABONA, Carlos María. Aportaciones del principio de precaución al Derecho Penal. *In*: MODERNAS tendencias en la ciencia del derecho penaly en la criminología. Madrid: UNED, 2001.

ROMEO CASABONA, Carlos María. *Del gen al derecho*. Bogotá: Universidad Externado de Colombia, Centro de Estudios sobre Genética y Derecho, 1996.

ROMEO CASABONA, Carlos María. El anteproyecto de modificación del Código Penal y los delitos relativos a la manipulación genética. Sus repercusiones en la legislación extrapenal sectorial. Informe elevado a la Subsecretaria de Justicia, diciembre de 2006. *In*: SILVEIRA GORSKI, Héctor Claudio (Ed.). *El derecho ante la biotecnología*: estudios sobre la nueva legislación española en biomedicina. Barcelona: Icaria, 2008.

ROMEO CASABONA, Carlos María. El derecho a la vida: aspectos constitucionales de las nuevas biotecnologías. *In*: EL DERECHO a la vida: Actas de las VIII Jornadas de la Asociación de Letrados del Tribunal Constitucional. Madrid: Centro de Estudios Políticos y Constitucionales, 2003.

ROMEO CASABONA, Carlos María. Embryonic Stem Cell Research and Therapy: The Need for a Common European Legal Framework. *Bioethics*, v. 16, p. 557-567, 2002.

ROMEO CASABONA, Carlos María. La cuestión jurídica de la obtención de células troncales embrionarias humanas con fines de investigación biomédica: consideraciones de política legislativa. *Revista de Derecho y Genoma Humano*, n. 24, p. 75-128, jul./dez. 2006.

ROMEO CASABONA, Carlos María. Límites penales de la manipulación genética. *In*: FUNDACIÓN BANCO BILBAO VIZCAYA. *El derecho ante el proyecto genoma humano*. Bilbao: Fundación BBV, 1994.

ROMEO CASABONA, Carlos María. Los genes y sus leyes: el derecho ante el genoma humano. *In*: ROMEO CASABONA, Carlos María (Ed.). *Genética y Derecho Penal*: previsiones en el Código Penal español de 1995. Bilbao; Granada: Cátedra Interuniversitaria, Fundación BBVA, Diputación Foral de Bizkaia de Derecho y Genoma Humano; Comares, 2001.

ROXIN, Claus. *Strafrecht*: Allgemeiner Teil. 3. Aufl. München: C.H. Beck, 1997.

SÁ, Maria de Fátima Freire de; NAVES, Bruno Torquato de Oliveira. Investigaciones con células troncales embrionarias en Brasil y la (in)constitucionalidad del artículo 5º de la ley de bioseguridad (parte I). *Revista de Derecho y Genoma Humano*, n. 28, p. 177-191, jul./dez. 2008.

SÁNCHEZ LÁZARO, Fernando Guanarteme. *Política criminal y técnica legislativa*: prolegómenos a una dogmática de lege ferenda. Granada: Comares, 2007.

SILVA SÁNCHEZ, Jesús-Maria. *Aproximación al Derecho Penal contemporáneo*. Barcelona: Bosch, 1992.

SILVA SÁNCHEZ, Jesús-Maria. *La expansión del Derecho Penal*: aspectos de la política criminal en las sociedades postindustriales. Madrid: Civitas, 1999.

URRUELA MORA, Asier. La clonación humana ante la reforma penal y administrativa en España. *Revista Penal*, n. 21, p. 165-191, ene. 2008.

VALERIO, Carlos. A falta de un debate bioético: comentarios al fallo de la Sala Constitucional de la Corte Suprema de Justicia de Costa Rica sobre la prohibición de la fertilización *in vitro*. *Revista de Derecho y Genoma Humano*, n. 14, p. 177-179, ene./jun. 2001.

ZAPATERO, Luis Arroyo; NEUMANN, Ulfrid; NIETO MARTÍN, Adán (Coord.). *Crítica y justificación del Derecho Penal en el cambio de siglo*: el análisis crítico de Escuela de Frankfurt. Cuenca: Ed. de la Univ. de Castilla-La Mancha, 2003.

Informação bibliográfica deste texto, conforme a NBR 6023:2002 da Associação Brasileira de Normas Técnicas (ABNT):

ROMEO CASABONA, Carlos María. La investigación con células troncales, técnicas de clonación y otras de reprogramación celular: el debate jurídico y jurídico-penal actual sobre su función respecto a las biotecnologías. *In*: MEIRELLES, Jussara Maria Leal de; RIBEIRO, Marcia Carla Pereira (Coord.). *Direito e desenvolvimento*: biomedicina, tecnologia e sociedade globalizada. Belo Horizonte: Fórum, 2011. p. 25-93. ISBN 978-85-7700-476-8.

Sobre a Patenteabilidade das Formas Superiores de Vida[1]

Stefan Martin

Sumário: 1 Introdução – 2 O contexto internacional – 3 Os trabalhos da Assembleia Parlamentar do Conselho Europeu – 4 A Declaração Universal sobre o Genoma Humano e os Direitos do Homem da UNESCO de 1997 – 5 A Convenção sobre os Direitos do Homem e a Biomedicina do Conselho da Europa – 6 A Convenção sobre a Diversidade Biológica – 7 O Direito comparado – 7.1 Experiência americana – 7.2 O Direito europeu: Diretiva 98/44/CE do Parlamento Europeu e do Conselho de 6 de julho de 1998 relativa à proteção jurídica das invenções biotecnológicas – 8 A jurisprudência do Instituto Europeu de Patentes – 9 A situação do Brasil: a exclusão da patenteabilidade das formas superiores de vida – 10 A posição tradicional no Canadá: a rejeição da patenteabilidade das formas superiores de vida – 11 A reversão jurisprudencial no acórdão Monsanto – 12 Qual o futuro para as patentes sobre as formas superiores de vida no Canadá? – 13 Conclusões

---

[1] Tradução: Cláudio Smirne Diniz. Revisão técnica: Marcia Carla Pereira Ribeiro.

1 Introdução

A biotecnologia diz respeito à aplicação das ciências e da engenharia à utilização direta ou indireta dos organismos vivos ou de suas partes ou produtos, sob sua forma natural ou modificada.[2] A história da biotecnologia perde-se em uma época remota, sobre a qual não se tem muitas informações. As primeiras sociedades agrícolas praticavam a reprodução seletiva com a finalidade de selecionar as melhores sementes para o ano seguinte. Essa mesma reprodução seletiva foi utilizada pelas civilizações da Antiguidade para os fins de melhoria do efetivo animal. Nessa mesma época, o homem descobriu as virtudes de certos micro-organismos, tais como as bactérias, os fermentos e os bolores para os fins do fabrico do pão, da cerveja, do queijo, do iogurte e do vinho.

Os trabalhos de Mendel sobre as leis da hereditariedade e os de Pasteur acerca da microbiologia contribuíram largamente para a modernização da matéria. Todavia, foram as descobertas da penicilina em 1928, por Alexander Fleming e da estrutura do DNA em 1953, por James Dewey Watson e Francis Harry Compton Crick que marcaram o início da biotecnologia moderna.

As primeiras plantas transgênicas resistentes aos insetos e aos herbicidas foram comercializadas a partir de 1987. Esses trabalhos permitiram, assim, o desenvolvimento do milho, da batata, do algodão resistente

---

[2] Loi canadienne sur la protection de l'environnement (1999), L.C. 1999, ch. 33, par. 3 (1).

aos insetos, da soja, do linho, da canola e da beterraba tolerante aos herbicidas, do tomate com amadurecimento lento e ainda da soja e da canola, cujo teor de ácido graxo tenha sido aumentado. Porém, as manipulações genéticas não estão limitadas às plantas e, portanto, incluem igualmente os animais. Assim, no Canadá, pesquisadores modificaram a composição genética de um salmão para acelerar seu crescimento. Outros estudos tentam manipular geneticamente órgãos de animais, notadamente do porco, a fim de permitir o transplante para corpos humanos.

Teoricamente, essas invenções podem ser objeto de uma patente, a qual irá recair sobre um objeto, uma planta ou um animal, um componente vivo, célula ou tecido, um composto sintetizado por um animal, tais como antígenos, anticorpos, enzimas, hormônios, vacinas ou ainda uma molécula química que leva uma informação genética, tal qual uma sequência de DNA. A invenção pode igualmente visar um método: cultura de células, atenuação de micróbios por uma vacina, etc.

A concessão de patentes nesse domínio levanta dúvidas acerca do interesse público e, mais particularmente, acerca da saúde pública. Mais de trinta milhões de pessoas são afetadas pela AIDS e três milhões de pessoas morrem dessa doença a cada ano. Dois milhões de pessoas morrem a cada ano de tuberculose. Um milhão de crianças a cada ano sucumbem à malária na África. No entanto, a tuberculose e a malária são doenças que se tratam com medicamento.

A esse respeito, recorda-se das ações judiciais propostas por um número importante de empresas farmacêuticas contra uma lei adotada pelo governo sul-africano. Essa lei autorizava o ministro da saúde a suspender uma patente e a importar a versão genérica de medicamentos destinados às pessoas afetadas pela doença da AIDS.

Essa tensão entre o direito das patentes e os imperativos de saúde pública foi regulada, em parte, pela adoção de um comunicado originado da Conferência Ministerial de Doha, em 14 de novembro de 2001 ("A Declaração"), pela qual os países membros da Organização Mundial do Comércio (OMC) conferiram aos países atingidos por epidemias (AIDS, tuberculose) o direito de afastar uma patente e autorizar a produção de medicamentos genéricos.[3] Essa Declaração foi prorrogada por um acordo ocorrido em 30 de agosto de 2003 que permitiu a todos os países membros da OMC exportarem os produtos farmacêuticos fabricados no âmbito de licenças obrigatórias.[4] Esse acordo permitiu tornar mais eficaz a Declaração de 2001. Com efeito, muitos países em desenvolvimento não perderam a capacidade industrial de fabricar os medicamentos genéricos e de beneficiarem-se do regime que visa a suspensão das patentes em caso de crise sanitária. Finalmente, em 6 de dezembro de 2005, o Acordo de 2003 tornou-se permanente por uma alteração ao Acordo sobre os ADPIC.[5]

---

[3] Declaração de Doha sobre o acordo sobre os ADPIC e a saúde pública, WT/MIN (01)/DEC/2.

[4] Declaração do Conselho Geral de 30 de agosto de 2003, regulamentação do par. 6 da Declaração de Doha sobre o acordo sobre os ADPIC e a saúde pública, WT/L/540.

[5] Emenda ao acordo sobre ADPIC, Decisão de 6 de dezembro de 2005, WT/L/641.

Em 2004, o Canadá alterou a Lei sobre as Patentes a fim de dar efeito ao Acordo.[6] De resto, o Canadá foi um dos primeiros países a autorizar uma empresa a fabricar versão genérica de um medicamento patenteado, em proveito de um país em desenvolvimento (Ruanda).

Com fundamento nessas disposições, em maio de 2007, quando a companhia Merck recusou-se a reduzir o preço de um medicamento destinado ao tratamento da AIDS distribuído sob a marca *Efavirenz*, o Ministro da Saúde do Brasil atribuiu licença compulsória para fins da produção local de uma versão genérica. Recorda-se que, desde 1992, o Brasil distribuiu gratuitamente antirretrovirais e, em 1999, o Ministro da Saúde do Brasil autorizou a produção local de antirretrovirais genéricos.

A concessão de patentes sobre seres vivos e, mais particularmente, sobre as formas superiores de vida, levantou igualmente questionamentos relativos ao meio ambiente, à segurança alimentar, à preservação da biodiversidade, à conservação do conhecimento tradicional e à biopirataria.

A biopirataria designa a monopolização pelo Direito das patentes do saber tradicional e dos recursos naturais dos países em desenvolvimento. Os exemplos são numerosos e, dentre eles, nota-se que em 1997 uma companhia americana obteve uma patente (posteriormente revogada) sobre o arroz *basmati*. Alguns anos depois, o Instituto Europeu das Patentes anulou uma

---

[6] L.C. 2004, ch. 23, art. 1.

patente sobre um fungicida derivado de uma árvore indiana (o Neem), com base em que as virtudes fungicidas dessa árvore eram conhecidas e difundidas na Índia há vários séculos.

Estranhamente, a patente tinha sido depositada e obtida pelo Ministério da Agricultura dos Estados Unidos e pela sociedade W.R. Grace. O caso do feijão *Elona* é particularmente interessante. Em 1993, um americano de nome Larry Proctor obteve nos Estados Unidos uma patente sobre um feijão de grãos amarelos que havia sido trazido do México no início dos anos 90, sem qualquer contraprestação.

Mas a biopirataria não é limitada unicamente às criações do mundo vegetal. É assim que em 1991, um instituto americano obteve uma patente que visava uma linhagem celular derivada do DNA de um doador membro da tribo dos Hagahai, um dos povos autóctones da Papua-Nova Guiné. Esse povo tomou contato com o mundo externo em 1984 e assim contraiu um vírus causador de uma importante mortalidade. A fim de afastar o risco de extinção, o povo tomou contato com pesquisadores que tiveram êxito em por um termo à pandemia. Nessa ocasião, os pesquisadores tomaram amostras de DNA que transmitiram nos Estados Unidos. A análise dessas amostras revelou que os membros desse povo pareciam imunizados à certa forma de leucemia. Trabalhos subsequentes permitiram isolar um vírus suscetível de ser utilizado no âmbito do desenvolvimento de uma vacina contra essa doença. O consentimento dos doadores quanto à utilização de seu DNA não tinha sido solicitado e nem obtido. Essa espoliação provocou um importante movimento na comunidade científica, conduzindo, algum tempo depois, ao abandono da patente pelo seu detentor.

Os países do hemisfério sul e os países em desenvolvimento denunciaram essa nova forma de colonialismo. O Comitê intergovernamental da propriedade intelectual relativo aos recursos genéticos, o saber tradicional e folclore da Organização Mundial da propriedade intelectual propôs diversas soluções que visam à proteção do saber tradicional. O Comitê intergovernamental propôs nomeadamente que os examinadores de patentes devessem ser formados e sensibilizados ao saber tradicional e que o procedimento de exame deveria compreender a investigação sistemática "nas fontes existentes que são da competência do domínio público, do saber tradicional e de informação sobre os recursos genéticos".[7]

Além disso, no âmbito dos trabalhos do Conselho dos ADPICs, certos países propuseram que a demanda de patentes incluísse a divulgação da fonte do material, os recursos genéticos ou biológicos e as precisões quanto ao *know-how* tradicional utilizado no âmbito da invenção. Além disso, o depositante deveria fornecer uma prova do consentimento prévio dado com conhecimento de causa pelas autoridades, em conformidade com o regime nacional aplicável e uma prova da divisão justa e equitativa

---

[7] Comitê Intergovernamental da Propriedade Intelectual relativa às Fontes Genéticas, ao Saber Tradicional e ao Folclore, 11, 3.12.2007, WIPO, GRTKF/IC/11/7.

das vantagens em conformidade com o regime nacional aplicável. Essa proposta foi admitida pelo Brasil, apoiado por outros 14 países, quando do encontro do Conselho das ADPICs no mês de junho de 2007.

No Canadá, a patenteabilidade dos seres vivos e, mais particularmente, das formas superiores de vida, provocou um contencioso bastante excepcional. Com efeito, por duas vezes, a Corte Suprema do Canadá foi demandada sobre essa questão. A trama efetiva originária desses dois negócios não é banal. No primeiro caso, é a história de um pequeno rato, enquanto o segundo diz respeito a um agricultor de certa idade que explora há mais de cinquenta anos uma fazenda na Província de Saskatchewan. O rato é atualmente quase tão conhecido quanto aquele concebido pelo Walt Disney, ao menos no meio dos especialistas em biotecnologia. É necessário dizer que não se trata de um rato comum, mas de um mamífero transgênico predisposto a desenvolver certos tipos de câncer. Essa saga judicial começou no início do mês de junho de 1985, pelo depósito de um pedido de patente intitulado "animais transgênicos" visando, ao mesmo tempo, o método para produzir o rato e o rato por ele mesmo. Oito anos mais tarde, o comissário das patentes rejeitou a demanda sob o argumento de que as formas superiores de vida não constituem uma invenção na acepção da Lei sobre as patentes. A decisão foi confirmada em agosto de 1995 pela Comissão que julgou em última instância, no sentido de que são as leis da natureza que dão origem aos ratos. Essa decisão recebeu o apoio da Corte Federal que, em uma decisão exarada em 1998,[8] julgou que um rato não poderia constituir uma "matéria-prima" à qual o inventor teria conferido novas qualidades. A Corte recordou igualmente que a reprodução do rato decorre das leis da natureza (Lei de Mendel) e não de qualquer intervenção humana, porque, por definição, o inventor não teria qualquer controle sobre o processo de reprodução.

A decisão de primeira instância foi revertida pela Corte Federal de Recursos, dois anos depois.[9] A Corte entendeu que o animal podia ser considerado como composto de matéria, na acepção do art. 2 da Lei sobre as patentes, ou seja, a combinação do DNA e de um ovo de rato fecundado. A Corte julgou igualmente que as características particulares do *oncosouris* são reprodutíveis e que isto, por si só, seria suficiente para satisfazer os critérios de utilidade. Finalmente, em uma observação, a Corte exprimiu a ideia de que o interesse público é indiferente à determinação da patenteabilidade de uma invenção.

O acórdão foi objeto de recurso perante à Corte Suprema, a qual, em 2002, confirmou o acórdão da Corte de Recursos Federal, no sentido de rejeitar o pedido de patente de invenção.[10]

---

[8] President and Fellows of Harvard College c. Canada (Commissaire aux brevets), [1998] 3 C.F. 510.

[9] Canada (Commissaire aux brevets) c. President and Fellows of Harvard College, [2000]4 C.F. 528.

[10] Canada (Commissaire aux brevets) c. President and Fellows of Harvard College, [2002] 4 R.C.S. 45.

Quanto ao agricultor, Sr. Schmeiser, tornou-se a imagem do célebre pioneiro José Bové, um ícone do movimento *altermondialiste*, perseguido pela sociedade Monsanto, uma multinacional agroalimentar, por ter falsificado uma patente sobre uma planta que, por modificação genética, mostrou-se mais tolerante aos herbicidas à base de glifosato. O Sr. Schmeiser, agricultor tradicional, cultivava suas próprias sementes. Essa técnica consiste em conservar uma parte da colheita para ser cultivada na próxima estação. Assim fazendo, por conseguinte, conservou e semeou sementes provenientes de plantas que reproduzem o gene e a célula patenteada da Monsanto, o que tecnicamente constitui-se em uma falsificação da patente mencionada.

No âmbito da ação de contrafação movida pela Monsanto, tanto o Tribunal de primeira instância[11] quanto a Corte de Recursos Federal[12] confirmaram a validade da patente e, assim fazendo, condenaram o Sr. Schmeiser. O caso foi levado adiante na Corte Suprema que revisou as conclusões dos tribunais inferiores à luz dos princípios *dégagés* dois anos *plus tôt dans l'affaire de l'oncosouris*.

Esses dois casos levantaram importantes debates sobre a patenteabilidade dos seres vivos e mais particularmente sobre as formas superiores de vida. Esses debates excederam largamente o círculo da comunidade

---

[11] Monsanto Canada Inc. & al. c. Schmeiser, (2001) 202 F.T.R. 78.

[12] Schmeiser c. Monsanto Canada Inc. & al., (2003) 2 C.F. 165.

científica e jurídica para abraçar os movimentos religiosos, os militantes da causa de proteção dos animais, os ambientalistas, etc. Os opositores argumentaram que os seres vivos encontram-se, por definição, fora do comércio e constituem-se em elemento do patrimônio comum da humanidade. Alguns igualmente predizem que a patenteabilidade do ser vivo acentuaria o desequilíbrio norte-sul dado que as patentes seriam detidas pelas sociedades dos países desenvolvidos, enquanto, em muitos casos, os recursos genéticos teriam sido fornecidos pelos países em desenvolvimento.

Para certos especialistas no direito das patentes, o ser vivo deveria, por definição, ser excluído da patenteabilidade, na medida em que não se trata de invenção, mas antes de descoberta. O ser vivo existiria no estado natural e não sofreria nenhuma modificação pela intervenção humana. De acordo com os partidários dessa tese, essa conclusão valeria mais particularmente para as invenções que resultassem da decodificação e da sequencialização de um gene.

Essa pergunta foi objeto de atenção muito particular do direito internacional. O exame das convenções internacionais ocorridas na matéria será objeto da primeira parte da exposição. Além disso, a patenteabilidade do ser vivo deu lugar a soluções particularmente diferenciadas no direito comparado. Um breve sobrevoo sobre certas legislações será apresentado na segunda parte do desenvolvimento. No Canadá, a questão foi objeto de dois acórdãos da Corte Suprema que, à primeira vista, pareciam contraditórios. A análise desses julgamentos será abordada na terceira parte, que será seguida de algumas reflexões que permitem reconciliar certas considerações éticas e sociais e o direito das patentes.

2 O contexto internacional

O art. 27 do Acordo sobre aspectos dos direitos da propriedade intelectual que tocam ao comércio (ADPIC) confere expressamente aos Estados-Membros o direito de excluir como objeto de uma patente as formas superiores de vida:

> 2. Os membros poderão excluir da patenteabilidade as invenções em relação às quais seja necessário impedir a exploração comercial sobre seu território para proteger a ordem pública ou a moral, incluindo a proteção da saúde e da vida das pessoas e dos animais ou a preservação dos vegetais, ou para evitar graves atentados ao meio ambiente, na condição dessa exclusão não se dar unicamente pelo fato de a exploração ser proibida pela legislação.
>
> 3. Os membros poderão excluir também da patenteabilidade:
>
> a) os métodos diagnósticos, terapêuticos e cirúrgicos para o tratamento das pessoas e dos animais;
>
> b) os vegetais e os animais além dos micro-organismos e os métodos essencialmente biológicos de obtenção de vegetais e animais, além dos métodos não biológicos e microbiológicos. No entanto, os Membros preverão a proteção das variedades vegetais por patentes, por um sistema de eficácia *sui generis*, ou por uma combinação desses dois meios As disposições da presente alínea serão reexaminadas quatro anos após a entrada em vigor do Acordo da OMC.

Esse artigo é atualmente objeto de um reexame. Certos países, com efeito, exprimiram o desejo de que seja alterado, a fim de incluir disposições que visam coibir a biopirataria e a favorecer uma divisão equitativa da exploração do patrimônio genético.

3 Os trabalhos da Assembleia Parlamentar do Conselho Europeu

Os trabalhos da Assembleia Parlamentar do Conselho Europeu sobre a incidência da pesquisa em matéria de biotecnologia começaram nos anos 80. Em 1993, a Assembleia adotou a Recomendação 1213 referente ao desenvolvimento da biotecnologia com consequências para a agricultura. Dentre outros aspectos, o Parlamento convidou os Estados-Membros "a adotar uma política cuidadosa que trate da emissão de patentes relativas às invenções e às aplicações biotecnológicas, de maneira a ter devidamente em conta as considerações éticas e as preocupações tocantes a segurança ambiental". Seis anos depois, a Assembleia Parlamentar adotou uma nova recomendação muito mais precisa. A Assembleia, em primeiro lugar, recordou "que graves reservas opõem-se também, por razões éticas, à patenteabilidade dos organismos vivos". Assim fazendo, a Assembleia recomendou "que nem os genes, nem as células, nem os tecidos, nem os organismos de origem vegetal, animal, vida humana, não devem ser considerados como invenções, nem ser objeto de monopólios atribuídos pelas patentes".

No ano 2000, a Assembleia reiterou suas preocupações e convidou os Estados-Membros da União Europeia a pedir a renegociação da Diretiva do Parlamento Europeu e do Conselho da União Europeia de 6 de julho de 1998 relativa à proteção jurídica das invenções biotecnológicas.

4 A Declaração Universal sobre o Genoma Humano e os Direitos do Homem da UNESCO de 1997

Esse texto foi adotado em novembro de 1997, por ocasião da conferência geral da UNESCO. O preâmbulo da Declaração merece ser sublinhado:

> Reconhecendo que as pesquisas sobre o genoma humano e suas aplicações abrem imensas perspectivas de melhora da saúde dos indivíduos e de toda a humanidade, mas sublinhando que elas devem ao mesmo tempo respeitar plenamente a dignidade, a liberdade dos direitos do homem, bem como impedir toda forma de discriminação fundada em características genéticas (...)

O respeito ao direito à dignidade é recordado no art. 10 da Declaração. Além disso, o art. 11 exclui nomeadamente a clonagem humana. Em qualquer caso, todo projeto de pesquisa deve ser objeto de "um consentimento prévio livre e claro de interesse". O art. 4 da Declaração dispõe que "o genoma humano em seu estado natural, não pode dar lugar a ganhos pecuniários", o que *a priori* exclui todo monopólio do genoma humano pelo direito das patentes.

5 A Convenção sobre os Direitos do Homem e a Biomedicina do Conselho da Europa

A Convenção sobre os Direitos do Homem e a Biomedicina foi adotada pelo Conselho Europeu em 1997. O art. 21 dessa Convenção estipulou que o "corpo humano e suas partes não devem ser, como tais, fonte de lucro". *A priori* essa declaração de princípios teria por efeito excluir a patenteabilidade de qualquer componente do corpo humano. Contudo, o relatório explicativo dessa Convenção precisa que "a questão das patentes não deve ser tratada por essa disposição; essa última não visa, portanto, a patenteabilidade das invenções biotecnológicas".[13]

6 A Convenção sobre a Diversidade Biológica

A Convenção sobre a Diversidade Biológica, concluída no Rio de Janeiro, em 5 de junho de 1992 e que entrou em vigor em 29 de dezembro de 1993, não abordou diretamente a questão da patenteabilidade do ser vivo. Ela contém, em contrapartida, uma declaração

---

[13] Conselho Europeu, Convention pour la protection des Droits de l'Homme et de la dignité de l'être humain à l'égard des applications de la biologie et de la médecine: Convention sur les Droits de l'Homme et la biomédecine, Oviedo, 4.IV.1997, art. 21, par. 134.

de princípios quanto à importância da propriedade intelectual, e mais particularmente do direito das patentes, para fins da salvaguarda dos recursos genéticos. Esse reconhecimento figura no art. 16(5) do texto da convenção e lê-se do seguinte modo:

> As partes contratantes reconhecem que as patentes e outros direitos da propriedade intelectual podem ter uma influência sobre a aplicação da Convenção, cooperam a esse respeito sem prejuízo das legislações nacionais e do direito internacional, para assegurar que esses direitos se exerçam em seu apoio e não contra seus objetivos.

Essa petição de princípios, que mais parece um voto caridoso do que um texto de natureza realmente vinculativa, confere, contudo, certa legitimidade aos adeptos da tese econômica do genoma humano.

Além disso, o art. 15 da Convenção enquadra o acesso aos recursos genéticos vegetais e animais precisando nomeadamente que eles estão submetidos ao consentimento prévio dos países que fornecem o recurso em causa.

7 O Direito comparado

Num acórdão de princípios datado de 1980, a Suprema Corte dos Estados Unidos, no processo *Diamond c. Chakrabarty*,[14] admitiu a patenteabilidade do

---

[14] Diamond v. Chakrabarty [447 U.S. 303].

ser vivo, na espécie, um micro-organismo que apresenta as características de dissolver hidrocarbonetos. É importante notar que a patente não versava unicamente sobre o método utilizado para o fim de criação da bactéria modificada, mas igualmente a bactéria como tal. Os cinco juízes majoritários adotaram um princípio tão simples quanto claro: ou a bactéria existe no estado natural, nesse caso trata-se de uma simples descoberta; ou foi fabricada por um ser humano, nesse caso há realmente uma invenção patenteável. Em 1985, o *U.S. Board of Patent Appeals and Interferences*,[15] com base no acórdão da Corte Suprema, reconheceu a patenteabilidade de sementes e plantas híbridas.

7.1 Experiência americana

A parte americana da saga do rato inventado por Philip Leder e Tim Stewart da Universidade de Harvard começou em 1984 pelo depósito de um pedido de patente. Ao mesmo tempo, quatro pesquisadores da Universidade de Washington introduziram um pedido de patente sobre uma ostra.

No âmbito do pedido sobre a ostra, a patente foi negada em razão do critério da evidência. No entanto, o *U.S. Board of Patent Appeals and Interferences* precisou que não existe qualquer obstáculo em se conceder patentes

---

[15] Ex Parte Hibberd [227 U.S.P.Q. 443].

sobre animais.[16] Foi assim que, em abril de 1998, o USPTO emitiu uma patente em favor do rato desenvolvido pelos pesquisadores da Universidade de Harvard.

7.2 O Direito europeu: Diretiva 98/44/CE do Parlamento Europeu e do Conselho de 6 de julho de 1998 relativa à proteção jurídica das invenções biotecnológicas

A adoção da Diretiva 98/44/CE do Parlamento Europeu e do Conselho de 6 de julho de 1998 relativa à proteção jurídica das invenções biotecnológicas, cujos trabalhos de elaboração revelaram-se particularmente longos, foi muito controvertida. Notou-se que a Diretiva foi objeto de pedido de anulação proposto pelos Países Baixos que foi rejeitado por um acórdão da Corte de Justiça e das Comunidades Europeias, de 9 de outubro de 2001.[17]

O art. 3 da Diretiva enuncia um primeiro princípio: a matéria biológica é por definição patenteável, desde que respeite as condições inerentes à concessão de uma patente. Subsequentemente, a Diretiva enuncia certas exclusões do regime das patentes dentre as quais se encontram os métodos de clonagem dos seres humanos, os métodos de modificação da identidade genética germinal

---

[16] Ex parte Allen, U.S.P.Q. (1987) p. 1425.
[17] Royaume des Pays-Bas c. Conseil, Aff. C-377/98.

dos seres humanos, a utilização dos embriões humanos para fins industriais e comerciais e os métodos de modificação da identidade genética germinal dos animais quando provocam sofrimentos sem utilidade médica substancial para o homem ou para o animal, assim como os animais procedentes de tais métodos (art. 6).

A Diretiva exclui, igualmente, as invenções sobre o corpo humano, incluindo a sequência ou a sequência parcial de um gene (art. 5, al. 1). Esse princípio é atenuado pelo parágrafo 2 do art. 5 da Diretiva que prevê que pode ser patenteado um elemento isolado do corpo humano ou diferentemente produzido por um método técnico, incluindo a sequência ou a sequência parcial de um gene. Essas duas disposições parecem contraditórias, mas esse conflito é aparente. Com efeito, como recordou a Corte de Justiça da Comunidade Europeia, a patente não pode versar sobre um elemento do corpo humano, mas pode ser atribuída em relação a um método técnico "que permita o isolamento ou a produção para uma aplicação industrial" (par. 72). Essa conclusão vale igualmente, de acordo com a Corte, em relação à sequência de genes humanos, na medida em que conduza a uma aplicação industrial (par. 74).

8 A jurisprudência do Instituto Europeu de Patentes

O rato *oncogène* de Harvard foi igualmente objeto de um grande procedimento à frente do Instituto Europeu de Patentes. A patente foi emitida em 13 de maio de

1992 (E.P. 0169 762) com base em um pedido formulado em 1985. A patente foi objeto de um número importante de oposições por associações de proteção aos animas, associações religiosas e grupos militantes em favor da exclusão dos seres vivos do domínio das patentes. O procedimento de oposição foi encerrado, em novembro de 2001, por uma decisão que manteve a patente sobre uma forma ligeiramente modificada. Seis oponentes, então, levaram o caso às câmaras de recursos do Instituto Europeu de Patentes que, por um julgamento ocorrido em 6 de julho de 2004, manteve a decisão e confirmou a patente.

Essencialmente, o negócio foi julgado sob o fundamento dos parágrafos "a" e "b" do art. 53 da Convenção sobre a Patente Europeia que excluem as patentes que são contrárias à ordem pública ou bons costumes e as patentes sobre "as raças animais, bem como os métodos essencialmente biológicos de obtenção dos animais".

Tratando de exceção à ordem pública, a Câmara de Recursos julgou que, ao abrigo dessa disposição, devia-se pôr na balança o sofrimento do animal e os riscos ambientais em relação aos benefícios que resultariam da patente no plano médico.[18] Na espécie, a Câmara de Recursos concluiu que as vantagens em proveito da pesquisa médica importariam mais que as preocupações morais.[19] No

---

[18] Chambre de recours de l'Office européen des brevets, decisão de 6 julho de 2004, T 0315/03, p. 96.

[19] Chambre de recours de l'Office européen des brevets, decisão de 6 julho de 2004, T 0315/03, p. 113-114.

entanto, o alcance da patente que, inicialmente, visava a todos os animais, foi reduzido somente aos ratos.

9 A situação do Brasil: a exclusão da patenteabilidade das formas superiores de vida

A legislação brasileira sobre as patentes foi alterada em 1996 a fim de se adequar ao ADPIC. Nos termos dos artigos 10 e 18 dessa lei, as plantas e os animais não podem ser patenteados. Em contrapartida, o art. 18 (3) estipula que a proteção pode ser conferida aos microorganismos.

Em 2001, o Brasil igualmente adotou uma lei concernente ao acesso aos recursos genéticos e ao saber tradicional.[20] Nos termos de seu art. 1, a lei tem nomeadamente por objetivo enquadrar a transmissão do patrimônio genético e a repartição equitativa dos ganhos associada à essa utilização. Nos termos de seu art. 3, a lei não se aplica ao patrimônio genético humano. Nos termos do art. 8, o patrimônio genético refere-se à propriedade do Estado. A lei instaurou um Conselho de Gestão do Patrimônio Genético que tem expressamente por missão estabelecer linhas diretivas relativas aos contratos sobre a utilização do patrimônio genético e autorizar a conclusão dos contratos que visam a transferência e a entrega de elementos que constituem esse patrimônio genético (art. 11).

---

[20] Provisional Act No. 2, 186-16, 23 de agosto de 2001.

A Lei visa, igualmente, lutar contra a biopirataria. Com efeito, nos termos de seu art. 31, todo pedido de patente que tenha por objeto os elementos do patrimônio genético devem conter uma indicação quanto à origem do material genético e do saber tradicional que poderiam estar associados.

10 A posição tradicional no Canadá: a rejeição da patenteabilidade das formas superiores de vida

A patenteabilidade das formas de vida inferiores foi reconhecida muito cedo pelos Tribunais canadenses. Em 1942, a Corte Suprema do Canadá confirmou a patenteabilidade de certos produtos enzimáticos[21] (a enzima é uma substância orgânica especializada e composta de polímeros, de aminoácidos que funcionam como catalisadores para controlar a velocidade das numerosas reações químicas que intervêm no metabolismo dos organismos vivos). Trinta anos mais tarde, a Corte Suprema confirmou essa conclusão e declarou patenteáveis os microorganismos modificados a fim de serem empregados como antibióticos.[22]

Em 1982, sobre o pedido de patente de um fermento, a Comissão de Chamada de Patentes julgou que se a

---

[21] Continental Soya Co. c. J.R. Short Milling Co. Canada Ltd., [1942] R.C.S. 187.
[22] Laboratoire Pentagone Ltée c. Parke Davis & Co., [1968] R.C.S. 307.

matéria viva fosse transformada ou modificada por uma intervenção humana, não existiria *a priori* qualquer obstáculo a admitir que se trata de uma invenção patenteável:

> O organismo vivo que seja objeto da reivindicação não deve evidentemente já existir no estado natural, de outra maneira não haveria verdadeiramente invenção. Deve igualmente ser útil, ou seja, deve servir a um fim conhecido como, por exemplo, a extração de petróleo das areias betuminosas, a produção de antibióticos, etc. Não pode se tratar de um simples objeto de observação em laboratório, para o qual a única utilidade possível seria servir de ponto de partida das pesquisas mais acentuadas. Enfim, o organismo vivo deve possuir características que o distingam de outras variedades, de modo que se possa reconhecer que é fruto do empenho do inventor, critério ao qual deve responder uma invenção. No caso presente, considerou-se que o produto trazido satisfazia essas exigências e que a objeção formulada [pelo Escritório das Patentes] deveria ser retirada.[23]

Mais ainda, a Comissão sugeriu que a invenção de uma nova variedade de insetos, por conseguinte uma forma de vida superior, poderia ser admitida à proteção por patente.[24] A decisão exarada pela Comissão no caso *Application for Patent of Connaught Laboratories*[25] inscreve-se nessa corrente favorável da patenteabilidade do ser vivo que admite no regime de patentes uma linhagem celular.

---

[23] Re Application of Abitibi Co. (1982), 62 C.P.R. (2d) 81, p. 91 (C.A.B.).

[24] Re Application of Abitibi Co. (1982), 62 C.P.R. (2d) 81, p. 90.

[25] Re Application for Patent of Connaught Laboratories (1982), 82 C.P.R. (2d) 32.

Em 1989, a Corte Suprema do Canadá, ao apreciar um pedido de patente visando uma nova variedade de soja obtida por seleção e cruzamento, recordou que as simples descobertas não poderiam ser objeto de uma patente[26] e, além disso, a hibridação e a seleção, embora resultem de uma intervenção humana, não alteram em nada o processo de reprodução que é da competência das leis da natureza. Contudo, quando a intervenção humana tem o efeito de alterar o código genético, o novo gene criado constitui algo novo e atende, assim, às exigências da Lei sobre as patentes (L.C. 2004, ch. 23).

No momento em que os tribunais receberam o pedido de patente proposto pela Universidade de Harvard sobre o *oncosouris*, a questão da patenteabilidade das formas de vida superiores continuava intocada.

No âmbito do recurso perante a Corte Suprema, numerosas associações tais como o Conselho Canadense de Igrejas, Greenpeace, Aliança de Proteção aos Animais do Canadá e outros grupos ambientalistas apresentaram intervenções a fim de alargar os debates às considerações éticas. Infelizmente, a Corte privilegiou uma abordagem muito técnica da questão. Com efeito, a Corte limitou sua análise à interpretação do art. 2 da Lei sobre patentes no sentido de que a invenção como "qualquer realização, qualquer método, qualquer máquina, fabricação ou composição de matéria, bem como qualquer aperfeiçoamento deles que apresente o caráter de novidade ou utilidade".

---

[26] Pioneer Hi-Bred Ltd. c. Canada (Commissaire des brevets), [1989] 1 R.C.S. 1623, 1634.

Em outros termos, poderia o rato ser considerado como uma composição de matéria?

Os juízes majoritários consideraram que pelo emprego das palavras "fabrico" ou "composição de matéria", é pouco provável que a intenção do legislador tenha sido que as formas superiores de vida fossem patenteáveis.[27] O argumento é discutível. Com efeito, não há qualquer dúvida de que, quando da adoção da lei, as invenções ligadas à biotecnologia eram desconhecidas. A posição dos juízes canadenses contrasta igualmente com a de seus pares americanos que, mais de vinte anos antes, no acórdão *Chakrabarty*,[28] deram uma interpretação mais ampla às noções de composição da matéria e de fabrico.

A Corte, recordando que a lei tem por objetivo, ao mesmo tempo, incentivar e recompensar a inovação, considera que esses objetivos não militam em favor de uma interpretação liberal, para além da interpretação expressa do legislador. Essa conclusão não faz eco às considerações principiológicas da Corte apresentadas vinte anos antes no caso *Shell Oil Co. c. Commissaire aux brevets*.[29]

Os juízes majoritários expressaram igualmente a ideia de que a expressão "fabrico" refere-se à produção manual ou mecânica de um objeto;[30] quando à palavra

---

[27] Harvard College c. Canada (Commissaire aux brevets), [2002] 4 R.C.S. 45, par. 155.

[28] Diamond v. Chakrabarty [447 U.S.].

[29] Shell Oil Co. c. Commissaire aux brevets, [1982] 2 R.C.S. 536, 549.

[30] Harvard College c. Canada (Commissaire aux brevets), [2002] 4 R.C.S. 45, par. 159.

"composição", induz a uma substância ou preparação obtida por uma combinação ou pela mistura de vários ingredientes.[31] Assim fazendo, a Corte conclui que a expressão "composição da matéria" não designa uma forma de vida superior que teria sofrido uma modificação em seu código genético.[32]

Os juízes majoritários, no entanto, precisaram que as preocupações levantadas pelos intervenientes referentes às conseqüências da patenteabilidade das formas superiores de vida sobre a qualidade do ambiente e o bem-estar dos animais, assim como a dimensão ética e moral desses questionamentos, não deveriam ter nenhuma incidência sobre o desfecho dos debates.[33] Nota-se, contudo, que tais questões demonstram que a Lei sobre as patentes não está adaptada às formas superiores de vida. Por exemplo, o acórdão evoca a situação dos agricultores que tecnicamente não poderiam conservar e replantar sementes provenientes das plantas patenteadas ou reproduzir para seu próprio uso animais patenteados.[34] Finalmente, os juízes majoritários consideram que o conjunto dessas referem-se à competência do legislador e não deveriam ser disciplinadas pela via judicial.[35]

---

[31] Harvard College c. Canada (Commissaire aux brevets), [2002] 4 R.C.S. 45, par. 162.

[32] Harvard College c. Canada (Commissaire aux brevets), [2002] 4 R.C.S. 45, par. 162.

[33] Harvard College c. Canada (Commissaire aux brevets), [2002] 4 R.C.S. 45, par. 128.

[34] Harvard College c. Canada (Commissaire aux brevets), [2002] 4 R.C.S. 45, par. 171.

[35] Harvard College c. Canada (Commissaire aux brevets), [2002] 4 R.C.S. 45, par. 196.

Os juízes minoritários criticaram largamente a distinção entre as formas superiores e as formas inferiores de vida. Inicialmente, destacam ser muito difícil traçar uma linha de demarcação entre essas duas formas: "deve-se avaliar a inteligência, o dom de provar sensações, a capacidade de sofrimento, a complexidade da estrutura celular".[36] Além disso, a minoria sublinha que a Lei sobre as patentes não opera nenhuma distinção entre essas duas formas: "o grau de complexidade não é um critério de patenteabilidade nem na lei, nem na jurisprudência".[37] Definitivamente, a Lei deveria ser aplicável de acordo com os critérios tradicionais de patenteabilidade; o fato da invenção versar sobre a matéria viva não deveria mudar em nada essa conclusão.

A decisão desiludiu tanto os oponentes quanto os partidários da patenteabilidade das formas superiores de vida. Essencialmente, a Corte foi acusada de descartar as considerações éticas, morais, sociais e religiosas que decorriam da questão que lhe havia sido apresentada. A constatação é crítica, mas a crítica não é fundada. Com efeito, diferentemente de certas legislações, a lei canadense sobre as patentes não contém qualquer disposição que exclua do regime das patentes as invenções em razão de considerações de ordem pública. Consequentemente, a Corte não teria outra alternativa senão devolver essas espinhosas questões ao Parlamento.

---

[36] Harvard College c. Canada (Commissaire aux brevets), [2002] 4 R.C.S. 45, par. 45.

[37] Harvard College c. Canada (Commissaire aux brevets), [2002] 4 R.C.S. 45, par. 47.

11 A reversão jurisprudencial no acórdão Monsanto

Em relação aos ensinamentos da Corte Suprema no caso do rato de Harvard, o recurso interposto contra o Sr. Schmeiser visando a contrafação de uma planta geneticamente modificada parecia fadada ao insucesso. Com efeito, não havia qualquer dúvida de que uma planta de canola constituía uma forma superior de vida e, consequentemente, não pode ser objeto de uma patente, de acordo com as conclusões da maioria no acórdão Harvard.

Mas, diferentemente do *oncosouris*, as reivindicações de patente da Monsanto não concebiam as plantas como tais, mas antes como um gene e uma célula. A distinção parece tênue, mas estranhamente, ela seduziu e foi endossada pela Corte Suprema.

Inicialmente, a Corte admite que o Sr. Schmeiser não fabricou o gene ou a célula patenteada.

Não creditou ao Sr. Schmeiser a "fabricação" da célula, na acepção do art. 42 da Lei sobre as patentes, nem a ele ou sua empresa a criação ou a construção do gene, mas, um vetor de transformação de plantas ou de células vegetais nas quais o gene quimérico fora inserido.

Mas, com o fim de manter a responsabilidade do Sr. Schmeiser, a Corte vai dar uma interpretação mais ampla à noção de contrafação e mais particularmente ao termo "exploração" que figura no art. 42 da Lei sobre as patentes, que estipula:

> Qualquer patente atribuída em virtude da presente lei contém o título ou o nome da invenção com envio à memória

> descritiva e atribuiu, com reserva às outras disposições da presente lei, ao patenteado ou aos seus representantes legais, pelo período da patente a contar da data quando foi atribuída, o direito, a faculdade e o privilégio exclusivo de fabricar, construir, explorar e vender aos outros, de modo que explorem o objeto da invenção, exceto julgamento na espécie por um Tribunal competente.

Os juízes majoritários entenderam que o verbo "explorar", que figura no art. 42, deve ser interpretado com o significado de qualquer ato capaz de privar o inventor "em todo ou em parte, direta ou indiretamente, do pleno gozo do monopólio conferido pela lei".[38] Em outros termos, convém determinar se os atos cometidos pelo suposto falsificador fizeram sombra ao explorador comercial da patente.

Subsequentemente, a Corte precisa que a contrafação existe quando a invenção patenteada seja incorporada a uma estrutura mais importante que, em contrapartida, não é patenteada.[39]

Por analogia, a lei considera, por conseguinte, que um agente age em contrafação em relação a uma patente se ele fabrica, procura explorar ou explora um elemento patenteado contido em uma coisa não patenteada, na condição de que o elemento patenteado seja mais importante. Na espécie, os genes e células patenteadas não são

---

[38] Harvard College c. Canada (Commissaire aux brevets), [2002] 4 R.C.S. 45, par. 35.

[39] Harvard College c. Canada (Commissaire aux brevets), [2002] 4 R.C.S. 45, par. 42.

simplesmente um "elemento" da planta; ao contrário, os genes patenteados estão presentes em toda planta geneticamente modificada, da qual toda estrutura física é formada por células patenteadas. É nesse sentido que as células assemelham-se um pouco aos blocos de Lego: caso se alegue que a construção de uma estrutura através de blocos de Lego patenteados constitui uma exploração que falsifica, o fato de só os blocos terem sido patenteados e não toda estrutura não impediria de concluir pela existência de contrafação. Contrariamente, o fato da estrutura de Lego não poder existir independentemente dos blocos patenteados reforçaria a ação, fazendo surgir a importância da invenção patenteada para o conjunto do produto, do objeto ou o método em causa.

A Corte conclui, sob o fundamento desses princípios, que "o fato de conservar e pôr em terra as sementes que contêm as células e os genes patenteados e de colher e vender as plantas resultantes parece logicamente constituir uma "utilização" da matéria patenteada para uma produção ou com o objetivo de tirar uma vantagem, no sentido do art. 42".[40]

Trata-se, na verdade, de uma tautologia dado que as plantas são compostas de células e que uma patente sobre as células confere, com efeito, um monopólio sobre a planta ou animal. Essa contradição foi destacada pelos juízes minoritários.

---

[40] Harvard College c. Canada (Commissaire aux brevets), [2002] 4 R.C.S. 45, par. 69.

Mais particularmente, o juiz de primeira instância interpretou o alcance da patente da Monsanto sem dispor da conclusão extraída do acórdão *Harvard College*, segundo o qual as formas de vida superiores, incluindo as plantas, não são patenteáveis. As duas decisões dos tribunais inferiores "permitem à Monsanto fazer indiretamente aquilo que o direito canadense das patentes lhe proibiu de fazer diretamente, ou seja, obter em relação a plantas inteiras a proteção por uma patente".[41]

Tal resultado é dificilmente conciliável com o acórdão majoritário *Harvard College*. Teria igualmente por efeito invalidar a política de longa data do Escritório de Patentes, que consiste em não atribuir direitos exclusivos, sob a forma de patente, em relação às formas de vida superiores e cuja validade é confirmada no acórdão *Harvard College: Bureau des brevets, Recueil des pratiques du Bureau des brevets* (1998), par. 16.05.[42]

Duas razões explicam essa reversão jurisprudencial. Em um primeiro momento, a composição da Corte entre o acórdão *Harvard* e a decisão emitida no processo *Monsanto*. Mas, sobretudo, o acórdão *Harvard* faz eco a uma opinião largamente difundida na sociedade no sentido de que o Estado não deveria concordar com monopólio sobre os animais. O fato de o processo *Schmeiser* tratar de plantas explica certamente que a Corte

---

[41] E. R. Gold; W. A. Adams, "The *Monsanto* decision: The edge or the wedge" (2001), 19 *Nat. Biotechnol*. 587.

[42] Harvard College c. Canada (Commissaire aux brevets), [2002] 4 R.C.S. 45, par. 108, 109.

demonstrou uma grande abertura de espírito para com a patenteabilidade das formas superiores de vida. Em outros termos, os juízes estabeleceram uma linha demarcatória entre o reino animal e o reino vegetal. Essa fronteira, deve-se admitir, não responde a qualquer lógica tanto do ponto de vista científico quanto do direito das patentes.

12 Qual o futuro para as patentes sobre as formas superiores de vida no Canadá?

Em 1999, o governo canadense instaurou um grupo de reflexão, o Comitê Consultivo Canadense de Biotecnologia, com a missão de aconselhar o governo sobre as questões ligadas às dimensões éticas, sociais, regulamentares, econômicas, científicas, ambientais e de saúde da biotecnologia. No início do ano 2000, esse comitê consultivo iniciou uma reflexão sobre a questão da patenteabilidade das formas de vida superiores que conduziu à publicação de um relatório, publicado em junho de 2002.

Esse relatório emite uma série de recomendações em relação à patenteabilidade das formas superiores de vida que podem ser resumidas como se segue:[43]

- Nenhuma patente deveria ser atribuída em relação ao corpo humano qualquer que seja a etapa do seu desenvolvimento.

---

[43] Comitê Consultivo Canadense de Biotecnologia, Patenteabilidade das formas superiores de vida e conexos, Relatório dirigido ao Comitê de Coordenação Ministerial da Biotecnologia do Governo do Canadá.

- As formas superiores de vida (plantas, sementes e animais) que satisfaçam aos critérios de novidade, não obviedade e utilidade, deveriam ser reconhecidos patenteáveis.
- A Lei sobre as patentes deveria ser alterada a fim de conferir aos agricultores o direito de conservar e replantar as sementes provenientes de plantas patenteadas ou de reproduzir animais patenteados na condição de as gerações descendentes de plantas não sejam vendidas como material reprodutor comercial e que o inventor de um animal geneticamente modificado não veja reduzir o valor comercial de sua patente relativa ao animal.
- A Lei sobre as patentes deveria igualmente ser alterada a fim de exonerar de qualquer responsabilidade os agricultores na hipótese de uma disseminação acidental de sementes patenteadas ou de material genético patenteado ou de inseminação de um animal por um animal patenteado.
- A Lei sobre as patentes deveria ser alterada a fim de incluir uma exceção para o fim de pesquisa e experimentação notadamente a fim de estudar a matéria de uma invenção patenteada e de examinar as propriedades, melhorar ou criar um novo produto ou método.
- O governo federal deve elaborar políticas visando incentivar a divisão dos benefícios decorrentes da pesquisa médica e farmacêutica

baseada sobre o material genético humano (e a exploração comercial dessa investigação) notadamente com os grupos ou as coletividades que forneceram esse material genético.

- No que se refere às pesquisas baseadas no material genético vegetal ou animal, o Canadá deveria incentivar e facilitar a conclusão de acordos de divisão dos benefícios entre os utilizadores dos recursos genéticos e as autarquias locais tradicionais do Canadá e a divisão justa e equitativa dos produtos de exploração comercial e essas invenções com os países fornecedores desse material.

Em um segundo relatório publicado no mês de setembro de 2004, o comitê consultivo reiterou as conclusões do relatório de 2002 convidando o governo a alterar a Lei sobre as patentes a fim de definir o âmbito jurídico das invenções biológicas.

O conjunto dessas recomendações inspira-se, em grande medida, nas convenções internacionais na matéria e nas soluções adotadas no direito comparado. Apresentam a vantagem de propor a integração à Lei sobre as patentes de diversos salvaguardas que fazem eco às considerações éticas que cercam a pergunta da patenteabilidade do ser vivo. Estranhamente, essas recomendações tornaram-se letra morta, os governos que se sucederam após 2002 não entenderam por bem alterar a Lei sobre as patentes.

13 Conclusões

O debate persiste há mais de vinte anos. Debate um tanto irracional. Com o retrocesso de mais de um século, ninguém pensaria a rediscutir a patente obtida por Louis Pasteur, em 1876, para um fermento complexo. Ora, a contestação acerca da patenteabilidade das formas superiores de vida parte desse mesmo movimento que em seu tempo contestou as diligências empreendidas pelo inventor da vacina contra a raiva. O que choca ou incomoda é o aspecto *frankenstein* dessas invenções, o medo que o gênio inventivo do homem não seja desviado dos seus fins e provoque uma catástrofe ecológica. Um mundo povoado de criaturas monstruosas sem utilidade para o homem. Para outros, é uma certa visão industrial do ser vivo que causa repugnância. A pesquisa deveria ser incentivada, mas quando tocar o ser vivo, não deveria poder ser objeto de um monopólio, porque, por definição, a natureza não tem mestre.

Alguns evocam o sofrimento dos animais. É esquecer que os animais de laboratórios existem e são utilizados desde muito tempo e se trata de um mal incontornável.

Todas essas considerações são muito interessantes e por vezes mesmo convincentes. Mas é esquecer que a pesquisa científica, mais particularmente no domínio da saúde, necessita de capital que se calcula em centenas de milhões de dólares por projeto. A menos que se imagine que toda pesquisa científica seja financiada pelo dinheiro público, é necessário efetivamente admitir que esses investimentos devem ser recompensados.

Ora, são precisamente os objetivos que são perseguidos e geralmente atingidos pela Lei sobre as patentes: favorecer a pesquisa e o desenvolvimento e incentivar as atividades econômicas em geral.[44] Caso se deva seguir a lógica proposta pelos oponentes da patenteabilidade do ser vivo, seria necessário, muito simplesmente, proibir toda pesquisa nesse domínio. Com efeito, não é tanto o monopólio do ser vivo que está em causa, mas os valores que subjazem o respeito do homem e dos animais. De fato, o caráter sagrado do ser vivo é um mito que reside profundamente ancorado na maioria das culturas.

Informação bibliográfica deste texto, conforme a NBR 6023:2002 da Associação Brasileira de Normas Técnicas (ABNT):

MARTIN, Stefan. Sobre a patenteabilidade das formas superiores de vida. *In*: MEIRELLES, Jussara Maria Leal de; RIBEIRO, Marcia Carla Pereira (Coord.). *Direito e desenvolvimento*: biomedicina, tecnologia e sociedade globalizada. Belo Horizonte: Fórum, 2011. p. 95-130. ISBN 978-85-7700-476-8.

---

[44] Free World Trust c. Électrosanté Inc., [2000] 2 R.C.S. 1024, par. 42.

A DIGNIDADE DO EMBRIÃO HUMANO: ANÁLISE DA DISTINÇÃO ENTRE "HUMANO" E "PESSOA" EM BIOÉTICA[1]

Mário Antônio Sanches
Leide da Conceição Sanches

Sumário: 1 Introdução – **2** Os termos do dualismo – **3** A questão da dignidade humana – **3.1** A dignidade na máxima extensão factual – **3.2** A dignidade na máxima extensão relacional – **3.3** A dignidade humana e dos outros animais – **4** Conclusão – Referências

1 Introdução

A pesquisa com embriões humanos tornou-se recentemente um dos temas mais debatidos na sociedade brasileira porque levanta a questão da dignidade

---

[1] Texto enviado para o Programa de Pós-Graduação em Direito da PUCPR como parte de uma publicação para o seminário internacional "Avaliação ética da pesquisa com células-tronco".

do embrião. A reflexão a respeito do *status* do embrião humano provoca um amplo debate ético e jurídico e têm suscitado os mais calorosos, não raramente contraditórios, pronunciamentos por parte de estudiosos de diferentes áreas.

Desde o final dos anos 1970 a medicina vem, por meio de tecnologias inovadoras, reproduzindo o ser humano de maneira não usual. Por mais que estas chamadas técnicas de reprodução assistida tenham sido aperfeiçoadas, inúmeros embriões humanos continuam sendo criopreservados. Inicialmente isto é feito com o propósito de melhorar os resultados dos serviços prestados pelas clínicas de reprodução assistida, mas, na sequência, muitos embriões acabam sendo inseridos numa nova, confusa e controversa categoria classificada de "embriões excedentes" ou "embriões supranumerários". Não mais desejados pelas partes interessadas no processo da reprodução, estes embriões fazem parte do cenário das Clínicas de Reprodução sem um propósito claro e sem uma perspectiva definida.

Estamos assim diante de um dos conflitos éticos mais difícil de ser adequadamente solucionado na atualidade: o que fazer com estes embriões? Olhando para o passado — para os embriões já congelados — não vemos resposta satisfatória, mas olhando para o futuro teríamos que assumir um compromisso de parar de congelar embriões. Por isso gostaríamos de nos colocar ao lado de todos aqueles que insistem que precisamos regulamentar a reprodução assistida no Brasil para, entre outras coisas, inibir o congelamento indefinido de embriões.

Tendo este cenário em mente e com o objetivo de somar esforços para uma solução adequada às questões éticas suscitadas pela manipulação de embriões humanos, gostaríamos de indicar que a dificuldade para defender a dignidade de um embrião passa, dentre muitas questões, pela assertiva teórica e prática no reconhecimento da dignidade de cada ser humano: o ser humano é digno pelo simples fato de existir, ou sua dignidade depende de ser reconhecido social e juridicamente?

2 Os termos do dualismo

No âmbito da bioética, o dualismo entre existir e ser aceito, tem se explicitado nas diferenças entre os conceitos de "pessoa" e de "humano". Num outro trabalho abordamos mais amplamente o assunto, analisando as diferentes posições: a) uma que assume que todo ser humano é pessoa e toda pessoa é humana; b) a outra posição defende que nem todo humano é pessoa e nem toda pessoa é humana.[2] Esta última tendência define o "ser humano" como todo ser pertencente à espécie *homo sapiens* e "pessoa" como todo indivíduo que tem "consciência de si, auto controle, senso de futuro e passado, capacidade de relacionar-se com os outros, preocupação com os outros, comunicação e curiosidade".[3]

---

[2] SANCHES. *Bioética*: ciência e transcendência: uma perspectiva teológica, p. 79-94.

[3] SINGER. *Ética prática*, p. 96.

Nesta perspectiva, o embrião humano, com toda certeza é identificado como ser humano, pois ele pertence à espécie *homo sapiens*, mas ainda não pode ser chamado de pessoa, pois não tem consciência de si nem capacidade de relacionar-se com os outros.

Esta tendência, bastante presente na literatura em bioética, afirma que o embrião, o feto, a criança com profundas deficiências e o próprio bebê recém-nascido são, todos, membros inquestionáveis da espécie *homo sapiens*, mas nenhum deles é autoconsciente, tem senso de futuro ou capacidade de se relacionar com os outros. Portanto, a escolha entre estas duas tendências pode fazer uma diferença enorme no que diz respeito à afirmação da dignidade do embrião humano.

Gostaríamos de deixar claro que podemos dialogar com este dualismo, e até mesmo aceitá-lo, por dois motivos: por um lado, ele é fruto da nossa própria cultura ocidental e só pod3e ser compreendido a partir dela, por outro lado, este dualismo não se opõe à plena dignidade do ser humano, mas o confirma. Ou seja, concordamos que há um certo dualismo — "ser humano" e "pessoa" — cujo conteúdo, devidamente analisado, não justifica migrar a afirmação da dignidade unicamente para o conceito de pessoa, independente do conceito de humano.

O termo "pessoa" surgiu na Grécia antiga, berço da cultura ocidental, significando a máscara de atores, expressando a distinção entre a identidade do ator e o personagem que ele representa. Daí decorre que pessoa passa a ter o papel social, lugar do indivíduo em sua sociedade. Surge, assim, a possibilidade teórica de pensar numa distinção entre o que o indivíduo é (sua essência) e o modo como ele se manifesta (sua expressão). Toda esta reflexão sobre pessoa se aprofunda na teologia cristã, que também marca profundamente o pensamento da cultura ocidental.

O cristianismo nascente se coloca diante da figura de Jesus de Nazaré, compreendido para os cristãos como o homem-Deus, que com sua natureza humana e divina se torna parte da história humana. Jesus, o homem-Deus, é uma pessoa com duas naturezas: a humana e a divina, compreendendo que "natureza é o que uma pessoa é essencialmente, e pessoa (*prosopon*) é como ela aparece".[4] Assim se consolida o dualismo entre os dois termos, pois da reflexão sobre a pessoa humana-divina de Jesus Cristo decorre também que cada indivíduo é uma pessoa com uma natureza humana.

Na perspectiva da tradição cristã "ser pessoa" e "ser humano" são duas realidades intercambiáveis, inseparáveis, que formam a base da dignidade humana: compartilhar com o Filho de Deus a mesma natureza humana, e ser chamado por Deus a um relacionamento pessoal. Nestas duas condições o cristianismo fundamenta a dignidade ímpar de cada ser humano, em qualquer faze de seu desenvolvimento. Esta perspectiva é a base do pensamento ocidental que defende a expressão máxima da dignidade humana.

A bioética, que deve dialogar com a diversidade moral e cultural global, não apenas com a diversidade

---

[4] BRAATEN. A pessoa de Jesus Cristo. *In*: BRAATEN; JENSON (Ed.). *Dogmática cristã*, v. 1, p. 490.

existente dentro da sociedade ocidental, deve reconhecer que não pode reduzir o conceito de humano somente à antropologia ocidental. Por isso, se queremos uma visão antropológica funcional para um discurso que se pretenda universal, este deve surgir da tensão e do debate entre as diferentes antropologias das diferentes sociedades. A partir da antropologia social, afirmar-se-ia, com certa facilidade, que esta é uma missão difícil. Isto porque a diversidade cultural é um fato e o conceito de humano, como elemento central da cultura, está no cerne desta diversidade.

A bioética deve assumir posições que apontem algumas tendências gerais no tocante à dignidade humana, para depois dialogar com os elementos culturais locais. A questão deixa de ser a busca de uma visão antropológica que seja consenso universal para a busca do reconhecimento da dignidade humana de maneira universal.[5]

3 A questão da dignidade humana

A questão antropológica, analisada acima, identifica o dualismo: ser membro da espécie humana e ser pessoa humana. Ao invés de negar o dualismo, vamos aceitá-lo e analisar sua natureza. Que tipo de dualismo é este? Entendemos que não se trata de um dualismo ontológico, tendo em vista que a distinção, entre ser

---

[5] KÜNG. *Projeto de ética mundial*: uma moral ecumênica em vista da sobrevivência humana, p. 127.

membro da espécie humana e ser pessoa não se funda na existência de substâncias distintas para cada realidade. Sugerimos, portanto, que a complexidade da existência, possa ser compreendida como um "dualismo histórico" e uma "tensão existencial", pois o humano enquanto ser é apenas um momento histórico diferente do humano enquanto pessoa: dualidade histórica.

Compreender o dualismo como histórico é importante porque isto possibilita o diálogo com a diversidade moral e cultural. É basicamente dualismo entre existir como ser humano e existir como membro aceito de uma determinada sociedade, ou grupo. É dualismo histórico, porque marca momentos diferentes da história do indivíduo. Mas não é dualismo ontológico, porque o mesmo ser que existe passa a ser aceito. Existir e ser aceito são elementos decorrentes um do outro, não elementos distintos.

A dignidade não é uma afirmação científica, mas social. Concordamos com Peter Singer que a dignidade, como a igualdade, "é um princípio ético básico, e não uma assertiva factual".[6] Afirmar a dignidade humana é afirmar o valor que a vida humana ocupa no sentido da existência do próprio ser humano. Isto pode parecer óbvio demais, mas é exatamente assim: o ser humano, na busca de sentido para a própria existência, atribui à vida humana uma dignidade fundamental.

O fato do ser humano atribuir à vida humana uma dignidade especial pode parecer autoelogio,

---

[6] SINGER. *Ética prática*, p. 30.

autocondescendência. Diríamos que se o reconhecimento da dignidade humana tiver um conteúdo subjetivo e sujeito à apreciação individual, então sim, se torna um exercício de autopiedade. Neste caso o indivíduo avaliaria sua própria dignidade e a dos outros e não raramente se colocaria como modelo de humano. Assim, valorizaria sua dignidade, a de seu grupo, a de sua classe, a de sua cultura, como digna de ser defendida e a dos outros somente na medida em que se parecer com a sua. Se assim fosse, não teria ética, mas etnocentrismo.

Defender a dignidade humana na perspectiva da ética situa-se na direção oposta ao etnocentrismo. Por isso entendemos que é necessário abordar a problemática da dignidade humana na sua extensão, pois se a dignidade da vida humana faz sentido — e não é mero exercício de autopiedade — ela deve ser afirmada em sua máxima extensão: a vida humana de todos os humanos é digna. Isto deixa de ser autocondescendência e se torna um programa arrojado e exigente, teórico e prático, e o indivíduo passará a respeitar a vida humana e não poderá mais dispor dela a seu bel-prazer.

Ao reconhecer que a realidade humana se situa entre dualismos, não devemos estabelecer uma postura bioética dual: a dignidade humana perpassa toda a história do ser humano, e do humano inteiro, por mais que uma ou outra cultura venha fragmentar sua compreensão de humano, de mundo. Deste modo, apresentamos, a seguir, o desdobramento da afirmação da dignidade humana: 1. o dualismo histórico frente às tensões entre natureza e cultura, conduz o humano à tensão entre existir e ser aceito: disto decorre que existir como membro da espécie humana corresponde à máxima extensão factual da dignidade humana; e 2. o dualismo histórico frente às tensões entre o particular e o universal conduz o humano à tensão entre ser cidadão de sua pátria ou ser cidadão do mundo: donde decorre que ser cidadão do mundo corresponde à máxima extensão relacional da dignidade humana. Vejamos melhor estas duas afirmações.

3.1 A dignidade na máxima extensão factual

Evocar a inter-relação entre natureza e cultura é evidenciar como o ser humano se faz gente numa determinada cultura. Até mesmo aspectos fisiológicos do ser humano são influenciados pelas práticas culturais[7] e surgem como marcas das pessoas formadas em seu contexto sociocultural específico. O estudo da relação natureza-cultura aponta para um elemento comum a todos os humanos: a realidade cultural.[8]

Deste modo, o dualismo histórico é bem destacado: há um existir factual do humano e há o seu reconhecimento cultural como pertença a uma determinada sociedade. A cultura marca profundamente o ser humano, de modo que o ser humano é um ser situado numa cultura. Mas

---

[7] MELLO. *Antropologia cultural*: iniciação, teoria e temas, p. 55.

[8] SANCHES. *Bioética*: ciência e transcendência: uma perspectiva teológica, p. 61-68.

o ser humano tem em seu início uma existência factual, não cultural, e aí o dualismo se estabelece como histórico. Um embrião fecundado, já humano em sua existência factual, não é ainda um ser humano aceito socialmente por uma determinada cultura. Seu futuro cultural é indefinido. Poderá vir a ser um brasileiro, um esquimó, um banto, um terena, um japonês... Se por um lado a pessoa humana é essencialmente um ser cultural, pois não se pode separar um humano adulto de suas marcas culturais, por outro lado isto pressupõe sua existência factual, cronologicamente anterior à sua cultura.

A divisão do pensamento ocidental entre "ser membro da espécie humana" e "pessoa", compreendida como expressão deste dualismo, possibilita a identificação mais ampla do "ser da espécie humana" como existência factual, e ser "pessoa" como ser socialmente aceito. Assim, do mesmo modo que ser socialmente aceito é precedido cronologicamente de sua existência factual, assim também o ser "pessoa-humana" decorre do "ser-da-espécie-humana". Trata-se de uma dualidade histórica, não ontológica, não essencial.

Reconhecer essa dualidade histórica significa valorizar o processo que flui de um a outro momento, ou seja, está se destacando que este processo de fazer-se pessoa no mundo, pressupõe a realidade inalienável do ser humano como membro da espécie. Além disso, destaca-se também que este ser assume sua expressão real na pessoa quando esta se manifesta, e que, portanto, não é possível separar o humano enquanto pessoa do humano enquanto ser, que é a sua base. Um feto ainda não plenamente pessoa, já é um ser humano, e se tornará plenamente pessoa exatamente porque é humano.

Em termos ocidentais pode-se dizer que o termo pessoa é que diferencia o ser. O termo pessoa não é acidental no ser, mas o modo como o ser se manifesta no mundo. Neste dualismo toda pessoa humana é ser-da-espécie-humana, mas nem todo ser humano é plenamente pessoa, isto porque ocorre que os seres intrauterinos ainda não se expressaram totalmente e, portanto, detém a realidade de ser humano, não sua expressão plena como pessoa.

No entanto, ao conceituar o ser humano como uma dualidade histórica, composta de um ser (natureza/substância ou simplesmente existente) e sua manifestação (pessoa, cidadão ou simplesmente membro aceito de um grupo), pode-se concluir uma unidade básica entre todos os humanos: que todos os seres humanos são iguais no ser e são diferenciados enquanto manifestação histórica concreta.

A dignidade e o valor do ser humano repousam em cada um desses aspectos, manifestados nesse dualismo histórico. A dignidade decorre do fato dele existir e também posteriormente a isto, de ser aceito. No debate se os "embriões supranumerários", ou se o feto no útero materno, merecem ser tratados com a dignidade reservada a um ser humano integral, alegando que este ainda não são pessoa, cabe responder que: o conceito de pessoa não está associado ao âmbito do ser e, anterior (cronologicamente) ao conceito de pessoa, há o conceito de ser humano.

Devemos reconhecer a possibilidade de alguém construir seu sentido da vida, baseado no não reconhecimento da dignidade de todos os humanos. Mas quando pretendemos uma bioética universal, devemos estar atentos ao fato de que, a humanidade tem percorrido a tendência de maximizar a dignidade humana. O infanticídio, o extermínio de pessoas doentes, deficientes ou em coma, o extermínio de idosos, mesmo quando são práticas aceitas numa determinada cultura, têm sido condenadas veementemente em fóruns internacionais. O direito do escravocrata, pessoa socialmente valorizada, sobre a vida do escravo (não-pessoa), praticado na antiga Roma, e em nosso país até o final do século XIX, é hoje radicalmente refutado.

Por outro lado, fundar a dignidade humana na "pessoa" como autoconsciente, ou no cidadão enquanto socialmente aceito, seria o mesmo que fundar a dignidade humana numa posição passível de sofrer um amplo escalonamento. Pessoas com problemas de saúde, ou submetidos a tratamentos poderão ter seu estado de consciência alterado. Além disso, pensadores da pós-modernidade poderiam questionar: será que existe autoconsciência ou interconsciência, visto que o indivíduo é envolvido por um processo de "produção de subjetividade".[9]

Concluindo, é necessário defender a máxima extensão factual da dignidade humana que reside no existir

---

[9] GUATTARI; ROLNIK. *Micropolítica*: cartografias do desejo, p. 26.

como membro da espécie humana, ou seja, negando a dignidade a um ser da espécie humana, nega-se a dignidade a um ser humano, integralmente.

3.2 A dignidade na máxima extensão relacional

Num outro trabalho identificamos a dificuldade de conciliar o universal e o particular, isto porque, quando se afirma o universal, corre-se o risco de oprimir o particular, quando se afirma o particular, cai-se no risco do relativismo.[10] No entanto, na perspectiva antropológica do dualismo histórico, percebemos a tendência ao reconhecimento de elementos universais para afirmar a dignidade humana.

Romper o dualismo entre existir e ser aceito, ou entre "ser humano" e ter sua dignidade reconhecida, tem sido uma tarefa espinhosa para muitas pessoas. A reflexão latino-americana do movimento da libertação indica os fatores ideológicos que têm levado um bom número de seres humanos à exclusão social, e têm deflagrado uma luta para a derrubada das barreiras sociais.

A exploração econômica de um ser humano por outro, por um sistema econômico ou mesmo por um governo, não raro está sustentada num esquema ideológico onde a dignidade do explorado é teórica e praticamente negada ou diminuída. Uma pessoa humana que alardeia sua própria dignidade se sentiria constrangida em

---

[10] SANCHES. *Bioética*: ciência e transcendência: uma perspectiva teológica, p. 71.

explorar outro ser humano de dignidade igual. Por isso, os esquemas ideológicos de dominação vão se sofisticando para que a dignidade do explorado não apareça, e o explorador possa continuar alardeando a sua dignidade.

A história da América Latina é a história desse caminho, onde a grande maioria de seus filhos tenta afirmar que existe e tem dignidade. Os europeus, ao iniciarem o contato com os nativos latino-americanos, iniciam também a história da negação da identidade destes. Os nativos, os assim chamados "índios", foram violentados em sua cultura, em suas pessoas e submetidos à escravidão. Por trás da dominação pairava o debate da época: Será que os nativos têm alma? "Os índios são homens?".[11] O que correspondia a dizer que os nativos não eram bem humanos, mas "homúnculos nos quais mal encontrarás vestígios de humanidade".[12]

Diminuindo a dignidade dos "índios", justificava-se a dominação destes pelos espanhóis e portugueses. Era até visto como um privilégio para os nativos serem colonizados por tão ilustres e dignos senhores, "excelentes em todo gênero de virtudes".[13] O esquema de justificação da dominação e escravidão se repetiu com os povos africanos, com a invenção do conceito de raça[14] e o

---

[11] DUSSEL. *Filosofia da libertação*, p. 9.

[12] SEPÚLVEDA. As justas causas de guerra contra os índios (1547). *In*: SUESS (Org.). *A conquista espiritual da América Espanhola*, p. 523.

[13] SEPÚLVEDA. As justas causas de guerra contra os índios (1547). *In*: SUESS (Org.). *A conquista espiritual da América Espanhola*, p. 534.

[14] BANTON. *A ideia de raça*, p. 12.

desenvolvimento das teorias "científicas" do racismo.[15] No Brasil, essas teorias culminaram na chamada tese do branqueamento.[16] Do passado ao presente, o esquema ideológico é sempre o mesmo, a dignidade do dominado é diminuída, aviltada, para que o dominador possa se sentir bem, pois sendo uma pessoa "virtuosa" teria dificuldade em explorar um ser humano igualmente digno.

Movimentos recentes, como o da Unesco, em 1956, condenou explicitamente "a manipulação ideológica do conceito (de raça), fazendo sempre a distinção entre raça, como fator biológico, e os mitos raciais produzidos pelo racismo".[17] Assim muitos documentos produzidos pela ONU, desde a carta dos Direitos Humanos, vão sendo entendidos como defensores da dignidade de todos os humanos e do humano todo.

Frente a tudo isto, afirmamos que é necessário reconhecermos que, quando se fala que os embriões fecundados em laboratório, os fetos e os recém-nascidos são humanos, mas não pessoas, e por isto, não gozam da mesma dignidade, ou de dignidade alguma, está se reproduzindo o velho esquema ideológico de diminuir ou negar a dignidade de um grupo de seres humanos, para dele se apossar e dele dispor como bem aprouver.

Por mais que queiramos fundamentar em teorias antropológicas a superioridade moral dos humanos-

---

[15] SCHWARCZ. *Retrato em branco e negro*: jornais, escravos e cidadãos em São Paulo no final do Século XIX, p. 23.

[16] SANCHES. *O negro em Curitiba*: a invisibilidade cultural do visível, p.16.

[17] Cf. SEYFERTH. A antropologia e a teoria do branqueamento da raça no Brasil: a tese de João Batista de Lacerda. *Revista do Museu Paulista*, p. 81-98.

pessoas contra os humanos-ainda-não-pessoas, entendemos que isto não se justifica, e isto esconde uma cruel ideologia, por várias razões: 1. essa divisão entre humano e pessoa, ocorre na compreensão ocidental de ser humano, que não pode ser imposta a outras culturas; 2. dentro da própria cultura ocidental, mesmo aceitando a divisão entre "humano" e "pessoa", muitos, no qual nos incluímos, reconhecem a dignidade do "humano" que inclui a "pessoa" e não apenas da "pessoa" excluindo o "humano"; 3. essa teoria não é neutra, mas traz consequências desastrosas para boa parcela dos seres humanos, que são excluídos da dignidade; 4. há pessoas e grupos sociais que tiram vantagens econômicas desta teoria, mostrando que ela é uma ideologia para esconder uma prática; 5. práticas terríveis podem ser acobertadas pela negação da dignidade a todo o ser humano, tais como: a venda de peles de fetos e dos próprios fetos para indústria farmacêutica e cosmética; a destruição de uma infinidade de embriões fecundados em laboratórios; experiências genéticas com embriões fecundados,[18] entre outras.

Deste modo, é necessário denunciar como ideologia excludente, toda e qualquer teoria que fundamente a dignidade humana apenas na proporção em que determinado ser humano possua uma relação próxima ao grupo ao qual pertence. A perspectiva ética da dignidade humana deve levar essa relação à máxima extensão possível. São dignos, não apenas os que pertencem ao

---

[18] SMITH. *Culture of Death*: the Assault on Medical Ethics in America, p. 228.

nosso grupo, mas todos; não apenas os que pertencem ao nosso grupo familiar, mas também o estranho; não apenas os que pertencem à nossa classe social, mas também os de outra classe social; não apenas os que pertencem à nossa religião, mas também os de outras crenças; não apenas os que possuem "autoconsciência" como nós, mas também os que ainda não são dotados de consciência; não apenas os que pertencem à nossa pátria, mas também os estrangeiros. Isto significa exatamente, reconhecer e defender a dignidade humana de todos os membros da espécie *homo sapiens*. Deste modo, a máxima extensão relacional da dignidade humana está em reconhecer a dignidade humana plena de um embrião estrangeiro.

3.3 A dignidade humana e dos outros animais

As pessoas que defendem a dignidade de todos os humanos, como o fazemos e explicitamos acima, seriam claramente taxadas por autores como Peter Singer, de "especistas", ou seja, alguém que coloca a própria espécie acima das outras espécies. Não há como negar que a posição de julgarmos nossa espécie superior às outras decorre do fato de que a ela pertencemos. Como a comunicação entre as espécies é precária — uma interação para a convivência pacífica, repetições mais ou menos mecânicas, sintonia afetiva, comunicação intuitiva — fica difícil saber o que as outras espécies pensam de nós. Se alguém defender que somos exatamente nós, os humanos, que devemos estabelecer os valores, já está afirmando que temos o poder para isso e, portanto, somos uma espécie ímpar. Como não é possível convocar um congresso com representantes de diferentes espécies animais para estabelecer uma teoria ética universal, somos nós que temos que tentar fazê-la. Claro que isto não justifica um antropocentrismo arrogante.

O ser humano constrói o sentido de sua existência a partir de sua subjetividade própria, na relação intersubjetiva com os outros e com o mundo. A ética não pode negar isto, mas deve convidar o ser humano a se abrir para o reconhecimento da dignidade dos outros seres da mesma espécie, dos membros de outras espécies animais, até atingir o reconhecimento da dignidade do cosmo como um todo e em cada parte.

Mas, se é possível criar um novo termo discriminatório, "especista", para enquadrar quem atribui maior dignidade aos membros de sua espécie, é possível também criar outro neologismo "personacista", igualmente pejorativo, para enquadrar quem atribui maior dignidade às "pessoas". Um "especista" atribui maior dignidade aos humanos porque ele próprio é humano. Um "personacista" atribui maior dignidade à pessoa porque ele próprio se considera uma pessoa. Assim, criticando o "especismo", Singer pode ter caído numa posição ainda mais discriminatória, por vários motivos: 1. por ter lançado mão de um termo de sua própria cultura, o termo "pessoa", para dividir todos os animais, incluindo os humanos, em duas categorias: os que são pessoas e os que não são pessoas, e desse modo ele se tornou, antes de qualquer coisa, etnocêntrico; 2. porque ele repete o vício que queria denunciar nos que ele chama de "especistas", que é o de se incluir na categoria privilegiada; 3. porque ele estaria excluindo da mesma dignidade, seres que, em questão de tempo, seriam igualmente "pessoas" e que poderiam, inclusive, suplantá-lo em capacidade de auto-comunicação e outras características do ser pessoal.

Deste modo, entendo como absolutamente equivocada a seguinte afirmação: "Os fetos, os bebês, os deficientes mentais e aqueles que se encontram em coma, sem possibilidade de recuperação, são humanos, mas não pessoas. São membros da espécie humana, mas não desfrutam, por si mesmos, uma posição na comunidade moral secular".[19] Em nome desta "comunidade moral secular" continua-se afirmando "assim, parece que o fato de, digamos matar um chimpanzé, é pior do que o de matarmos um ser humano que, devido a uma deficiência mental congênita, não é e jamais será uma pessoa".[20]

Considerar necessário, para reconhecer em alguém um valor moral, o fato deste alguém ser capaz de auto-consciência, ou de defender por si só seu valor, é uma posição muito perigosa e pode abrir brechas para incalculáveis aberrações. Um governo, ou a elite dominante poderia dizer, por exemplo, que boa parte da população "não tem consciência" das coisas e colocar-se-iam no direito de agir em nome desta, tomar decisões que as afetam, sem a sua participação. Estaríamos novamente

---

[19] ENGELHARDT JUNIOR. *Fundamentos da bioética*, p. 174.
[20] SINGER. *Ética prática*, p. 127.

à mercê de todo o processo de manipulação ideológica de exclusão.

É necessário afirmarmos que um ser humano tem valor moral, independente de sua capacidade de fazer valer, ou ter consciência de sua dignidade, isto sem negar a importância da autoconsciência e liberdade, como elementos fundamentais da pessoa. Deve-se afirmar uma coisa sem negar a outra de maneira objetiva, de modo que alguns poderão continuar não reconhecendo esse valor, mas não continuar se afirmando eticamente corretos ao fazer isso, nem tentando apresentar isso como universalmente válido.

Além disso, para defender a dignidade da vida de todos os animais são necessários muitos outros argumentos. Não basta apenas insistir que alguns animais de outras espécies, na realidade bem poucos, quando bem treinados pelos humanos, ou superdotados, ou bem domesticados, também têm certa autoconsciência e são, portanto, também pessoas. Se alguém for capaz de sacrificar uma criança de um mês, por uma justificativa racional de que esta não é ainda uma pessoa, é improvável que essa atitude possa desenvolver maior sensibilidade e respeito para com os outros animais.

Nós concordamos com Barbour quando ele afirma que se as pesquisas, em décadas recentes, têm encontrado, em alguns pontos, maiores similaridades com outras formas de vida do que eram previamente suspeitadas "estas descobertas deveriam levar-nos a um maior respeito por aquelas formas, mas não a negar a dignidade humana. Em outros pontos, a ciência contemporânea oferece amplo testemunho da unicidade da humanidade entre as criaturas do planeta terra".[21]

4 Conclusão

A distinção entre os termos, humano e pessoa, passa a ser aceita pela bioética, no entanto, em bioética, não há consenso se a atribuição de dignidade se refere ao humano ou à pessoa. Alguns entendem que para a ética secular "a pessoa e não os humanos são especiais".[22] Neste caso o que é importante não é o fato de pertencermos à espécie *homo sapiens*, mas o fato de que somos pessoas.

Outros aceitam a distinção entre os termos, mas sugerem que a atribuição de dignidade se refere ao termo humano, mais amplo: "Em resumo, se ousamos propor este condensado, o embrião é digno, não como pessoa, mas como ser humano".[23] Esta posição não nega a dualidade, mas mostra que a dignidade repousa sob o conceito de humano porque este envolve o conceito de pessoa.

De qualquer modo, para se falar de dignidade humana, no contexto da bioética, é necessário estarmos atentos à linguagem usada e à distinção entre os termos "humano" e "pessoa". Defendemos ao longo deste trabalho que é necessário defender a dignidade do humano

---

[21] BARBOUR. *Religion in an age of science*, p. 191.

[22] ENGELHARDT JUNIOR. *Fundamentos da bioética*, p. 169.

[23] LEPARGNEUR. Bioética e o conceito de pessoa: esclarecimentos. *In*: PESSINI; BARCHIFONTAINE (Org.). *Fundamentos da bioética*, p. 102.

em si em todos os momentos de sua vida, como afirma João Paulo II: "A vida humana é sagrada e inviolável em cada momento de sua existência, inclusive na fase inicial que precede o nascimento".[24]

Precisamos também estar atentos e defender a dignidade de cada ser vivo, segundo sua própria espécie. Lançar mãos do conceito de pessoa para defender a dignidade dos animais capazes de autoconsciência é assumir uma atitude extremamente ingênua, pois incluiria pouquíssimas espécies nesta categoria e lançaria 98% das espécies de seres vivos do planeta no rol dos "não-pessoa", dos que tem dignidade nenhuma, por serem não-sensientes.

Afirmar a dignidade de cada ser humano é um primeiro passo para afirmarmos a dignidade de cada ser vivo do planeta, não com base na sua dinâmica interna, mas simplesmente por existirem. É a simples existência de ser, sua realidade factual, que nos impõe seu valor. Numa perspectiva cristã diríamos: são dignos porque são criaturas de um ser Absoluto que ama e conhece cada criatura.

Referências

BANTON, Michael. *A ideia de raça*. Tradução de António Marques Bessa. Lisboa: Ed. 70, 1977.

---

[24] JOÃO PAULO II. *Evangelium Vitae*, n. 61.

BARBOUR, Ian Graeme. *Religion in an age of science*. London: SCM Press, 1990. (The Gifford Lectures, v. 1).

BRAATEN, Carl E. A pessoa de Jesus Cristo. *In*: BRAATEN, Carl E.; JENSON, Robert W. (Ed.). *Dogmática cristã*. Tradução de Luís M. Sander *et al*. São Leopoldo: Sinodal, 1990. v. 1.

DUSSEL, Enrique D. *Filosofia da libertação*. Tradução de Luiz João Gaio. São Paulo: Loyola, 1977.

ENGELHARDT JUNIOR, Hugo Tristram. *Fundamentos da bioética*. Tradução de José A. Ceschin. São Paulo: Loyola, 1998.

GUATTARI, Félix; ROLNIK, Suely. *Micropolítica*: cartografias do desejo. 5. ed. Petrópolis: Vozes, 1999.

JOÃO PAULO II, Papa. *Evangelium Vitae*. 2. ed. São Paulo: Paulinas, 1995.

KÜNG, Hans. *Projeto de ética mundial*: uma moral ecumênica em vista da sobrevivência humana. Tradução de Haroldo Heimer. 4. ed. São Paulo: Paulinas, 2003.

LEPARGNEUR, Hubert. Bioética e o conceito de pessoa: esclarecimentos. *In*: PESSINI, Léo; BARCHIFONTAINE, Christian de Paul de (Org.). *Fundamentos da bioética*. São Paulo: Paulus, 1996.

MELLO, Luiz Gonzaga de. *Antropologia cultural*: iniciação, teoria e temas. Petrópolis: Vozes, 1983.

SANCHES, Mário Antonio. *Bioética*: ciência e transcendência: uma perspectiva teológica. São Paulo: Loyola, 2004.

SANCHES, Mário Antonio. *O negro em Curitiba*: a invisibilidade cultural do visível. 1997. Dissertação (Mestrado) – Universidade Ferderal do Paraná, Curitiba, 1997.

SCHWARCZ, Lilia Moritz. *Retrato em branco e negro*: jornais, escravos e cidadãos em São Paulo no final do Século XIX. São Paulo: Companhia das Letras, 1987.

SEPÚLVEDA, Juan Ginés de. As justas causas de guerra contra os índios (1547). *In*: SUESS, Paulo (Org.). *A conquista espiritual da América Espanhola*. Petrópolis: Vozes, 1992.

SEYFERTH, Giralda. A antropologia e a teoria do branqueamento da raça no Brasil: a tese de João Batista de Lacerda. *Revista do Museu Paulista*, v. 30, p. 81-98, 1985.

SINGER, Peter. *Ética prática*. Tradução de Jefferson Luiz Camargo. 2. ed. São Paulo: Martins Fontes, 1998.

SMITH, Wesley J. *Culture of Death*: the Assault on Medical Ethics in America. San Francisco: Encounter Books, 2000.

Informação bibliográfica deste texto, conforme a NBR 6023:2002 da Associação Brasileira de Normas Técnicas (ABNT):

SANCHES, Mário Antônio; SANCHES, Leide da Conceição. A dignidade do embrião humano: análise da distinção entre "humano" e "pessoa" em bioética. *In*: MEIRELLES, Jussara Maria Leal de; RIBEIRO, Marcia Carla Pereira (Coord.). *Direito e desenvolvimento*: biomedicina, tecnologia e sociedade globalizada. Belo Horizonte: Fórum, 2011. p. 131-154. ISBN 978-85-7700-476-8.

Pesquisas com Células-Tronco Embrionárias no Brasil e a (In) Constitucionalidade do Art. 5º da Lei de Biossegurança

Maria de Fátima Freire de Sá
Bruno Torquato de Oliveira Naves
Diogo Luna Moureira

Sumário: 1 Introdução – 2 Por uma medicalização do direito? – 3 Experimentação com células-tronco embrionárias – 3.1 O embrião é pessoa em sentido jurídico? – 4 E o art. 5º da Lei nº 11.105/2005, é (in)constitucional? As vozes dos ministros – 5 A problemática da fertilização *in vitro* no Brasil e a "inconstitucionalidade parcial" do art. 5º da Lei nº 11.105/2005

1 Introdução

Em 30 de maio de 2005, o Procurador-Geral da República, Cláudio Fonteles, protocolou petição questionando a constitucionalidade do art. 5º da Lei de Biossegurança (Lei nº 11.105, de 24.3.2005), que permite a utilização de células-tronco embrionárias em pesquisas e terapias obtidas de embriões humanos excedentes das técnicas de fertilização *in vitro*.

O Procurador-Geral da República mostrou-se indignado com o tratamento normativo dado ao embrião humano crioconservado, excedente de fertilização *in vitro*. A utilização destes, em pesquisas e terapias, implicava, necessariamente — pelo menos ao tempo de promulgação da Lei e propositura da ADI — na destruição do embrião.

Sob o argumento de que "a vida humana acontece na, e a partir da, fecundação", o art. 5º da Lei de Biossegurança ofenderia o art. 1º, III e o *caput* do art. 5º da Constituição Federal. O membro da Procuradoria-Geral da República considera, pois, embriões humanos como seres constitucionalmente idênticos ao ser humano nascido, buscando, para tanto, auxílio em opiniões de médicos, geneticistas e biólogos.

Interessante, ainda, destacar que não houve nenhuma opinião que, mais detidamente, se dedicasse a tecer argumentos jurídicos em colaboração aos apresentados por profissionais de outras áreas. Pela peça inicial da ADI, já podemos avaliar uma posição que tem se tornado cada vez mais comum no meio jurídico: *a busca de "certezas" na Biologia*.

O tão esperado julgamento da ADI nº 3.510[1] foi marcado para março de 2008, ocasião em que se manifestaram pela constitucionalidade do art. 5º o Ministro

---

[1] STF. ADI nº 3.510/DF, Tribunal Pleno. Rel. Min. Carlos Ayres Britto. Julg. 29.5.2008. *DJe*, 27 maio 2010.

Relator Carlos Ayres Britto e a então Presidente do Supremo Tribunal Federal, Ministra Ellen Gracie. A seção foi suspensa em razão de pedido de vista do Min. Carlos Alberto Menezes Direito.

Retomado o julgamento em 28 de maio de 2008, os ministros Menezes Direito e Ricardo Lewandowski votaram pela parcial procedência do pedido de inconstitucionalidade do art. 5º da Lei de Biossegurança. Os ministros Cármen Lúcia e Joaquim Barbosa julgaram-no improcedente. Pela improcedência manifestaram, também, os ministros Eros Grau e Cezar Peluso, porém, com determinadas ressalvas, nos termos dos seus votos. O julgamento foi então suspenso e, no dia seguinte, 29 de maio de 2008, colhidos os votos dos demais ministros (Celso Mello, Marco Aurélio e Gilmar Mendes). O Supremo Tribunal Federal, por maioria e nos termos do voto do Relator, julgou improcedente o pedido constante na ADI nº 3.510, vencidos parcialmente, em diferentes extensões, os ministros Menezes Direito, Ricardo Lewandowski, Eros Grau, Cezar Peluso e Gilmar Mendes.

Todo este percurso trilhado no julgamento da Ação Direta de Inconstitucionalidade demonstra que o debate jurídico acerca da (in)constitucionalidade do art. 5º da Lei de Biossegurança foi acirrado e as divergências constantes nos votos dos ministros do Supremo Tribunal Federal merecem ser destacadas.

Importante esclarecer que, muito embora a ADI nº 3.510 tenha sido julgada em 29 de maio de 2008, nem todos os votos foram publicados, razão pela qual o presente artigo se restringirá à análise dos votos divulgados à comunidade jurídica. Entretanto, acreditamos que as decisões ora apresentadas são suficientes para demonstrar a necessidade de avançarmos na compreensão deontológica da problemática afeta às pesquisas com células-tronco embrionárias, a começar pela diferenciação do tratamento jurídico dado ao nascituro daquele despendido ao embrião não gestado, pois enquanto o primeiro é centro de imputação normativa, passível de ser detentor de personalidade jurídica, o segundo, embora tutelado, não pode ser tratado como pessoa em sentido jurídico.

2 Por uma medicalização do direito?

Sempre ouvimos a frase "o homem é um ser social." No entanto, no campo jurídico, diuturnamente surgem pensadores que se esquecem de analisar os instrumentos de socialização e como o Direito se insere nesse processo.

Interessa-nos compreender que a socialização do homem dá-se por meio de discursos sociais, e dentre os vários que poderíamos citar, destacamos os discursos médico e jurídico. Segundo Jan Broekman, são eles "los protagonistas principales de nuestra vida moderna".[2] Tal fato afigura-se de absoluta importância para a Bioética. O pensamento ético também procura influenciar o

---

[2] BROEKMAN, Jan M. *Bioética con rasgos jurídicos*. Trad. de Hans Lindahl. Madrid: Dilex, 1998. p. 14.

processo de socialização ao lançar a ideia, por exemplo, da autonomia pessoal.

Nesse compasso, desenvolvamos o seguinte pensamento: não há sujeito que não seja socializado. Via de consequência, não há sujeito que não seja juridicizado e medicalizado, porquanto é difícil imaginar, no mundo, alguma pessoa que nunca precisou de um médico ou de um advogado, mesmo que em uma consulta informal. Quanto ao aspecto médico, deixemos claro que, para nós, a fisiologia humana está também integrada ao processo de socialização, ainda que a pensemos também como um acontecimento espiritual.

Os discursos jurídico, ético e médico põem na vida concreta os pontos de vista e significados de um corpo fisiológico. Assim, fazem parte de situações como o nascer, o morrer, uma intervenção cirúrgica ou um padecimento crônico. O Direito, a Ética e a Medicina expressam valores fundamentais da nossa cultura, e afiguram-se instituições sociais. A maneira de cada um propor problemas demonstra a distinção entre as visões institucionalizadas do objeto analisado.

A perspectiva institucionalizada do Direito parte de uma pressuposição de validade — o dogma jurídico ou a norma. Assim, a dogmática jurídica impõe normas que servirão para solução de conflitos. No entanto, essas normas não podem ser avaliadas como verdadeiras ou falsas, mas devem ser analisadas sob o crivo da validade (constitucionalidade formal e da constitucionalidade material), isto é, analisa-se se a norma é coerente com o todo em que se insere, mas não se pode dizê-la falsa ou inválida porque injusta.

Dizemos, pois, que o Direito parte de dogmas, ou seja, que seu ponto de partida não tem a validade examinada (verdadeiro ou falso). Através do dogma não se impõe uma verdade, mas uma certeza sobre algo que continua duvidoso.[3]

Já a Ética e, por conseguinte, a Bioética, institucionaliza um discurso aberto, em que as proposições são questionáveis e a validade é examinada pelo critério do justo e do injusto. Desta forma, não se trabalha com o dogma, mas busca-se um ideal de justiça, material ou processual.

Portanto, novamente frisamos, embora entrelaçados, Direito e Medicina possuem maneiras próprias de solução de problemas. Se a questão é jurídica, obviamente que a decisão *deve* ser jurídica. Mas, qual a razão para essas divagações? É simples. Os fundamentos da ADI nº 3.510 têm fundo biológico e muito pouco, para não dizer nada, jurídico.

A peça processual contém treze laudas e faz alusão aos artigos 1º, III e 5º da Constituição Federal, a dignidade da pessoa humana e a inviolabilidade do direito à vida, respectivamente, como sendo os preceitos constitucionais inobservados no que diz respeito ao embrião humano. Como fundamentação para a inconstitucionalidade material, o Procurador-Geral da República desfia um rosário de autores especializados em Ginecologia, em Bioética, em Biologia Celular, em perícia em sexualidade

---

[3] FERRAZ JUNIOR, Tercio Sampaio. *Introdução ao estudo do direito*: técnica, decisão, dominação. 2. ed. São Paulo: Atlas, 1994. p. 43.

humana e em cirurgia para, unidos em coro, dizerem que a vida humana acontece na, e a partir da fecundação e que, portanto, inadmissível seria o descarte de embriões.

O interessante é que se esqueceu o Procurador de dizer que, mesmo na Medicina Genética, no estudo da Embriologia e da Biologia, há vozes dissonantes, que trazem outras tantas teorias divergentes.

Mas as teorias divergentes foram aclaradas pelo Ministro Relator ao atribuir à substanciosa audiência pública, acirrado debate entre duas correntes de pensamento. Uma, que defende a ideia de que a vida começa desde a concepção, como proposto na peça inicial, e a outra que afirma que, embora o embrião *in vitro* seja algo vivo, não pode ser considerado como possuidor da mesma realidade que o nascituro.

Mas, seria este o caminho para a solução da questão? A medicalização do Direito?

Ao que nos parece, a posição do Ministro Relator é consonante com a nossa ao afirmar: "(...) a questão não reside exatamente em se determinar o início da vida do homo sapiens, mas em saber que aspectos ou momentos dessa vida estão validamente protegidos pelo Direito infraconstitucional e em que medida". Neste sentido, apresentou-se também negativa a resposta da Ministra Ellen Gracie:

> Não há, por certo, uma definição constitucional do momento inicial da vida humana e não é papel desta Suprema Corte estabelecer conceitos que não estejam explícita ou implicitamente plasmados na Constituição Federal. Não somos uma Academia de Ciências.

Tal posicionamento, pelo menos na exata medida em que o transcrevemos, confirma o pensamento de que o Direito não deve ficar atrelado, para decidir, unicamente, à busca de certezas na Biologia.

3 Experimentação com células-tronco embrionárias

Como aspectos gerais, a Lei de Biossegurança estabelece normas de segurança e mecanismos de fiscalização sobre construção, cultivo, produção, manipulação, transporte, transferência, importação, exportação, armazenamento, pesquisa, comercialização, consumo, liberação no meio ambiente e descarte de organismos geneticamente modificados, tendo como diretrizes o estímulo ao avanço científico na área de biossegurança e biotecnologia, a proteção à vida e à saúde humana, animal e vegetal, e a observância do princípio da precaução para a proteção do meio ambiente (art. 1º). Aborda, portanto, questões relativas à pesquisa e à experimentação com embrião humano criopreservado e relativas a organismos geneticamente modificados (OGM).

Nossa exposição centra-se apenas na análise dos dispositivos referentes à investigação e experimentação genéticas, tendo por base células-tronco embrionárias humanas, pois é sobre este assunto que versa a ADI nº 3.510.

O art. 3º da Lei nº 11.105/2005, na intenção de delimitar a atuação dos dispositivos das demais normas, traz conceitos referentes à manipulação genética, seja para OGM, seja para pesquisa com embriões.

Células-tronco embrionárias são células com capacidade para se diferenciar em qualquer tecido. O art. 5º, como já referido, não deixa dúvidas sobre a possibilidade de sua utilização em pesquisas.

> Art. 5º É permitida, para fins de pesquisa e terapia, a utilização de células-tronco embrionárias obtidas de embriões humanos produzidos por fertilização *in vitro* e não utilizados no respectivo procedimento, nas seguintes condições:
>
> I - sejam de embriões inviáveis; ou
>
> II - sejam embriões congelados há 3 (três) anos ou mais, na data da publicação desta Lei, ou que, já congelados na data da publicação desta Lei, depois de completarem 3 (três) anos, contados a partir da data de congelamento.
>
> §1º Em qualquer caso, é necessário o consentimento dos genitores.

É curiosa a "opção" legislativa, e — por que não dizer — do Ministério Público! Ora, se a Lei de Biossegurança permite a pesquisa em embriões humanos congelados, a conclusão é óbvia: ela permite que, na reprodução assistida, haja embriões excedentes.

Assim, o Procurador-Geral da República preocupou-se com a experimentação médica de células-tronco embrionárias, mas não se ocupou de uma prática muito mais antiga e difundida, que também leva milhares de embriões à morte: a fertilização *in vitro*.

Em razão do elevado custo para realização da fertilização *in vitro*, produz-se vários embriões por vez. Assim, os embriões excedentes são criopreservados para uma futura utilização.

Portanto, alguns embriões serão implantados no útero materno e outros serão conservados como uma espécie de "reserva", caso a primeira implantação não seja bem-sucedida. Dessa forma, o custo da técnica reduz um pouco, pois não será mais necessário estimular uma super-ovulação feminina, com retirada de óvulos maduros e inseminação posterior.

Se com a implantação advier uma criança sadia, o destino dos embriões congelados ficará incerto. A Resolução CFM nº 1.358/1992 estabelece que no momento da criopreservação os cônjuges ou companheiros devem expressar sua vontade, por escrito, quando ao destino que será dado aos pre-embriões criopreservados, em caso de divórcio, doenças graves ou de falecimento de um deles ou de ambos, e quando desejam doá-los.

Embora a Resolução expresse que os embriões não serão descartados, não há donatários em número suficiente para receber os milhares de embriões criopreservados. Assim, mais cedo ou tarde serão mesmo descartados.

Contudo, o Projeto de Lei nº 1.184/2003, que versa sobre Reprodução Humana Assistida, não permite que sejam feitos embriões em número superior a dois. Assim, no uso da técnica, mister se faz a produção e a transferência de apenas dois embriões por ciclo, não se permitindo, pois, a criação de novos embriões com o objetivo de congelá-los para uma eventual próxima oportunidade de sua inserção no útero feminino.[4]

---

[4] "Art. 13. Na execução da técnica de Reprodução Assistida, poderão ser produzidos e transferidos até 2 (dois) embriões, respeitada a vontade da mulher receptora, a cada ciclo reprodutivo.

Se convertido em Lei, o referido Projeto corrigirá a incoerência do Ministério Público, que vê problemas na destruição de embriões utilizados em pesquisas, mas não entende ser problemática a morte de embriões excedentes nas clínicas de fertilização.

O Ministro Relator analisa a questão respondendo afirmativamente à pergunta que ele mesmo se fez, qual seja: "há base constitucional para um casal de adultos recorrer a técnicas de reprodução assistida que incluam a fertilização artificial ou *in vitro*?" Invoca a liberdade quanto ao planejamento familiar (art. 226, §7º, CR/88), pois, "(...) não importa, para o Direito, o processo pelo qual se viabilize a fertilização do óvulo feminino (se natural o processo, se artificial). O que importa é possibilitar ao casal superar os percalços de sua concreta infertilidade, e, assim, contribuir para a perpetuação da espécie humana".

E conclui dizendo que ao casal não deve ser imposto o dever de utilizar-se de todos os óvulos ao final fecundados.

---

§1º Serão obrigatoriamente transferidos a fresco todos os embriões obtidos, obedecido ao critério definido no *caput* deste artigo.

§2º Os embriões originados *in vitro*, anteriormente à sua implantação no organismo da receptora, não são dotados de personalidade civil.

§3º Os beneficiários são juridicamente responsáveis pela tutela do embrião e seu ulterior desenvolvimento no organismo receptor.

§4º São facultadas a pesquisa e experimentação com embriões transferidos e espontaneamente abortados, desde que haja autorização expressa dos beneficiários.

§5º O tempo máximo de desenvolvimento de embriões *in vitro* será definido em regulamento." (PL nº 1.184/2003)

3.1 O embrião é pessoa em sentido jurídico?

A questão que, agora, deve ser levantada — e que talvez seja o que realmente importa para a análise da ADI — é a dúvida quanto à situação do embrião como pessoa humana. Será que podemos dizê-lo "pessoa", em sentido jurídico?

Como sabemos, o art. 2º do Código Civil estabelece que a personalidade tem início do nascimento com vida. No entanto, sua interpretação não é tão simples se analisarmos sua disposição final quanto ao nascituro: "A personalidade civil da pessoa começa do nascimento com vida; *mas a lei põe a salvo, desde a concepção, os direitos do nascituro*" (grifos nossos).

Dessa forma, passamos agora a comparar a posição do nascituro e do embrião na ordem jurídica brasileira e a consideração do que vem a ser personalidade.

Personalidade jurídica é centro de imputação normativa[5] e, como tal, pode congregar situações jurídicas de direito subjetivo, dever jurídico, direito potestativo, sujeição, poder, ônus e faculdade.

Não podemos, no entanto, dizer que o ordenamento jurídico nacional protege o nascituro apenas como "algo tutelável". Em várias situações o Código Civil coloca-o como partícipe de situações jurídicas, como nos casos em que reconhece ao nascituro o direito de ter sua

---

[5] CHAMON JÚNIOR, Lúcio Antônio. *Teoria geral do direito moderno*: por uma reconstrução crítico-discursiva na alta modernidade. Rio de Janeiro: Lumen Juris, 2006.

paternidade reconhecida (parágrafo único do art. 1.609), receber doação (art. 542), herança e legado, ter nomeado um curador (art. 1.779). Assim, o nascimento não seria condição para a existência da personalidade, mas para sua consolidação.[6]

Diferente é a situação do embrião não gestado. É certo que o embrião humano é passível de tutela, porém o ordenamento jurídico não lhe imputa situações jurídicas. Assim, não há como o considerar detentor de direitos subjetivos, deveres jurídicos, direitos potestativos, sujeição, poderes, ônus ou faculdades.

Não basta, portanto, ser passível de tutela, como o são vários bens jurídicos a que o legislador protege. Assim, animais e vegetais são protegidos; situações jurídicas dizem respeito a eles, no entanto não podemos dizê-los pessoas, pois a norma jurídica não lhes imputou a possibilidade de participarem do universo jurídico. Não são, pois, dotados de personalidade. O mesmo podemos dizer do embrião não gestado.

Sobre este aspecto o Min. Carlos Britto expõe o entendimento de que pessoas físicas ou naturais abrangem "tão somente aquelas que sobrevivem ao parto feminino e por isso mesmo contempladas com o atributo a que o art. 2º do Código Civil Brasileiro chama de 'personalidade civil' (...). Donde a interpretação de que é preciso vida pós-parto para o ganho de uma personalidade

---

[6] AMARAL NETO, Francisco dos Santos. *Direito civil*: introdução. 5. ed. rev., atual. e aum. de acordo com o novo Código Civil. Rio de Janeiro: Renovar, 2003. p. 223.

perante o Direito". E conclui: "sujeito que não precisa mais do que de sua própria faticidade como nativivo para instantaneamente se tornar um rematado centro de imputação jurídica".

4 E o art. 5º da Lei nº 11.105/2005, é (in)constitucional? As vozes dos ministros

O Min. Ricardo Lewandowski reconheceu quão problemática é a utilização de células-tronco embrionárias em pesquisas científicas, uma vez que elas "ensejam profundas interrogações acerca da natureza e do fim da vida humana, dos limites da manipulação do patrimônio genético da humanidade e, ainda, do significado de nossa existência coletiva".

No plano jurídico-positivo brasileiro, admitiu Lewandowski que há fortes razões normativas para se defender os argumentos de que a vida tem início a partir da concepção. Isto porque, o art. 4, 1, da Convenção Americana de Direitos Humanos estabelece que "toda a pessoa tem direito que se respeite a sua vida. Esse direito deve ser protegido pela lei e, em geral, desde a concepção". Assim, sendo o Brasil signatário de tal Convenção, em virtude da ratificação datada de 25 de setembro de 2002, tal norma ingressou no ordenamento jurídico nacional "não como simples lei ordinária, mas como regra de caráter supra legal ou, até mesmo, como norma dotada de dignidade constitucional, segundo recente entendimento empossado por magistrados desta Suprema Corte".

Portanto, outra não foi à conclusão de Lewandowski senão a de que, do ponto de vista estritamente legal, a vida começa na concepção, isto é, a partir do encontro do espermatozoide com o óvulo, independentemente do local de tal encontro, seja *in utero*, seja *in vitro*. Para ele, "(...) o debate deve centrar-se no direito à vida entrevisto como um bem coletivo, pertencente à sociedade ou mesmo à humanidade como um todo, sobretudo tendo em conta os riscos potenciais que decorrem da manipulação do código genético humano".

Como pode ser visto, a premissa da qual partiu a tese empossada pelo Min. Lewandowski na defesa do *direito* à vida é, preponderantemente, política, o que deve ser repensado, pois a tutela da vida biológica se difere da vida juridicamente tutelada. A vida resguardada no art. 5º, *caput*, da Constituição da República do Brasil é um direito na medida em que é encarada como uma esfera de liberdade individual que permite com que a pessoa dela possa usufruir e assumir a sua existência enquanto ser irrepetível.

Tratar a vida como um bem coletivo, pertencente à sociedade ou mesmo à humanidade, é encará-la, sob um enfoque político, que pode revelar um dever, isto é, uma esfera de não liberdade imposta ao indivíduo através da obrigação de viver.

A Ministra Cármen Lúcia Antunes Rocha evidenciou esta percepção ao estabelecer que a inviolabilidade do direito à vida, questionada pelo Procurador-Geral da República, não pode ser interpretada a partir da ideia de direito absoluto. Deste modo, nega que a Lei nº

11.105/2005 ofenda o direito à vida mencionado no texto constitucional, pois:

A Constituição garante não apenas o direito à vida, mas assegura a liberdade para que o ser humano dela disponha liberdade para se dar ao viver digno. Não se há falar apenas em dignidade da vida para a célula-tronco embrionária, substância humana que, no caso em foco, não será transformada em vida, sem igual resguardo e respeito àquele princípio aos que buscam, precisam e contam com novos saberes, legítimos saberes para a possibilidade de melhor viver ou até mesmo de apenas viver.

Entendemos que a forma como a vida humana foi tratada merece ser rediscutida, uma vez que ela não se confunde com direitos imputados às pessoas na sua existência compartilhada. Se hoje o discurso político e jurídico no Estado brasileiro assenta-se em pilares democráticos, é evidente que o povo pode, através de um processo legislativo legítimo, deliberar sobre a utilização de embriões excedentes de técnicas de fertilização *in vitro* sem que isto afronte o direito constitucional à vida.

Outro argumento empossado pelo Procurador-Geral e que foi enfrentado pelo Min. Lewandowski trata-se da dignidade humana, resguardada no Direito brasileiro como fundamento da República (art. 1º, III, CR/88). Para Lewandowski a dignidade humana não pode ser trabalhada como regra nem como princípio, mas deve ser compreendida como *postulado*, isto é, uma *metanorma* que estabelece a maneira pela qual as outras normas devem ser aplicadas. Assim, assumiu a dignidade humana como sendo a "matriz unificadora dos direitos fundamentais", a começar pela tutela jurídica da vida, que não pode ser considerada um bem jurídico atribuído à determinada pessoa, mas como um valor que diz respeito à coletividade. Portanto, a dignidade é "um valor que transcende a pessoa compreendida como ente individual, consubstanciando verdadeiro parâmetro ético de observância obrigatória em todas as interações sociais".

Uma vez mais argumentos valorativos são empossados por Lewandowski na defesa da dignidade humana como postulado. Tratar a dignidade humana como uma *metanorma* é colocá-la sob um patamar hierárquico normativo que na ordem constitucional não deve subsistir. A dignidade humana é um princípio constitucional que concorre com os demais princípios componentes do sistema constitucional, de modo a ser com eles compatíveis.

Admitindo também a dignidade humana como um valor absoluto e buscando em Kant a sua fundamentação filosófica (o homem como fim em si mesmo), Cármen Lúcia sustentou, por outro lado, que a utilização de células-tronco embrionárias em tratamentos voltados à recuperação da saúde não agridem a dignidade humana, mas, ao contrário, valoriza-a, posto que, seria melhor o aproveitamento dos embriões nas pesquisas do que descartá-los, pois assim os embriões estariam sendo utilizados para a dignidade da vida. Mais uma vez, o caráter valorativo esteve presente na decisão.

A partir da compreensão do direito à vida como um bem coletivo e de dignidade como postulado, várias ponderações limitativas do texto normativo foram apresentadas pelo Min. Lewandowski, dentre as quais sobressai o limite temporal de congelamento posto pelo legislador para a utilização dos embriões crioconservados. Dispôs o art. 5º, II da Lei nº 11.105/2005 que os embriões a serem utilizados nas pesquisas serão aqueles congelados há três anos ou mais, na data da publicação da Lei, ou que, já congelados na data da publicação dela, depois de completarem três anos contados a partir da data de congelamento.

É inegável que a limitação temporal imposta pelo legislador neste inciso está um tanto quanto confusa e perde a integridade que a norma deveria efetivar pois, de acordo com o texto da Lei, os embriões que forem congelados depois da data da publicação da Lei não poderão ser utilizados em tais pesquisas, ainda que há mais de três anos.

Porém, não foi a isto que se ateve o Min. Lewandowski. Para ele, esta limitação de três anos afigurou-se infundada, "sem sentido e destituído de justificativa razoável, pois não há qualquer explicação lógica para conferir-se tratamento diferenciado aos embriões tendo em conta apenas os distintos estágios da criopreservação em que se encontram". E partindo da concepção axiológica de direito à vida e de dignidade humana, concluiu que, havendo a possibilidade de embriões criopreservados há mais de treze anos logrado sobreviver hígidos e transformado em crianças saudáveis, apenas os embriões inviáveis, isto é, aqueles que tiveram o seu desenvolvimento interrompido por ausência espontânea de clivagem após período superior a vinte e quatro horas contados da fertilização dos oócitos é que podem ser utilizados em tais pesquisas.

Ao contrário da tese defendida por Lewandowski, Cármen Lúcia acatou o lapso temporal previsto no art. 5º, II da Lei nº 11.105/2005 afirmando que o prazo de três anos nela estabelecido decorre do fato de que após este período o sucesso da utilização do embrião congelado se torna pequeno, de modo não haver problemas quanto à utilização dos embriões, nos termos da Lei, sem se falar, pois em ofensa do direito à vida.

Por fim, o Min. Ricardo Lewandowski posicionou-se pela parcial procedência do pedido formulado na Ação Direta de Inconstitucionalidade, mantendo a constitucionalidade do texto normativo sem redução, não obstante, conferiu ao mesmo a seguinte *interpretação*:

> i) art. 5º, *caput*: as pesquisas com células-tronco embrionárias somente poderão recair sobre embriões humanos inviáveis ou congelados logo após o início do processo de clivagem celular, sobejantes de fertilizações *in vitro* realizadas com o fim único de produzir o número de zigotos estritamente necessário para a reprodução assistida de mulheres inférteis;
>
> ii) inc. I do art. 5º: o conceito de "inviável" compreende apenas os embriões que tiverem o seu desenvolvimento interrompido por ausência espontânea de clivagem após período superior a vinte e quatro horas contados da fertilização dos oócitos;
>
> iii) inc. II do art. 5º: as pesquisas com embriões humanos congelados são admitidas desde que não sejam destruídos nem tenham o seu potencial de desenvolvimento comprometido;

iv) §1º do art. 5º: a realização de pesquisas com as células-tronco embrionárias exige o consentimento "livre e informado" dos genitores, formalmente exteriorizado;

v) §2º do art. 5º: os projetos de experimentação com embriões humanos, além de aprovados pelos comitês de ética das instituições de pesquisa e serviços de saúde por eles responsáveis, devem ser submetidos à prévia autorização e permanente fiscalização dos órgãos públicos mencionados na Lei 11.105, de 24 de março de 2005.

A Ministra Cármen Lúcia Antunes Rocha julgou improcedente o pedido declaratório de inconstitucionalidade, considerando válidos os dispositivos normativos questionados, mas apresentou interpretação quanto à palavra terapia incluída no *caput* e no §2º do art. 5º, de modo que esta somente poderá se referir a tratamento levado a efeito por procedimentos terapêuticos cuja utilização tenha sido consolidada pelos métodos de pesquisa científica aprovada nos termos da legislação vigente.

Declarou, também, a constitucionalidade do art. 5º da Lei nº 11.105/2005, o Min. Eros Grau, mas apresentou ponderações interpretativas ao mencionado dispositivo normativo, sendo algumas delas interessante notar. Primeiramente, deixa claro o Ministro que no contexto da Lei nº 11.105/2005 o embrião é apenas o óvulo fecundado fora do processo de desenvolvimento vital, posto que congelado e à margem de qualquer movimento que possa caracterizar a formação da existência. Assim, afirmou que "não há vida humana no *óvulo fecundado* fora de um útero que o art. 5º da Lei nº 11.105/2005 chama de *embrião*. A vida estancou nesses óvulos". Neste sentido, afirmou que "não tem sentido cogitarmos em relação a esses 'embriões' (...), nem de vida humana a ser protegida, nem de dignidade atribuível a alguma pessoa humana". Não obstante, o Min. Eros Grau, igualmente aos demais julgadores, evidenciou a preocupação com a ausência de normatização das práticas decorrentes da reprodução humana assistida no Brasil, ficando a cargo do Supremo Tribunal Federal estabelecer limites para as pesquisas e terapias mencionadas no art. 5º da Lei nº 11.105/2005, conferindo a elas "coerência com a Constituição". E nesta empreitada, chegou a uma conclusão interessante quanto aos embriões a serem utilizados nas pesquisas mencionadas no art. 5º. Igualmente à conclusão de Lewandowski, Eros Grau empossou a interpretação de que os embriões tidos como inviáveis, ou seja, aqueles cujo desenvolvimento tenha cessado por ausência não induzida de divisão após o período superior a vinte e quatro horas, poderiam ser utilizados indiscriminadamente para a extração de células-tronco. Ao contrário, aqueles que não o forem, somente poderiam ser utilizados caso não decorresse a sua destruição.

Ora, se o embrião, como dito pelo próprio Min. Eros Grau, não tem vida humana a ser protegida nem dignidade atribuível a alguma pessoa humana, por que os embriões viáveis não poderiam ser destruídos para a obtenção de células-tronco?

Interessante notar que esta posição assumida por Eros Grau de não destruição do embrião viável não foi algo isolado, posto que Menezes Direito ao julgar parcialmente procedente o pedido constante na Ação

Direta de Inconstitucionalidade afirmou que as pesquisas deveriam ser mantidas, sem que houvesse a destruição dos embriões humanos viáveis.

O Min. Cezar Peluso também julgou improcedente o pedido contido na Ação Direta de Inconstitucionalidade e algumas características peculiares do seu voto merecem destaque. Para ele, o caso em análise demanda a reconstrução ou, propriamente, a construção dos conceitos de vida e de pessoa "nos supremos limites materiais do ordenamento constitucional". Deste modo, a pergunta nevrálgica a ser respondida pela Corte no julgamento da ADI era se a tutela constitucional da vida se aplica, na integralidade do seu alcance, à classe dos embriões, e mais especificamente, à dos embriões inviáveis e aos crioconservados.

Com o intuito de oferecer resposta a tal problemática, posicionou-se no sentido de que a tutela da vida constante no art. 5º da Constituição brasileira não pode dissociar-se do pressuposto da condição humana, isto é, de seres viventes, de pessoa. E embrião crioconservado não é pessoa e nem possui vida atual. Deste modo, "como, para efeito da ampla e integral tutela outorgada da Constituição da República, deve haver *vida*, e vida de *pessoa humana*, a falta de qualquer um dos componentes desta conjunção invalida o fundamento básico da demanda".

Ainda que admita não ser o embrião pessoa, Peluso apresentou-se convencido de que os embriões devem ser tratados com certa dignidade por força de retilínea imposição constitucional.

Finalmente, Gilmar Mendes alertou os demais ministros para o fato de que, no Brasil, somente o art. 5º da Lei de Biossegurança trata da questão embrionária, ao passo que outros países da América e Europa (como exemplo, dentre outros a legislação espanhola) tratam o assunto em legislação mais consistente, o que foi motivo de críticas por parte do referido julgador.

Para o Min. Gilmar Mendes, dar ao art. 5º da Lei de Biossegurança uma interpretação conforme a Constituição é a maneira mais hábil a solucionar o impasse por ela gerado e não acatar o pedido contido na ADI. Foi, também, enfático ao afirmar que a declaração de inconstitucionalidade do art. 5º da Lei de Biossegurança causaria indesejado "vácuo normativo", que seria mais danoso à ordem jurídica do que a manutenção da sua vigência:

> O vazio jurídico a ser produzido por uma decisão simples de declaração de inconstitucionalidade/nulidade dos dispositivos normativos impugnados torna necessária uma solução diferenciada, uma decisão que exerça uma "função reparadora" ou, como esclarece Blanco de Morais, "de restauração corretiva da ordem jurídica afetada pela decisão de inconstitucionalidade".

Gilmar Mendes também chamou a atenção para o fato de as legislações dos outros países estabelecerem uma *cláusula de subsidiariedade*, de forma a permitir as pesquisas com embriões humanos nos casos em que outros meios científicos não sejam adequados ao fim a que se destinam. Assim, teceu críticas no sentido de que "a lei brasileira deveria conter dispositivo explícito nesse sentido, como forma de tratamento responsável sobre o tema".

Tem razão o Min. Gilmar Mendes. O Brasil é carecedor de normas reguladoras das técnicas de reprodução humana assistida. Foi visível o esforço argumentativo de todo o Tribunal para a manutenção do art. 5º da Lei brasileira de Biossegurança, e em todos os votos tal problemática esteve presente.

5 A problemática da fertilização *in vitro* no Brasil e a "inconstitucionalidade parcial" do art. 5º da Lei nº 11.105/2005

Em um contexto democrático de Estado e de Direito, o ordenamento jurídico deve se pautar pela realização da integridade do sistema normativo que promana da Constituição. Deste modo, a manutenção da unidade do ordenamento jurídico correlaciona-se com as possibilidades da Constituição, notadamente no que diz respeito às suas contextualizações hermenêuticas.

A interpretação de normas infraconstitucionais pode deflagrar inconstitucionalidade, dependendo do resultado do processo de interpretação e aplicação normativo. É por tal razão que determinadas normas infraconstitucionais têm a sua validade resguardada em virtude da interpretação a ela conferida, ou seja, trata-se da atribuição de uma *interpretação conforme a Constituição* através da qual normas, em princípio, inconstitucionais, têm sua validade resguardada. Nesta senda, afirma Paulo Bonavides:

> Uma norma pode admitir várias interpretações. Destas, algumas conduzem ao reconhecimento de inconstitucionalidade, outras, porém, consentem tomá-la por compatível com a Constituição. (...). A norma, interpretada "conforme a Constituição", será portanto considerada constitucional. Evita-se por esse caminho a anulação da lei em razão de normas dúbias nela contidas, desde naturalmente que haja possibilidade de compatibilizá-las com a Constituição.[7]

Aliada a esta possibilidade de interpretação conforme a Constituição está a declaração de *inconstitucionalidade parcial sem redução de texto*, através da qual o texto impugnado é mantido em sua redação originária (sem redução de texto), mas para manter a sua constitucionalidade exclui-se algumas interpretações, isto é, aquelas não conformes com a Constituição. A tal propósito, Gilmar Ferreira Mendes assegura que pela declaração de inconstitucionalidade parcial "declara-se, muitas vezes, a inconstitucionalidade de determinadas possibilidades de interpretação com a eliminação de ampla constelação de casos do âmbito de aplicação da norma".[8]

A utilização deste mecanismo de declaração parcial de inconstitucionalidade da norma jurídica visa

---

[7] BONAVIDES, Paulo. *Curso de direito constitucional*. 13. ed. São Paulo: Malheiros, 2003. p. 518.

[8] MENDES, Gilmar Ferreira. *Jurisdição constitucional*. São Paulo: Saraiva, 1996. p. 199.

resguardar a sua integridade constitucional sem alterar o seu texto, e esta possibilidade hermenêutica foi adotada por muitos ministros do STF no julgamento da ADI nº 3.510, uma vez que várias ressalvas foram apresentadas por muitos que se posicionaram pela constitucionalidade do art. 5º da Lei nº 11.105/2005 (ministros Menezes Direito, Ricardo Lewandowski, Eros Grau, Cezar Peluso e Gilmar Mendes).

E quanto a isto, ponderações devem ser feitas com acuidade. Se de um lado o Procurador-Geral preocupou-se tão somente com a experimentação médica de células-tronco embrionárias, os ministros do STF se ativeram, também, ao método pelo qual os embriões alvo da Lei nº 11.105/2005 são produzidos.

Acreditamos que, neste sentido, o Brasil enfrenta o mesmo problema vivido pela Espanha quando a técnica da reprodução humana assistida era regulamentada tão somente pela Lei 35/1988 que não estabelecia um número determinado de embriões a serem gerados por ciclo, o que favoreceu um crescente número de embriões crioconservados. Enquanto na Espanha a possível solução veio com a Lei 45/2003 em que se limitou a produção de três embriões por ciclo, no Brasil, vários ministros do STF começaram a fazer as vezes do legislador, na medida em que mantiveram a constitucionalidade do art. 5º da Lei nº 11.105/2005, por meio da *interpretação conforme a Constituição*, regulando, inclusive, o procedimento que dá origem aos embriões excedentários que deram causa à polêmica debatida na ADI nº 3.510.

Uma vez mais esta problemática foi revolvida e influenciou o julgamento da ADI nº 3.510, de modo que alguns ministros chegaram a suprir esta ausência legislativa no Brasil manifestando-se pela improcedência do pedido constante na ADI, mas fazendo ressalvas, como, por exemplo, a do Min. Eros Grau:

> Declaro a constitucionalidade do disposto no artigo 5º e parágrafos da Lei nº 11.105/2005, estabelecendo, no entanto, em termos aditivos, os seguintes requisitos a serem atendidos na aplicação dos preceitos: (...); [ii] a "fertilização *in vitro*" referida no *caput* do artigo 5º corresponde à terapia da infertilidade humana, em qualquer caso proibida a seleção genética, admitindo-se a fertilização de um número máximo de quatro óvulos fecundados por ciclo e a transferência, para o útero da paciente, de um máximo de quatro óvulos fecundados por ciclo; a redução e o descarte de óvulos fecundados são vedados.

Marco Aurélio Mello, por sua vez, apresentou críticas à possibilidade de concessão de interpretação conforme a Constituição ao afirmar que tal possibilidade de manutenção da constitucionalidade da norma infraconstitucional deve ser vista com restrições. É que o STF corre o risco de redesenhar a norma impugnada e contrariar a Constituição Federal ao assumir o papel de legislador positivo. Assim, ressaltou que "a interpretação conforme pressupõe texto normativo ambíguo a sugerir, portanto, mais de uma interpretação, e ditame constitucional cujo alcance se mostra incontroverso", o que não era o caso em comento. Não obstante, ponderou não ser "de todo impróprio o Supremo, ao julgar, fazer recomendações. Não é órgão de aconselhamento. Em processo como estes, de duas, uma: ou declara a constitucionalidade ou a inconstitucionalidade, total ou parcial, do ato normativo abstrato atacado".

Inegavelmente, o debate promovido pelo Supremo Tribunal Federal serviu para a promoção da democracia no Brasil. Todavia, este processo democrático de discussão sobre o tema não partiu deste julgamento e nem se estancou nele, mas decorreu, sobretudo, do processo de elaboração da Lei nº 11.105/2005 que foi aprovada no Congresso Nacional por 96% dos Senadores e 85% dos Deputados, o que sinaliza a "razoabilidade" da norma, conforme salientado pelo Min. Marco Aurélio.

Informação bibliográfica deste texto, conforme a NBR 6023:2002 da Associação Brasileira de Normas Técnicas (ABNT):

SÁ, Maria de Fátima Freire de; NAVES, Bruno Torquato de Oliveira; MOUREIRA, Diogo Luna. Pesquisas com células-tronco embrionárias no Brasil e a (in)constitucionalidade do Art. 5º da Lei de Biossegurança. *In*: MEIRELLES, Jussara Maria Leal de; RIBEIRO, Marcia Carla Pereira (Coord.). *Direito e desenvolvimento*: biomedicina, tecnologia e sociedade globalizada. Belo Horizonte: Fórum, 2011. p. 155-182. ISBN 978-85-7700-476-8.

A Bioinformação como Bem Jurídico: da Presença do Mercado à Tutela da Pessoa na Sociedade da Informação

Rosalice Fidalgo Pinheiro

Sumário: 1 Introdução – 2 Do "homem-máquina" ao "homem-informação" – 3 A arquitetura dos bens: da patrimonialidade à essencialidade – 4 A bioinformação como bem jurídico: tutela do mercado ou tutela da pessoa? – 5 Conclusão – Referências

1 Introdução

Informática, biotecnologia e telecomunicações se estrelaçam na tecnociência contemporânea, desenhando a sociedade como uma rede de comunicações. Sob o *slogan* "sociedade da informação",[1] designa-se esse

---

[1] "'Sociedade da informação' não é um conceito técnico: é um *slogan*. Melhor se falaria até em sociedade da comunicação, uma vez que o que se pretende impulsionar é a comunicação, e só num sentido muito lato se pode qualificar toda a mensagem como informação" (ASCENSÃO. *Estudos sobre direito da internet e da sociedade da informação*, p. 87).

novo modelo que encontra no diálogo que absorve os sujeitos, o foro privilegiado, no qual a informação torna-se o centro das atenções. Em seu traçado, quantidade e celeridade conjugam-se com a ruptura de fronteiras, delineando-lhe um acesso quase ilimitado.

Como principal componente desse diálogo social, destaca-se a liberdade da informação. Contudo, essa liberdade acha-se ameaçada, ao converter-se a informação em mercadoria, suscitando o paradoxo proclamado por José de Oliveira Ascensão: "a hora do dealbar da sociedade da informação pode ser também a hora do crepúsculo de uma liberdade fundamental: a liberdade da informação".

Em atenção a esse paradoxo, o presente trabalho tem por objetivo questionar a qualificação jurídica da bioinformação e sua tutela, trazendo ao primeiro plano um embate de contornos axiológicos: prevalência do mercado ou tutela da pessoa? Para tanto, escolheu-se a informação genética humana como forma de destacar a aliança entre a biotecnologia e a informática diante do corpo digitalizado.

Enuncia-se a passagem da metáfora do "homem-máquina" para o "homem-informação".[2] Eis que é nesta passagem que o homem passa a ser tutelado quantitativamente, isto é, pela informação que contém, permitindo uma indagação acerca da informação genética como nova categoria de bem jurídico.

---

[2] ASCENSÃO. *Estudos sobre direito da internet e da sociedade da informação*, p. 171.

Com vistas a responder semelhante indagação, recolhem-se os subsídios da arquitetura dos bens, em sede de Direito Privado. Da patrimonialidade à essencialidade, percorre-se o caminho de crítica à classificação dos bens, amparada no "individualismo proprietário", para redefini-lo à luz da diretriz da essencialidade. Enunciada nos contornos de um Estado Democrático de Direito, pela Constituição da República de 1988, os bens passam a ser qualificados segundo a utilidade que têm para a pessoa que deles se serve.

Distante desse paradigma, a informação genética adentra no estatuto dos bens, pela via da propriedade intelectual. Reflexo de um "individualismo proprietário", que logo se converte em "individualismo de massas", compõe o cenário de desmaterialização de riquezas, tornando-se objeto de apropriação e circulação econômica, sob a égide do contrato.

Na esteira dessa tutela patrimonialista, perde-se o horizonte de humanidade que deve compor os limites jurídicos da tecnociência, persistindo a indagação que esse trabalho quer suscitar: a informação genética é um bem jurídico?

2 Do "homem-máquina" ao "homem-informação"

A passagem do medievo para a modernidade lança as bases de uma metáfora, que se constitui no ponto de partida para delinear os desafios da tecnociência contemporânea: o "homem-máquina".

Na estática feudal, a terra compõe o fundamento de um tempo que não eram medidos, mas vividos qualitativamente. Porém, no século XV, o advento dos relógios mecânicos convertem o tempo em uma entidade abstrata e divisível. É a quantificação do tempo e do espaço, desvendando uma mentalidade utilitarista.

Encontra lugar a dinâmica moderna, cujo fundamento é a cidade, e suas linhas de força, o dinheiro e a razão. Tudo se quantifica nas mãos do homem secularizado, que se vale de uma racionalidade calculadora. Inicialmente, ele utiliza-se da máquina para conquista da natureza, mas dialeticamente, acaba por ser dominado por ela.[3]

Protagonista da filosofia que se espelha em uma natureza inscrita em linguagem matemática, no século XVII, Descartes define o homem como um agregado de duas substâncias: o corpo-máquina, objeto da natureza que poderia ser examinado por método científico; e a mente humana, alma pensante de origem divina.[4] Como

---

[3] SÁBATO. *Homens e engrenagens*: reflexões sobre o dinheiro, a razão e a derrocada de nosso tempo, p. 29-30. O autor explica a dialética desse domínio: "Eis aqui o triste fim do homem renascentista. A máquina e a ciência que ele orgulhosamente havia lançado sobre o mundo exterior, para dominá-lo e conquistá-lo, agora se voltam contra ele, dominando-o e conquistando-o como mais um objeto qualquer. Ciência e máquina foram-se distanciando até um olimpo matemático, deixando só e desamparado o homem que lhes havia dado vida. Triângulos e aço, logaritmos e eletricidade, sinusóides e energia atômica, estranhamente unidas às formas mais misteriosas e demoníacas do dinheiro, constituíram finalmente a Grande Engrenagem, da qual os seres humanos acabaram sendo obscuras e importantes peças" (p. 66).

[4] SIBILIA. *O homem pós-orgânico*: corpo, subjetividade e tecnologias digitais, p. 66.

reflexo do cogito cartesiano, a existência humana resta definida em sua substância metafísica: "existo, na medida em que penso".[5]

No século XVIII, La Mettrie vale-se tão somente da substância material para enunciar o homem: o corpo humano. Se em uma perspectiva inaugurada no século anterior, por Descartes, os animais eram máquinas, os homens também o eram. Rompendo com uma antropologia de cunho metafísico, o homem é descrito por La Mettrie como um conjunto de molas e engrenagens regidas por leis mecânicas.[6] É a metáfora do "homem-máquina" que, em oposição ao humanismo iluminista, descreve o homem à semelhança de um relógio:

> Os aparelhos mecânicos passaram a automatizar as mais diversas funções e a transferir seus ritmos, sua regularidade e sua precisão para os corpos e para as rotinas dos homens. Compassado pela cadência exata dos relógios, o processo de mecanização do mundo tinha começado. Todas as ações e todos os movimentos humanos foram circunscritos a seus elementos puramente mecânicos, inseridos na fisiologia da idade da máquina.[7]

O corpo torna-se objeto da ciência moderna: devastado em sua intimidade, o cadáver presta-se a objeto de experimentação. Ensaia-se uma ruptura antropológica,

---

[5] REVEL. Descartes: inutile et incertain (Précédé). *In*: DESCARTES. *Discours de la méthode*, p. 40.

[6] SIBILIA. *O homem pós-orgânico*: corpo, subjetividade e tecnologias digitais, p. 73.

[7] SIBILIA. *O homem pós-orgânico*: corpo, subjetividade e tecnologias digitais, p. 65.

pois a metafísica medieval não explicava o homem. É preciso recorrer à tecnociência, que sob os contornos da experimentação, seculariza o indivíduo, apartando-o de toda criação divina.

Há nisto uma conexão com o individualismo. Sob a concepção de "máquina quase perfeita",[8] "o sujeito pode desaparecer na máquina, pode desintegrar-se na 'mecânica'". Nestes termos, o movimento da máquina projeta-se para a sociedade liberal oitocentista: à exatidão da cadência do relógio, descreve-se a dinâmica do mercado.[9]

Trata-se do entrelaçamento entre racionalidade tecnocientífica e racionalidade econômica. Constituem-se em um único movimento, tecido pela recusa de limites ao capital e ao progresso tecnocientífico.[10] Inicia-se o percurso da tecnociência, ultimado na contemporaneidade pela descoberta do genoma e o advento do corpo digitalizado.

No século XX, a biotecnologia e a informática unem-se para desvendar o corpo.[11] Delineia-se uma

---

[8] SIBILIA. *O homem pós-orgânico*: corpo, subjetividade e tecnologias digitais, p. 67.

[9] EDELMAN. *O direito captado pela fotografia*: elementos para uma teoria marxista do direito, p. 53.

[10] Cf. SANTOS. Tecnologia, perda do humano e crise do sujeito do direito. *In*: OLIVEIRA; PAOLI (Org.). *Os sentidos da democracia*: políticas do dissenso e hegemonia global.

[11] "Estas novas propostas de criação de direitos de exclusivo sobre a *informação genética* inscrita nos *genomas* de variadíssimos organismos ou produzida através de processos técnicos fundam-se em um novo paradigma de investigação científica que combina várias formas do pensamento científico aparentemente antagónicas: *a biologia molecular, a estatística, a matemática, a lingüística e as ciências computacionais*. A este novel campo de investigação científica relativo à elucidação das estruturas e funções das *macromoléculas*

mudança no paradigma tecnocientífico: a natureza humana deixa de ser descrita pelo modelo mecânico-geomêtrico para ser descrita pelo modelo informático-molecular. Nesta passagem, o ponto de chegada da física clássica converte-se no ponto de partida da biologia molecular e da engenharia genética: as representações abstratas devem ser comprovadas pelo real.[12]

Trata-se de uma revolução biotecnológica, iniciada na década de trinta: a vida passa a ser investigada em escala atômica. Ancorado nesta perspectiva, o ano de 1955 testemunhou a descoberta da estrutura da molécula de DNA. Nela estão contidas as informações genéticas de cada indivíduo, em suporte bioquímico, transmitida por gerações.[13]

Em 1973, a técnica do DNA recombinante tornou possível a alteração e manipulação do programa genético.[14] Ocorre uma mudança paradigmática no cenário

---

que consistem ou contém informações genéticas deu-se o nome de *bioinformática*. Em *sentido amplo*, pode observar-se que a *bioinformática* é a ciência que usa a informação para compreender os mecanismos envolvidos nos procedimentos biológicos que permitem a replicação ou a autoreplicação das matérias biológicas. *Stricto sensu*, significa a ciência que mobiliza os *computadores*, os *programas informáticos* e as demais instrumentos das *ciências computacionais* para gerir as *informações biológicas*. A *bioinformática* permite assim a criação, a compilação, o armazenamento e a utilização eficiente de dados biológicos atinentes a múltiplos genomas, com vista à prossecução de determinados objectivos da pesquisa e desenvolvimento científico" (MARQUES. *Biotecnologia(s) e propriedade intelectual*, v. 2, p. 689-691).

[12] SIBILIA. *O homem pós-orgânico*: corpo, subjetividade e tecnologias digitais, p. 75-77.

[13] SIBILIA. *O homem pós-orgânico*: corpo, subjetividade e tecnologias digitais, p. 75.

[14] SIBILIA. *O homem pós-orgânico*: corpo, subjetividade e tecnologias digitais, p. 76.

tecnocientífico: a vida passa a ser tecida pela linguagem da informação. O corpo humano é desvendado sob nova racionalidade, a "informático-molecular", sinalizando a passagem da metáfora do "homem-máquina" para a do "homem-informação".

As células contêm um código universal, idêntico para todos os seres vivos. Porém, o conjunto de informações genéticas inscritas neste código, varia para cada espécie, delineando o genoma. Apresenta-se, portanto, o corpo humano como um programa de computador, pronto para ser decifrado, à semelhança do *software*. Nesta perspectiva, deixa-se para trás a materialidade expressa pelo corpo-máquina. O corpo passa a ser retratado como informação digitalizada, conformado em sua imaterialidade:

> No mundo volátil do *software*, da inteligência artificial e das comunicações via Internet, a carne parece incomodar. A materialidade do corpo é um entrave a ser superado para se poder mergulhar no ciberespaço e vivenciar o catálogo completo de suas potencialidades. Teimosamente orgânico, porém, o corpo humano resiste à digitalização, nega-se a se submeter por completo às modelagens das tecnologias da virtualidade.[15]

A "aventura cartográfica do Projeto Genoma"[16] traz consigo essa nova metáfora: o "homem-informação". Representa o lugar privilegiado de tensão valorativa

---

[15] SIBILIA. *O homem pós-orgânico*: corpo, subjetividade e tecnologias digitais, p. 84.
[16] SIBILIA. *O homem pós-orgânico*: corpo, subjetividade e tecnologias digitais, p. 123.

entre pessoa e mercado. Esta tensão é ensaidada pelo potencial de lucro que o genoma guarda consigo para as indústrias biomédicas e farmacêuticas. Trata-se de uma aliança entre a engenharia genética e a informática que suscita a competitividade no mercado. Mais uma vez, a racionalidade tecnocientífica entrelaça-se com a racionalidade econômica.[17]

Para além disso, a tensão valorativa mencionada, ainda se reveste de uma superação da condição humana. Ensaia-se uma pós-humanidade, na qual se desfazem os limites entre pessoas e coisas. Por outras palavras, a metáfora do "homem-informação" guarda em suas entrelinhas a discussão sobre o reconhecimento jurídico de pessoa,[18] na medida em que se indaga se a informação nela contida pode ser objeto de apropriação e circulação no mercado.

3 A arquitetura dos bens: da patrimonialidade à essencialidade

As novas formas de utilidades, expressas pela aliança entre a informática e a biotecnologia, compõem

---

[17] Cf. SANTOS. Invenção, descoberta e dignidade humana. *In*: CARNEIRO; EMERICK (Org.). *Limite*: a ética e o debate jurídico sobre acesso e uso do genoma humano.

[18] LABRUSSE-RIOU. La vérité dans le droit des personnes. *In*: EDELMAN; HERMITTE (Dir.). *L'homme, la nature et le droit*, p. 159-198 apud SANTOS. Invenção, descoberta e dignidade humana. *In*: CARNEIRO; EMERICK (Org.). *Limite*: a ética e o debate jurídico sobre acesso e uso do genoma humano.

um contexto norteado pelo processo de desmaterialização de riquezas e coloca em causa a arquitetura dos bens, contida no Código Civil, sob um viés patrimonialista.

Nesse cenário, o "homem-informação" ocupa o centro das indagações: as informações contidas em seus dados genéticos, ao mesmo tempo em que possuem um valor científico, possuem valor de mercado. A medida em que adentram no trânsito jurídico, apontam para superação das categorias de Direito Privado, colocando em causa, a redefinição do regime de titularidades sobre as coisas.[19] Indaga-se, então, se a informação contida no corpo humano é um bem jurídico.

No século XIX, a propriedade imobiliária figurava como categoria chave do sistema jurídico. Era um reflexo de um sistema econômico ancorado na prevalência da agricultura sobre a indústria, fazendo-se da terra o principal bem de produção.

Porém, a complexidade das relações econômicas desenhadas pelo sistema capitalista, inaugurou no século XX, o que Enzo Roppo identificou como processo de mobilização e desmaterialização de riquezas:

> Com o progredir do modo de produção capitalista, com o multiplicar-se e complicar-se das relações económicas, abre-se um processo que poderemos definir como de mobilização e desmaterialização da riqueza, a qual tende

---

[19] GEDIEL. Declaração universal do genoma humano e direitos humanos: revisitação crítica dos instrumentos jurídicos. *In*: CARNEIRO; EMERICK (Org.). *Limite*: a ética e o debate jurídico sobre acesso e uso do genoma humano, p. 159-160.

a subtrair ao direito de propriedade (como poder de gozar e dispor, numa perspectiva estática, das coisas materiais e especialmente dos bens imóveis) a sua supremacia entre os instrumentos de controle e gestão da riqueza. Num sistema capitalista desenvolvido, a riqueza de facto não se identifica apenas com as coisas materiais e com bens imateriais, em relações, em promessas alheias e no correspondente direito ao comportamento de outrem, ou seja, a pretender de outrem algo que não consiste necessariamente numa res a possuir em propriedade.[20]

A substância econômica desses bens não está depositada em sua materialidade, por vezes corporificada em uma cártula, mas nos direitos e expectativas que representam. Sob os contornos da civilística clássica, traduzem-se em bens imateriais, assimiláveis a coisas, e os direitos, que sobre elas recaem, são assimiláveis à propriedade. Trata-se de uma nova forma de riqueza, produzida pelo contrato, o que leva Roppo a proclamar que já não é a propriedade, mas o contrato, a forma fundamental de gestão de recursos e propulsão da economia.[21]

Em atenção a essas ideias, a informação revela-se como um bem imaterial. Trata-se do resultado da atividade humana: como dado do mundo exterior, a informação é uma *res communes*, oferecida à observação de todos — é a "informação base". Mas, quando converte-se em mensagem, ganha um caráter autônomo, destacando-se como uma "informação-resultado". Voltam-se as atenções para

---

[20] ROPPO. *O contrato*, p. 64.

[21] ROPPO. *O contrato*, p. 65.

a qualificação desta última categoria de informação como bem jurídico.[22]

Sinalizando uma resposta a essa qualificação, a doutrina limita-se a delinear a tutela do interesse sobre a informação, escapando à sua configuração como bem autônomo. Perlingieri deposita na impossibilidade de gozo exclusivo o principal argumento para afastar a informação de semelhante caracterização, reclamando-se uma necessária correlação com a propriedade.[23]

Tal asserção encontra fundamento nos contornos patrimonialistas que presidiram a arquitetura dos bens nas codificações modernas.[24] Ensaiando uma crítica a essa concepção, Perlingieri traça os contornos da informação como bem jurídico.

A relevância de um bem não se deposita tão somente no interesse de seu titular, mas, ainda, na tutela reservada a terceiros, que nele encontram uma utilidade, não necessariamente econômica.[25] Nestes termos,

---

[22] CATALA. Ebauche d'une théorie juridique de l'information. *informatica e diritto*, p. 22-23.

[23] PERLINGIERI. *Il diritto dei contratti fra persona e mercato*: problemi del diritto civile, p. 338.

[24] Recolhendo os fundamentos que presidiram a arquitetura moderna dos bens, afirma Luiz Edson Fachin: "Nessa perspectiva, para detalhar a classificação dos bens, verifica-se que o estatuto jurídico, que permite explicitar a divisão clássica desses bens, é aquele que sempre levou em conta o ponto de vista do sujeito, ou seja, a divisão dos bens, a sua caracterização como objeto de direito, é algo que se assenta no sujeito. Este se organiza para dizer o que transita e o que não transita juridicamente. Eis essa racionalidade dos modernos sujeitos de direito: tudo aquilo que fizer parte do pacto jurídico passa a ser apropriável" (*Teoria crítica do direito civil*, p. 164-165).

[25] No contexto da civilística clássica, "a divisão básica dos bens não é jurídica, e sim econômica. O jurídico apenas comparece para dar cobertura aos bens de

rompe-se o argumento da exclusividade, uma vez que a informação é passível de atender à utilidade de uma pluralidade de sujeitos.[26]

Considerando-se, ainda, que o bem jurídico não esgota sua relevância no regime de apropriação, coisas que estão fora do comércio também se caracterizam como bens. Com efeito, coisas abstratamente úteis ao homem, configuram-se, necessariamente, como bens jurídicos. Traduz-se, então, o componente objetivo de bem, presente na informação: satisfazer a necessidade humana do conhecimento.

Valendo-se da crítica esboçada por Perlingieri, resta dar mais passo para a configuração da informação como bem jurídico: o paradigma da essencialidade. Desenhada por Negreiros, a essencialidade qualifica os bens, segundo a utilidade que eles representam para a pessoa que deles se serve.

O paradigma da essencialidade consubstancia um modelo de pesquisa contratual, segundo o qual o regime do contrato deve ser diferenciado em correspondência com a classificação do bem contratado. Esta classificação divide os bens em essenciais, úteis e supérfluos, levando em conta a destinação mais ou menos existencial conferida pelo sujeito contratante ao bem contratado.[27]

---

produção, de uso e de consumo, de acordo com a concepção política, e para se estabelecer o regime dos mesmos. (...) A divisão de bens de produção, de uso e de consumo, é, na verdade, a grande divisão que está sob a configuração clássica dos bens" (FACHIN. *Teoria crítica do direito civil*, p. 166-167).

[26] PERLINGIERI. *Il diritto dei contratti fra persona e mercato*: problemi del diritto civile, p. 340.

[27] NEGREIROS. *Teoria do contrato*: novos paradigmas, p. 68.

Ancorada na Constituição de 1988, a diretriz da essencialidade está associada a um padrão mínimo de vida, exigido pela dignidade da pessoa humana.[28] Considerando a unidade do ordenamento jurídico, essa diretriz deve orientar a qualificação dos bens, traduzindo-se na primazia dos valores existenciais sobre os valores patrimoniais.[29]

A arquitetura dos bens, acima tecida, da patrimonialidade à essencialidade, permite enunciar a informação como um bem jurídico desconcertante. Segundo Catala, para além das informações relativas ao patrimônio, existem aquelas relativas às pessoas. Embora, a pessoa não seja autora da informação, ela é titular de seus elementos. Quando o objeto dos dados é um sujeito de direito, a informação é um atributo da personalidade.[30]

Ligados à identidade de seu titular, os dados genéticos compõem a esfera de sua intimidade, contendo um valor personalíssimo.[31] Trata-se de delineá-los como bens da personalidade, suscitando sua proteção jurídica sob as vestes do direito fundamental da personalidade.[32] Contudo, o advento de uma lógica de mercado desperta

---

[28] NEGREIROS. *Teoria do contrato*: novos paradigmas, p. 402.

[29] NEGREIROS. *Teoria do contrato*: novos paradigmas, p. 327.

[30] CATALA. Ebauche d'une théorie juridique de l'information. *informatica e diritto*, p. 20.

[31] GEDIEL. *Os transplantes de órgãos e a invenção moderna do corpo*, p. 104.

[32] Cf. DONEDA. Considerações sobre a tutela da privacidade e a proteção de dados pessoais no ordenamento brasileiro. In: CONRADO; PINHEIRO (Coord.). *Direito privado e Constituição*: ensaios para uma recomposição valorativa da pessoa e do patrimônio.

a insuficiência da tutela desenhada pelos direitos da personalidade aos dados genéticos.

> No que diz respeito aos dados genéticos, é justamente pelo fato de eles pertencerem a um sujeito (a uma pessoa) e relevarem características de sua "personalidade" (de seu capital humano) que eles têm valor político e econômico. Assim, o vínculo entre os dados genéticos da pessoa e seus direitos de personalidade, proclamado consensualmente entre juristas e bioeticistas, estabelece uma ligação entre os dados genéticos e o capital humano individual.[33]

Semelhante constatação conduz às indagações acerca da informação genética como bem jurídico, sendo permitido questionar, se ela se contrapõe ao mercado, ou, antes, é absorvida por ele.

4 A bioinformação como bem jurídico: tutela do mercado ou tutela da pessoa?

Na sociedade da informação, o corpo digitalizado converte-se na "última mercadoria". Trata-se de evidenciar como a informação genética adquire valor econômico, adentrando na lógica do "discurso proprietário":

> O modelo proprietário passa de instrumento de garantia da classe burguesa fundadora da sociedade liberal e se transforma em instrumento de organização e funcionamento de

---

[33] CORRÊA. *O corpo digitalizado*: bancos de dados genéticos e sua regulação jurídica, p. 207.

todo o sistema. Disso se trata o discurso proprietário da modernidade que, tomando a propriedade como relação jurídica, e ao mesmo tempo, situação subjetiva e instituto jurídico, compõe nela uma série de materiais econômicos, políticos e sociais, dando-lhe uma roupagem jurídico-formal, de tal sorte que se insere em nossa vida de relações de forma permanente.[34]

Em seu estado natural, os genes do indivíduo não se configuram como coisas, estando, portanto, apartados da configuração de objeto de relações jurídicas. Porém, o emprego de trabalho humano promove sua passagem para o estado artificial:[35] a alteração do ser vivo em laboratório é considerada suficiente para expressar uma invenção.

No corpo humano, os dados genéticos são tão somente bens corpóreos; uma vez, convertidos em informação genética, tornam-se bens imateriais, tornando-se objeto de propriedade intelectual. Para tanto, esboça-se uma manobra jurídica que consiste em alargar os limites da propriedade intelectual: simples descobertas de material genético, uma vez manipulados em laboratório, são considerados invenções:

> Mas, a informação decorrente da identificação de dados específicos, pela pesquisa, vem buscando um tratamento jurídico similar ao da invenção, de modo a permitir

---

[34] CORTIANO JUNIOR. *O discurso jurídico da propriedade e suas rupturas*: uma análise do ensino do direito de propriedade, p. 85.

[35] GEDIEL. *Os transplantes de órgãos e a invenção moderna do corpo*, p. 163.

que essa informação possa ser apropriada e explorada economicamente pelo pesquisador (inventor) ou seu empregador. A rigor, a categoria invenção não se aplicaria a estas situações, até mesmo porque não há qualquer modificação no dado genético, que é apenas identificado no sujeito, com apoio de conhecimentos que já são de domínio comum.[36]

A ruptura da distinção entre descoberta e invenção, torna possível a apropriação privada da informação genética. E a propriedade intelectual é a porta de entrada para a circulação jurídica e econômica de "elementos isolados do corpo" humano.[37]

Em um cenário, no qual a soberania estatal tem sucumbido em favor dos poderes privados, enunciados pelas empresas, a propriedade intelectual revela-se como garantia fundamental para os empreendedores que depositam seus recursos financeiros e de pesquisa no desenvolvimento de produtos "úteis" ao mercado).[38]

Adaptam-se conceitos jurídicos às novas exigências econômicas,[39] apontando-se para uma racionalidade

---

[36] GEDIEL. *Os transplantes de órgãos e a invenção moderna do corpo*, p. 106.

[37] BERGEL. A situação limite do sistema de patentes: em defesa da dignidade das invenções humanas no campo da biotecnologia. *In*: CARNEIRO; EMERICK (Org.). *Limite*: a ética e o debate jurídico sobre acesso e uso do genoma humano, p. 193.

[38] SIBILIA. *O homem pós-orgânico*: corpo, subjetividade e tecnologias digitais, p. 174.

[39] BERGEL. A situação limite do sistema de patentes: em defesa da dignidade das invenções humanas no campo da biotecnologia. *In*: CARNEIRO; EMERICK (Org.). *Limite*: a ética e o debate jurídico sobre acesso e uso do genoma humano, p. 191.

jurídica que se entrelaça a uma racionalidade econômica. Deste modo, possibilita-se que a informação genética seja apropriada e fique à disposição do domínio privado.

Sob os contornos da propriedade intelectual, move-se a proteção da bioinformação, dos tribunais norte-americanos para o direito europeu. No caso Chakrabarty, em 1980, a Corte Suprema dos Estados Unidos autorizou a General Electric a patentear um micro-organismo geneticamente modificado para absorver o petróleo da água do mar. Inaugurou-se a patenteabilidade de matéria biológica, incluindo-se elementos destacados do corpo humano.[40]

Esse princípio encontrou tradução no direito europeu: a Diretiva 98/44 da Comunidade Europeia designa, em seu art. 5.2, que elementos isolados do corpo humano ou aqueles que a partir dele se produzem constituem-se em invenção patenteável.[41]

Nesses sistemas jurídicos, a informação é tecida como bem jurídico, sob os contornos de uma racionalidade jurídico-moderna, enunciada pelo "individualismo proprietário". Eis que sob os contornos da propriedade intelectual, confere-se a seus titulares dupla prerrogativa: o direito de proibir terceiros de intervir em seu objeto, e o direito de exclusividade na exploração de seus benefícios.[42]

---

[40] CORIAT; CORTI. Propiedad intelectual e innovación. *In*: SEMINARIO DE PROPIEDAD INTELECTUAL E INNOVACIÓN, p. 10.

[41] CORIAT; CORTI. Propiedad intelectual e innovación. *In*: SEMINARIO DE PROPIEDAD INTELECTUAL E INNOVACIÓN, p. 11.

[42] CORIAT; CORTI. Propiedad intelectual e innovación. *In*: SEMINARIO DE PROPIEDAD INTELECTUAL E INNOVACIÓN, p. 5.

Ocorre que a apropriação exclusiva da informação genética ameaça a liberdade de informação que deve presidir a ciência. A racionalidade empresarial toma conta do cenário científico, levando os pesquisadores a contrariar o princípio do livre fluir das informações e conhecimentos entre cientistas.[43]

Por conseguinte, os "produtos" da bioteconologia destinam-se a um público restrito de consumidores, apartando-se estes últimos da concepção de cidadãos:

O variado menu de intervenções na biologia humana que brota da tecnociência fáustica, portanto, não está disponível de forma universal e irrestrita: ele é oferecido apenas aos consumidores pertencentes aos segmentos de mercado previamente definidos como público-alvo de cada produto ou serviço. Em concordância com o processo de privatização gradativa das instâncias públicas, a definição de consumidor é mais complexa, particular e estreita que a de cidadão: uma grande porcentagem dos cidadãos dos antigos Estados-nação é sacrificada nessa mutação, condenada a permancecer fora das novas formas de subjetivação. São

---

[43] SIBILIA. *O homem pós-orgânico*: corpo, subjetividade e tecnologias digitais, p. 176-177. Nesse aspecto, encontra-se ameaçada a liberdade da informação, que caracteriza a sociedade contemporânea: "Hoje, a inclusão de verdadeiros instrumentos de pesquisa à listagem de invenções patenteáveis nos coloca frente a um tema sumamente delicado: o cientista que quiser utilizar esses instrumentos ou ferramentas de pesquisa para avançar além das fronteiras da ciência ou de técnica, encontra-se impedido de fazê-lo ou limitado pela necessidade de reconhecer direitos patrimoniais sobre sua utilização, sob pena de ver restringidos os direitos que lhe poderá conceder uma autêntica invenção nesse campo." (BERGEL. A situação limite do sistema de patentes: em defesa da dignidade das invenções humanas no campo da biotecnologia. *In*: CARNEIRO; EMERICK (Org.). *Limite*: a ética e o debate jurídico sobre acesso e uso do genoma humano, p. 203).

os excluídos do mercado global, com o acesso denegado aos sedutores prodígios da tecnociência fáustica.[44]

Nessa perspectiva, o "individualismo proprietário", presente nas entrelinhas da qualificação da informação genética como bem jurídico, converte-se em "individualismo de massas", uma vez que o homem não se identifica mais com a propriedade, pois esta se tornou "poder de consumo".[45] Nos termos suscitados por Pietro Barcellona, o "penso, logo existo", que impulsionou a medida do ser em Descartes, converte-se em "sou porque consumo", arrematando a tutela amparada na metáfora do "homem-informação".[46]

Indaga-se acerca dos limites de tutela da informação genética como bem jurídico, nos termos acima esboçados, pelas palavras de Laymert Garcia dos Santos: "é possível preservar a dignidade humana e, ao mesmo tempo, inscrever o genoma humano no regime de propriedade intelectual, que progressivamente transforma a informação genética em commodity?"[47]

---

[44] SIBILIA. *O homem pós-orgânico*: corpo, subjetividade e tecnologias digitais, p. 178.

[45] "(...) entre el individualismo originario del derecho de propiedad privada y de la libre iniciativa y el individualismo (actual del consumidor) de masas del hombre narcisistamente orientado hacia una infinita gratificación de sus propios deseos, existiría una relación de continuidad sustancial y se trataría más bien de analizar mejor los pasos que han determinado la progresiva transformación del individuo unitario, sujeto de derecho, en individuo-masa multiforme y fragmentado en la pluralidad de las necesidades y los deseos". (BARCELLONA. *El individualismo propietario*, p. 132)

[46] BARCELLONA. *El individualismo propietario*, p. 146.

[47] SANTOS. Invenção, descoberta e dignidade humana. *In*: CARNEIRO, Fernanda; EMERICK, Maria Celeste (Org.). *Limite*: a ética e o debate jurídico sobre acesso e uso do genoma humano, p. 58.

Uma primeira resposta é ensaiada pela Declaração Universal do Genoma Humano, ao enunciá-lo como bem fora do comércio, no art. 2º, como "patrimônio simbólico da humanidade".[48] Nesta linha de força, valendo-se do art. 225, da Constituição da República, advoga-se a informação genética como bem de interesse difuso. Semelhante noção "cria a oportunidade de se estabelecer um controle social para a preservação da dignidade da pessoa humana, através de órgãos públicos competentes, mediante a instrumentalização de procedimentos previstos constitucionalmente (...)", tais como a ação civil pública.[49]

Contudo, a conversão da informação genética em coisa é identificada por Gediel em face do art. 4º da Declaração Universal do Genoma Humano: há uma preocupação em assegurar a gratuidade da utilização do genoma humano em seu estado natural, vedando sua transmissão onerosa pelo seu titular originário. Porém, silencia-se acerca da onerosidade da transmissão da informação genética em seu estado artificial, uma vez que já se constitui em objeto de propriedade intelectual. Por conseguinte, delinear o genoma como "patrimônio da

---

[48] GEDIEL. Declaração universal do genoma humano e direitos humanos: revisitação crítica dos instrumentos jurídicos. *In*: CARNEIRO; EMERICK (Org.). *Limite*: a ética e o debate jurídico sobre acesso e uso do genoma humano, p. 162.

[49] DIAFÉRIA. Princípios estruturadores do direito à proteção do patrimônio genético humano e as informações genéticas contidas no genoma humano como bens de interesses difusos. *In*: CARNEIRO; EMERICK (Org.). *Limite*: a ética e o debate jurídico sobre acesso e uso do genoma humano, p. 178.

humanidade", nos termos da Declaração não é suficiente para retirá-lo do mercado.[50]

Trata-se de evidenciar no valor informacional, contido nos processos biotecnológicos, um referencial incapaz de proteger o valor pessoa. À medida que a informação ocupa o lugar do homem, ensaia-se uma ruptura com o humanismo:

> (...) a transformação operada corrói o referencial do humanismo moderno: o homem não é mais a medida de todas as coisas. A medida é a informação enquanto "diferença que faz a diferença". (...) para o capital global a informação passou a ser a medida quantitativa de todas as coisas. E assim, como valor do homem foi reduzido pelo capitalismo ao valor do trabalho abstrato transferido para a mercadoria, agora o valor da informação passa pela mesma redução, através dos diferentes sistemas de propriedade intelectual.[51]

Considerando-se que a medida de democracia de um sistema social é reconhecida na defesa do sujeito,[52] indaga-se acerca de uma tutela democrática da informação genética. Tais possibilidades depositam-se, paradoxalmente, na categoria dos bens.

---

[50] GEDIEL. Declaração universal do genoma humano e direitos humanos: revisitação crítica dos instrumentos jurídicos. *In*: CARNEIRO; EMERICK (Org.). *Limite*: a ética e o debate jurídico sobre acesso e uso do genoma humano, p. 163.

[51] SIBILIA, Paula. *O homem pós-orgânico*: corpo, subjetividade e tecnologias digitais, p. 56.

[52] SIBILIA, Paula. *O homem pós-orgânico*: corpo, subjetividade e tecnologias digitais, p. 302.

A regulação da informação genética deve fundamentar-se nos valores e princípios que presidem o Estado Democrático de Direito. Dentre esses princípios, o art. 1º, III, da Constituição brasileira, enuncia uma "cláusula geral de tutela e promoção da pessoa humana".[53] Dela retira-se a diretriz, segundo a qual, os bens devem ser qualificados em face da utilidade que representam para a pessoa que deles se serve. Em atenção ao paradigma da essencialidade, a informação genética é um bem essencial à pessoa.[54]

Tal qualificação é realizada com base em princípios, e não apenas em regras, delineando uma conformação das relações patrimoniais aos valores existenciais. Por outras palavras, busca-se esvaziar a informação genética do "individualismo proprietário", que lhe foi impresso pela manobra jurídica que a considera objeto de propriedade intelectual.

Considerando-se que a informação genética tem a pessoa como titular de seus elementos, ela se revela como um atributo da personalidade. Nela está contida uma essencialidade afeta à dignidade da pessoa humana. Como mecanismo de proteção dessa dignidade, a gratuidade está inserta no texto constitucional, no art. 199, §4º,

---

[53] TEPEDINO. A tutela da personalidade no ordenamento civil-constitucional brasileiro. *In*: TEPEDINO. *Temas de direito civil*, v. 1, p. 23-54.

[54] Veja-se, nesse sentido, José Antônio Peres Gediel (Declaração universal do genoma humano e direitos humanos: revisitação crítica dos instrumentos jurídicos. *In*: CARNEIRO; EMERICK (Org.). *Limite*: a ética e o debate jurídico sobre acesso e uso do genoma humano, p. 162), proclamando o genoma humano como um bem essencial à pessoa.

ao disciplinar as disposições voluntárias de elementos do corpo humano.[55]

Não obstante, a metáfora do "homem-informação" procure reduzi-lo tão somente à sua dimensão biológica, esvaziando-o de sua humanidade, essa dimensão deve ser compreendida no contexto social. Trata-se de valorá-lo à luz dos direitos humanos.[56] Para tanto, entra em cena a função do paradigma da essencialidade: "as necessidades humanas fundamentais, a pessoa e sua dignidade passam a ser o critério e a medida dos contornos jurídicos dos bens e dos respectivos contratos".[57]

Com efeito, a redefinição dos bens conduz à redefinição dos contratos: "os contratos finalizados à satisfação de necessidades existenciais devem ser diferenciados daqueles outros contratos cujo objeto seja a utilização ou a aquisição de bens não essenciais à pessoa humana enquanto tal".[58] Por outras palavras, impõe-se a gratuidade da circulação da informação genética com vistas a tutelar a pessoa em face do mercado e assegurar a liberdade da informação na sociedade da informação:

---

[55] GEDIEL. Declaração universal do genoma humano e direitos humanos: revisitação crítica dos instrumentos jurídicos. *In*: CARNEIRO; EMERICK (Org.). *Limite*: a ética e o debate jurídico sobre acesso e uso do genoma humano, p. 169.

[56] GEDIEL. Declaração universal do genoma humano e direitos humanos: revisitação crítica dos instrumentos jurídicos. *In*: CARNEIRO; EMERICK (Org.). *Limite*: a ética e o debate jurídico sobre acesso e uso do genoma humano, p. 161.

[57] NEGREIROS. *Teoria do contrato*: novos paradigmas, p. 473.

[58] NEGREIROS. *Teoria do contrato*: novos paradigmas, p. 473.

A ciência, sustentada pelos interesses do mercado, está transformando, cada vez mais, a natureza, o corpo humano e as informações genéticas em objetos de pesquisa e de relações jurídicas, as quais se desenvolvem em sociedades em que a gratuidade e a doação não constituem a normalidade das relações sociais, e, por isso, exigem vedações jurídicas excepcionando determinados bens da esfera de circulação onerosa.[59]

Considerando-se que a tecnociência requer o "estouro dos limites", isso supõe a transgressão do próprio homem. E, uma vez que classificar é traçar limites, configurar a informação genética como bem essencial à pessoa é limitar o poder contido na titularidade abstrata, à qual se sujeitam as "últimas mercadorias" do restrito mercado de consumo da biotecnologia:

A abolição de fronteiras, diz Edelman, surge como a transgressão do próprio humano, que se formula assim: não reconheço a ninguém o direito de deter o meu desejo, ou, pior ainda: o direito está aí para permitir a realização do meu desejo. Desabrido, desenfreado, o direito subjetivo acaba se voltando contra a própria humanidade do homem, na medida em que concede ao sujeito, no campo da tecnociência, a possibilidade de tornar-se sujeito absoluto.[60]

---

[59] GEDIEL. Declaração universal do genoma humano e direitos humanos: revisitação crítica dos instrumentos jurídicos. *In*: CARNEIRO; EMERICK (Org.). *Limite*: a ética e o debate jurídico sobre acesso e uso do genoma humano, p. 164.

[60] Cf. SANTOS. Tecnologia, perda do humano e crise do sujeito do direito. *In*: OLIVEIRA; PAOLI (Org.). *Os sentidos da democracia*: políticas do dissenso e hegemonia global.

5 Conclusão

Na sociedade da informação, assiste-se a passagem do "homem-máquina" ao "homem-informação". O indivíduo passa a ser considerado em face da informação que contém, enunciando a perda de humanidade em favor da prevalência do mercado.

Os contornos patrimonialistas que presidiram a arquitetura dos bens, nas codificações modernas, mostram-se insuficientes para qualificar a informação genética como bem jurídico. Impõe-se a sua leitura constitucional, sob a diretriz do paradigma da essencialidade, restando como bem essencial à pessoa humana.

A propriedade intelectual mostra-se como uma categoria jurídica insuficiente para tutelar a informação genética. Antes, afeta ao "individualismo proprietário" contribui para enunciá-la como a "última mercadoria" que se oferece ao restrito mercado de consumidores da biotecnologia.

A informação genética é uma nova categoria de bem jurídico, porém, à luz do paradigma da essencialidade. Portanto, a gratuidade, que tutela constitucionalmente a disposição voluntária dos elementos do corpo humano, deve orientar a circulação da informação genética. Trata-se de um mecanismo de proteção da dignidade da pessoa humana no Estado Democrático de Direito, e de assegurar a liberdade da informação na sociedade da informação.

Referências

ASCENSÃO, José de Oliveira. *Estudos sobre direito da internet e da sociedade da informação*. Coimbra: Almedina, 2001.

BARCELLONA, Pietro. *El individualismo propietario*. Trad. de Jesús Ernesto García Rodríguez. Madrid: Trotta, 1996.

BERGEL, Salvador D. A situação limite do sistema de patentes: em defesa da dignidade das invenções humanas no campo da biotecnologia. *In*: CARNEIRO, Fernanda; EMERICK, Maria Celeste (Org.). *Limite*: a ética e o debate jurídico sobre acesso e uso do genoma humano. Rio de Janeiro: Fundação Oswaldo Cruz, 2000.

CARNEIRO, Fernanda; EMERICK, Maria Celeste (Org.). *Limite*: a ética e o debate jurídico sobre acesso e uso do genoma humano. Rio de Janeiro: Fundação Oswaldo Cruz, 2000.

CATALA, Pierre. Ebauche d'une théorie juridique de l'information. *informatica e diritto*, v. 9, n. 1, p. 15-31, genn./apr. 1983.

CORIAT, Benjamin; CORTI, Fabienne. Propiedad intelectual e innovación. *In*: SEMINARIO DE PROPIEDAD INTELECTUAL E INNOVACIÓN, 3 a 5 diciembre 2007, documento n. 12. Buenos Aires: Ceil-Piette, 2007.

CORRÊA, Adriana Espíndola. *O corpo digitalizado*: bancos de dados genéticos e sua regulação jurídica. 2009. 284 f. Tese (Doutorado em Direito) – Programa de Pós-Graduação em Direito, Setor de Ciências Jurídicas da Universidade Federal do Paraná, Curitiba, 2009.

CORTIANO JUNIOR, Eroulths. *O discurso jurídico da propriedade e suas rupturas*: uma análise do ensino do direito de propriedade. Rio de Janeiro: Renovar, 2002.

DIAFÉRIA, Adriana. Princípios estruturadores do direito à proteção do patrimônio genético humano e as informações genéticas contidas no genoma humano como bens de interesses difusos. *In*: CARNEIRO, Fernanda; EMERICK, Maria Celeste (Org.).

Limite: a ética e o debate jurídico sobre acesso e uso do genoma humano. Rio de Janeiro: Fundação Oswaldo Cruz, 2000.

DONEDA, Danilo. Considerações sobre a tutela da privacidade e a proteção de dados pessoais no ordenamento brasileiro. *In*: CONRADO, Marcelo; PINHEIRO, Rosalice Fidalgo (Coord.). *Direito privado e Constituição*: ensaios para uma recomposição valorativa da pessoa e do patrimônio. Curitiba: Juruá, 2009.

EDELMAN, Bernard. *O direito captado pela fotografia*: elementos para uma teoria marxista do direito. Tradução de Soveral Martins e Pires de Carvalho. Coimbra: Centelha, 1976.

FACHIN, Luiz Edson. *Teoria crítica do direito civil*. Rio de Janeiro: Renovar, 2000.

GEDIEL, José Antônio Peres. Declaração universal do genoma humano e direitos humanos: revisitação crítica dos instrumentos jurídicos. *In*: CARNEIRO, Fernanda; EMERICK, Maria Celeste (Org.). *Limite*: a ética e o debate jurídico sobre acesso e uso do genoma humano. Rio de Janeiro: Fundação Oswaldo Cruz, 2000.

GEDIEL, José Antônio Peres. *Os transplantes de órgãos e a invenção moderna do corpo*. Curitiba: Moinho do Verbo, 2000.

LABRUSSE-RIOU, Catherine. La vérité dans le droit des personnes. *In*: EDELMAN, Bernard; HERMITTE, Marie-Angèle (Dir.). *L'homme, la nature et le droit*. Paris: C. Bourgois, 1988.

MARQUES, J. P. Remédio. *Biotecnologia(s) e propriedade intelectual*. Coimbra: Almedina, 2007. v. 2.

NEGREIROS, Teresa. *Teoria do contrato*: novos paradigmas. Rio de Janeiro: Renovar, 2002.

PERLINGIERI, Pietro. *Il diritto dei contratti fra persona e mercato*: problemi del diritto civile. Napoli: Edizioni Scientifiche Italiane, 2003.

REVEL, Jean-François. Descartes: inutile et incertain (Précédé).

In: DESCARTES, René. *Discours de la méthode*. Paris: Librairie Générale Française, 1973.

ROPPO, Enzo. *O contrato*. Tradução de Ana Coimbra e M. Januário C. Gomes. Coimbra: Almedina, 1988.

SÁBATO, Ernesto. *Homens e engrenagens*: reflexões sobre o dinheiro, a razão e a derrocada de nosso tempo. Tradução de Janer Cristaldo. Campinas: Papirus, 1993.

SANTOS, Laymert Garcia dos. Invenção, descoberta e dignidade humana. *In*: CARNEIRO, Fernanda; EMERICK, Maria Celeste (Org.). *Limite*: a ética e o debate jurídico sobre acesso e uso do genoma humano. Rio de Janeiro: Fundação Oswaldo Cruz, 2000.

SANTOS, Laymert Garcia dos. Tecnologia, perda do humano e crise do sujeito do direito. *In*: OLIVEIRA, Francisco de; PAOLI, Maria Célia (Org.). Os sentidos da democracia: políticas do dissenso e hegemonia global. 2. ed. Petrópolis; São Paulo: Vozes; FAPESP, 2000.

SIBILIA, Paula. *O homem pós-orgânico*: corpo, subjetividade e tecnologias digitais. Rio de Janeiro: Relume Dumará, 2003.

TEPEDINO, Gustavo. A tutela da personalidade no ordenamento civil-constitucional brasileiro. *In*: TEPEDINO, Gustavo. *Temas de direito civil*. Rio de Janeiro: Renovar, 1999. v. 1.

Informação bibliográfica deste texto, conforme a NBR 6023:2002 da Associação Brasileira de Normas Técnicas (ABNT):

PINHEIRO, Rosalice Fidalgo. A bioinformação como bem jurídico: da presença do mercado à tutela da pessoa na sociedade da informação. *In*: MEIRELLES, Jussara Maria Leal de; RIBEIRO, Marcia Carla Pereira (Coord.). *Direito e desenvolvimento*: biomedicina, tecnologia e sociedade globalizada. Belo Horizonte: Fórum, 2011. p. 183-211. ISBN 978-85-7700-476-8.

Parte II

Sociedade e Tecnologia

PREVENÇÃO DE DISPUTAS DECORRENTES DE TRANSAÇÕES INTERNACIONAIS[1]

Jeffrey A. Talpis

Sumário: 1 Introdução – 2 Direito Preventivo em geral – 3 Prevenção de disputas nos negócios internacionais – 4 Prevenção das disputas em relação à lei aplicável aos contratos internacionais – **4.1** Princípios gerais – **4.2** Abordagem clássica – **4.3** Abordagem unilateral – **4.4** Quando um contrato é internacional? – **4.5** A lei aplicável diante da ausência de eleição pelas partes – **4.6** Princípio da autonomia da parte: eleição da lei pelas partes – **4.7** Prevenção de disputas por meio da lei aplicável: designação pelas partes – **4.7.1** Limites para designação (quando o princípio é reconhecido) – **4.7.2** Outras medidas que as partes podem aplicar para evitar disputas por meio da lei aplicável – 5 Prevenção de conflitos que poderiam se tornar graves disputas por conflito de gestão: "matar logo no nascimento" – **5.1** Mecanismos integrados para readaptação do contrato e revisão contínua – **5.2** Programas integrados de construção de relação – 6 Prevenção de disputas por meio de como e onde disputas não resolvidas devem ser

---

[1] Tradução: Giovani Ribeiro Rodrigues Alves e Caroline Sampaio de Almeida. Revisão técnica: Marcia Carla Pereira Ribeiro.

solucionadas – **6.1** Resolução de disputas perante os tribunais é preferível – **6.1.1** Incerteza de jurisdição – **6.1.2** Acordos sobre eleição de foro – **6.1.3** A Convenção de Haia de 30 de junho de 2005 sobre acordos exclusivos de eleição de foro – **6.2** Resolução de disputas por meio da arbitragem – **6.2.1** A arbitragem tornou-se uma alternativa para a resolução de disputas contratuais internacionais – **6.2.2** Princípio do reconhecimento e eficácia dos acordos de arbitragem – **6.3** Resolução de disputas por mediação – **6.3.1** Obstáculos reais e compreensíveis relacionados ao uso da mediação para resolver disputas internacionais – **6.3.2** Advogados não consideram a mediação alternativa proveitosa – **6.3.3** Falta de equilíbrio dos poderes – **6.3.4** O potencial de demora – **6.3.5** A confidencialidade do processo – **6.3.6** Nenhuma necessidade – **6.3.7** A falta de tradição da mediação – **6.3.8** Falta de sistema legal para executar acordos de mediação e acordos alcançados por meio da mediação – **6.4** A opção preferível: multi-etapas ou cláusula passo a passo – **7** Evitar litígios com as partes não inteiradas do contrato, *i.e.*, autoridades públicas ou partes terceiras que surgem na ocasião ou como resultado da transação de negócios internacionais – **7.1** Conformidade com os programas para prevenir disputas – **7.2** Reestruturar operações para minimizar ou evitar disputas

1 Introdução

Não há dúvida que a prevenção e a resolução das disputas decorrentes dos contratos comerciais internacionais, que podem ser evitadas por procedimentos como arbitragem ou mediação, transcendem o comércio internacional, com efeitos positivos para qualquer país. Neste trabalho, abordo a prevenção de disputas evitáveis que poderiam ocorrer entre as partes de uma transação internacional.

2 Direito Preventivo em geral

Apesar do fato de experientes advogados e notários[2] praticarem o Direito Preventivo instintivamente ou como algo corriqueiro, os profissionais da área legal têm sido lentos em reconhecer o Direito Preventivo como uma disciplina. Devido em parte aos esforços pioneiros de Louis Brown e Edward Dauer,[3] esse ramo do Direito tem recentemente recebido alguma atenção.[4]

É curioso que sejamos lentos em reconhecer que a mesma lógica que nos leva a concluir que a resolução alternativa de disputas é melhor do que um litígio nos leva também a uma conclusão muito mais importante: evitar disputas é muito superior a ambos.[5]

Existe, na verdade, muita confusão sobre o que possa ser o Direito Preventivo. Segundo Brown e Dauer, Direito Preventivo objetiva a minimização dos riscos, a maximização dos direitos e a otimização dos resultados das transações.

Há aqueles que descrevem o Direito Preventivo como sendo o conjunto de todas as técnicas que

---

[2] O modelo latino de notário.

[3] Cf. BROWN, Louis M.; DAUER, Edward A. *Planning by Lawyers*: Materials on a Nonadversarial Legal Process. Mineola, NY: Foundation Press, 1978. Também HARDAWAY, Robert. *Preventive Law*: Materials on a Non Adversarial Legal Process. Cincinnati: Anderson Pub. Co., 1997.

[4] Ainda assim, não foi incorporado como uma disciplina oficial da academia na maioria das faculdades de Direito na América do Norte.

[5] GONSER, Thomas H.; MOSTEN, Forrest S. The Case of a National Legal Health Strategy. *Preventive Law Reporter*, summer 1993. Cf. MARTIN, Stefan. La prévention contractuelle des litiges dans le contrat international de construction. *Revue de Notariat*, Québec, v. 93-94, p. 540, 1991-2.

poderiam prevenir conflitos formais nos tribunais, *i.e.*, resoluções alternativas de disputas (*Alternative Dispute Resolution – ADR*). Direito Preventivo, no entanto, não deve ser confundido com resoluções alternativas de disputas. Mesmo que vias extra-tribunais de resolução, como a mediação, tenham vantagens que são em parte "preventivas", encontram-se, ainda assim, vinculadas a algum tipo de fracasso anterior — *i.e.*, algo que não deu certo e que provavelmente poderia ser evitado por meio de uma oportuna intervenção e orientação legal.

Sabendo que conflitos ou disputas fazem parte da natureza humana e nunca podem ser totalmente evitados, o Direito Preventivo funda-se na ideia de que se pode minimizar e controlar situações, impedindo que se tornem graves conflitos, enquanto são latentes, manifestos ou potenciais.

Em um mundo perfeito todas as disputas são evitadas e a resolução de disputas não é necessária. Contudo, não vivemos em um mundo perfeito e os conflitos acabam ocorrendo, por exemplo, quando um produto industrializado não satisfaz as expectativas de quem o comprou.

O momento inicial para se lidar com a possibilidade de latente, emergente ou potencial conflito e para começar o processo de prevenção de disputas é a partir do estágio do planejamento, quando a relação já se estabeleceu e as partes estão negociando o acordo. O fato é que o mais notável exemplo de Direito Preventivo está na elaboração do instrumento legal, pois o Direito dos Contratos geralmente permite a liberdade de pactuação dos agentes privados. A partir desta perspectiva, o contrato bem elaborado é aquele que antecipa as disputas que poderiam ocorrer e fornece efetivas soluções ou maneiras para manejá-las, em essência, provendo uma auto-prevenção de conflitos e disputas.

3 Prevenção de disputas nos negócios internacionais

A potencialidade de aumento das disputas nas transações internacionais, por inúmeros fatores, é muito mais expressiva do que no contexto de um contrato ou situação doméstica. Parte do aumento potencial que ocorre em âmbito internacional é devido às incertezas quanto à validade e eficácia de várias garantias legais ou das leis aplicáveis para os diferentes aspectos do contrato. Outra parte desse aumento resulta de fatores econômicos como o custo ou disponibilidade do capital e flutuações cambiais, ou fatores legais e políticos como guerras, revoluções, rotas negociais fechadas, nacionalizações e fatores impessoais como diferenças na linguagem, cultura e significado de termos.[6]

Como o comércio vem se tornando cada vez mais "internacional", as partes contratantes e seus representantes legais devem pensar "internacionalmente"

---

[6] BÜHRING-UHLE, Christian. *Arbitration and Mediation in International Business*: Designing Procedures for Effective Conflict Management. The Hague: Kluwer Law International, 1996. p. 9-10.

e serem sensíveis à aplicação potencial das leis de diferentes jurisdições e à possibilidade de os litígios ocorrerem em tribunais de diferentes Estados, inclusive simultaneamente. Essas considerações são especialmente relevantes e importantes para transações caracterizadas como "internacionais" em razão da situação geográfica das partes e outras circunstâncias mais. Todavia, contratos que podem parecer puramente domésticos em seu início, podem se tornar internacionais com o "clicar de um mouse", apertando uma tecla ou por meio de uma transferência de fundos via telefone. Esses contratos, que aparentam ser domésticos, não são, portanto, imunes a essas considerações e o representante legal envolvido nos processos de negociações não deve ignorá-las.

O fato é que o caráter internacional da transação requerer medidas preventivas que lhe são peculiares. Dessa forma, conduzir negócios internacionais propicia questões únicas e às vezes complexas que devem ser pensadas com cuidado antes de qualquer acordo ser concluído.

Por outro lado, qualquer avaliação significativa da prevenção das disputas decorrentes de um contrato internacional necessita de um levantamento empírico de como elas ocorreram, se são ou não fundamentalmente diferentes daquelas que ocorreram dentro da mesma região econômico cultural. A pesquisa deve incluir disputas que tiveram litígios e foram arbitradas ou mediadas, assim como aquelas que foram resolvidas por advogados nos seus escritórios ou por meio de negociações, além das que foram resolvidas sem advogados.

Em todas as situações, alguns pontos devem ser abordados em uma transação internacional já em seu início:

1. Prevenção de disputas pela definição da lei aplicável ao contrato;
2. Prevenção de conflitos relacionados à gestão ("cortar o mal pela raiz");
3. Prevenção por meio da definição de como e onde resolver as disputas;
4. Prevenção de disputas em relação a não-partes (terceiros e autoridades públicas).

4 Prevenção das disputas em relação à lei aplicável aos contratos internacionais

4.1 Princípios gerais

As costumeiras disputas que decorrem como resultado de reivindicações de que a parte falhou na aplicação deste ou desta obrigação contratual abrangem a lei aplicável ao contrato. Isso requer uma observação dos princípios desse ramo do Direito que determina qual a lei aplicável na presença de elementos estrangeiros, chamado Direito Internacional privado, e a definição de um contrato internacional.

Direito Internacional Privado é o ramo do Direito voltado à determinação das leis aplicáveis e de qual tribunal tem jurisdição para resolver uma disputa envolvendo elementos relevantes localizados fora de uma única jurisdição. Cada país tem suas próprias regras para determinar essas matérias encontradas em Codificações, estatutos particulares, casos legais e entendimentos doutrinários.

No Canadá, a província do Québec é uma jurisdição de *civil law* em que o conflito de leis, de jurisdições e de regras para reconhecimento de julgamentos estrangeiros são encontrados no "Book Ten" do Código Civil. Nas províncias e territórios remanescentes do Canadá e nos Estados Unidos as regras são largamente derivadas de casos legais, apesar de em ambos existirem alguns códigos legais.

No Brasil, as regras são codificadas e encontradas nos 19 artigos da Lei de Introdução ao Código Civil (LICC) de 1942, artigos 88 e 89 do Código de Processo Civil e em vários instrumentos regionais ou internacionais.

4.2 Abordagem clássica

O principal método para resolver conflitos de lei no Québec, no Brasil, em todas as jurisdições *civil law* e quase todas as jurisdições *common law*, é o clássico ou tradicional método que usa regras selecionadas de jurisdição, chamado *choice of law* ou regra de conflito para determinar a lei aplicável pautada na natureza da questão em conflito. As regras podem ser flexíveis ou rígidas e rápidas. A lei aplicável é determinada por meio da caracterização da questão legal presente nos fatos e leis competentes. A correta escolha é alcançada pela caracterização da questão legal de acordo com a natureza da disputa. Esse é o conflito de jurisdição.

Conflito de jurisdição não é, necessariamente, o direito material. Para obter um resultado melhor, dentro de leis multilaterais, tem-se que empregar às vezes regras de conteúdo orientado, por exemplo, para proteger a parte mais fraca, a família ou para validade de uma transação.

Finalmente, existem vários "truques" ou mecanismos de fuga em todas as jurisdições tal como caracterização funcional, reenvio, questões preliminares, fraude à lei e políticas públicas, permitindo aos tribunais aplicar uma lei diferente (não a lei do foro).

4.3 Abordagem unilateral

Uma das críticas usuais à abordagem tradicional era de que ela falhava ao reconhecer que os Estados, algumas vezes, tinham interesses nos resultados das disputas legais privadas multiestatais e que em certos casos esses interesses eram levados em conta na solução de tais conflitos. Em todas as jurisdições existem métodos complementares para assegurar a aplicação das leis do foro de vital importância para o Estado, independentemente da lei que deveria ser aplicada sob o método tradicional.

4.4 Quando um contrato é internacional?

Raramente há definições em qualquer uma das codificações. A definição geralmente aceita é a de que o contrato internacional é aquele que apresenta um elemento pertinente relacionado ao sistema estrangeiro. A chave é o que seria elemento pertinente ou relevante.

A maioria concordaria que o lugar em que se opera o contrato é um deles, assim como o lugar de residência ou estabelecimento das partes para o contrato. Acredito que no Brasil o lugar em que se faz o contrato é um dos elementos pertinentes.

Além disso, a moderna Convenção Interamericana sobre Direito Aplicável aos Contratos Internacionais (CIDIP V), realizada no México, em 1994, providenciou uma boa definição. Existe também uma definição de contratos internacionais para a arbitragem — não pautada na jurisdição, mas no comércio internacional envolvido, sendo assim, pode ser internacional mesmo quando no momento do contrato se encontram todos os elementos em um único país.

4.5 A lei aplicável diante da ausência de eleição pelas partes

Primeiramente, não há tratado internacional em vigor, nem na América do Norte, nem na América Latina, que adote uma solução unificada. Na maioria das jurisdições, quando as partes contratantes não escolheram a lei aplicável, expressa ou tacitamente ou porque não poderiam ou por opção, o contrato é regido pelo princípio da proximidade, que se traduz na aplicação da lei do Estado que está relacionado de forma mais próxima ao contrato, algumas vezes com presunções em favor de uma lei ou de uma regra fixa, como no Brasil — lugar em que se firmou o contrato ou em alguns casos pelo lugar em que é executado (artigo 9º da Lei de Introdução do Código Civil).

4.6 Princípio da autonomia da parte: eleição da lei pelas partes

Desde a segunda metade do século XX, em resposta às necessidades do comércio internacional de segurança e previsibilidade, a autonomia das partes se tornou e ainda é o princípio preponderante nos contratos de comércio internacional. O princípio é encontrado, em larga escala, nos instrumentos internacionais [Roma, Convenções de Haia: Convenção de Viena sobre Contratos de Compra e Venda Internacional de Mercadorias, a Convenção Interamericana de 1994 (México); e, expressa ou implicitamente, em todas Convenções Internacionais de Arbitragem, etc.].

Na América Latina, o movimento em direção à autonomia da vontade foi lento. No Brasil, por exemplo, de acordo com a opinião preponderante da doutrina e dos casos legais, a lei não admite autonomia da parte nos contratos internacionais quando a disputa está perante os tribunais.

Contrariamente a essa formação doutrinária — casos legais e o texto do art. 9º da Lei de Introdução ao Código Civil (LICC) — é interessante que o Brasil tenha assinado a Convenção Interamericana sobre Direito Aplicável aos Contratos Internacionais, de 1994, que também foi assinada por Bolívia, México, Uruguai e Venezuela, embora somente o México e a Venezuela tenham ratificado a convenção, muito embora ainda não estejam operando de forma a efetivá-la. Considerando a hostilidade dos teóricos da autonomia das partes na região, a sua adoção pode ser realmente marcante.

Acompanhando a Convenção, o Brasil formulou um projeto de lei em 1995 no qual o art. 11 do referido diploma legal proporcionava a total autonomia das partes para escolher a lei aplicável e na falta de escolha, seria empregada a lei que tivesse a conexão mais próxima. Por razões desconhecidas o projeto foi retirado de pauta do Congresso.

Todavia, a autonomia da parte invadiu totalmente o Brasil, quando a arbitragem é escolhida para resolver disputas internacionais. O Brasil é signatário da Convenção Interamericana de Arbitragem Internacional de 1975, da Convenção Interamericana sobre Eficácia Extraterritorial de Sentenças e Laudos Arbitrais Estrangeiros, e Convenção de Nova Iorque sobre o Reconhecimento e a Execução de Sentenças Arbitrais Estrangeiras (desde 2002). Ambas apoiam, com ênfase, o princípio da autonomia da parte.

4.7 Prevenção de disputas por meio da lei aplicável: designação pelas partes

Partes que negociam contratos internacionais poderiam e deveriam evitar disputas por meio da lei que rege seus contratos. Escolhendo-a, terão assegurado que os termos do acordo serão válidos e capazes de serem cumpridos. Além disso, a sua escolha irá operar como um sistema residual para reger as questões que não haviam sido consideradas, mesmo se as partes tiverem usado modelos de contratos de comércio internacional,[7] ou no caso de uma compra e venda internacional de mercadorias, a Convenção de Viena sobre Contratos de Compra e Venda Internacional de Mercadorias é aplicada.[8]

É claro que a designação de lei não se estende a todas as questões. A lei escolhida não irá regular matérias de capacidade, validade formal, propriedade, procedimento, etc. Cabem aqui alguns comentários sobre a natureza e os limites para a escolha da lei.

4.7.1 Limites para designação (quando o princípio é reconhecido)

As cláusulas de escolha da lei podem ser simples ou complexas, por exemplo, relacionadas ao sujeito,

---

[7] Há vários modelos de contratos internacionais questionados por organizações de comércio — por exemplo, na área de construção comercial, para contratos internacionais de construção. As formas são muito populares nos países em desenvolvimento — em parte porque algumas dessas formas foram incorporadas em modelos obrigatórios de documentos pelo Banco Mundial e outras instituições financeiras multilaterais. No entanto, os contratos são muito detalhados e sua validade estará sujeita a regras imperativas também da lei aplicável.

[8] A Convenção de Viena sobre Contratos de Compra e Venda Internacional de Mercadorias de 11 de abril de 1980, que entrou em vigor em 1º de janeiro de 1988. Essa é a principal lei que regula a venda de bens entre partes de diferentes países. Ela nasceu de esforços de mais de 50 anos de várias organizações internacionais (The Hague Conference United Nations Commission on International Trade Law, UNCITRAL, UNIDROIT). O principal objetivo é evitar problemas de conflitos de lei envolvendo a formação de lei comercial internacional, a formação de contratos internacionais de venda de bens e de direitos e obrigações do comprador e do vendedor decorrentes do contrato. Isso é alcançado pela adoção de regras uniformes.

à jurisdição ou às partes. É também possível escolher diferentes leis para gerir variados aspectos do contrato. O fracionamento contratual decorrente, no entanto, tem que expressar um resultado inteligente em relação à unidade do contrato.

- Falta de elemento estrangeiro relevante

Na maioria dos países em que a autonomia da parte é admitida, está condicionada à configuração de um elemento estrangeiro relevante. Isso aumenta a possibilidade de internacionalização da situação para permitir a designação, o que pode constituir em fraude à lei, se a situação de internacionalização for artificialmente criada para tal fim.

- Lei escolhida não tendo conexão relevante para o contrato ou para as partes

Adotando um dos possíveis enfoques, há a lei do Québec, a qual permite às partes escolher qualquer lei para reger o contrato existindo ou não uma relevante conexão com a lei do contrato ou das partes; a justificativa deve-se ao fato de que o comércio internacional requer esta liberdade. Em nenhum caso a escolha será arbitrária. As partes podem escolher uma lei particular de uma jurisdição por entendê-la como mais segura, *i.e.*, companhias estrangeiras envolvidas em transações na China podem preferir que o contrato delas seja regulado por leis de Hong Kong, na medida do possível.

Sob outro aspecto, mesmo em países que admitem autonomia da parte como regra, este é o caso da lei norte-americana, há restrições, pois a escolha da lei deixará de ser aplicável se: (i) o Estado escolhido não tiver substancial relacionamento com as partes ou com a transação; (ii) não existir uma razão básica para a escolha; e (iii) a aplicação da lei seja contrária a uma política fundamental do Estado que tenha um interesse materialmente maior que o Estado escolhido por uma questão particular.

- Lei escolhida imposta pela parte que possui maior poder de barganha

Algumas leis excluem expressamente a autonomia das partes para esses tipos de contratos. Por exemplo, a lei pode especificar que não será aplicável a não ser que encontre certas condições, por exemplo, que não seja abusiva ou irracional e conspícua. Na lei do Québec, o fato de o contrato ser de adesão não limita por si a autonomia das partes.

- Regra obrigatória da lei de foro

A autonomia da parte não evita a aplicação de certas leis do foro que são de interesse vital, econômico e socioeconômico para o Estado, tais como aquelas que abordam a proteção de leis de propriedade cultural, leis de meio ambiente, controles de câmbio estrangeiro, antitruste, competição e barreiras negociais.

- Regra obrigatória de uma lei estrangeira tendo uma conexão próxima com o contrato ou com as partes

Regras mandatárias estrangeiras da lei de um Estado não designado ou aplicável sob regras de conflito de foro também podem ser aplicadas, mesmo que as partes escolham outra lei se caracterizada uma regra obrigatória com conexão próxima como o contrato ou com as partes.

- Contratos de consumo internacional

O princípio da proteção da parte mais fraca em contratos internacionais é encontrado na Europa, no Québec, na América do Sul e em alguns estados americanos. Particularmente, a proteção dos consumidores em contratos internacionais é uma importante política e geralmente apoiada por todas as Nações. Existem em primeiro lugar várias leis relacionadas à regulação de preços, informação ao consumidor, propaganda, segurança dos produtos e dos serviços, e essas regras são todas obrigatórias. No caso de contratos de consumo internacionais a proteção deve abranger desde a total exclusão da autonomia da parte até a aplicação da lei familiar ao consumidor, aquela de sua residência habitual, dando-se a ele a oportunidade de escolha da lei mais favorável.

- Princípio da incorporação das regras da lei do Estado não escolhido (normas nacionais)

De acordo com a doutrina da autonomia da parte, as partes podem incorporar nos seus contratos internacionais certas regras de outra lei que não aquela aplicada aos seus contratos. Por exemplo: aditando-se a cláusula de força maior sob a aplicação Convenção de Viena sobre Contratos de Compra e Venda Internacional de Mercadorias.

4.7.2 Outras medidas que as partes podem aplicar para evitar disputas por meio da lei aplicável

- *Eleição de lei não estatal ou princípios de Direito como* um *impasse às negociações*

Importantes regras comumente utilizadas em contratos comerciais internacionais foram codificadas, recentemente, como Princípios de Contratos Internacionais, conhecidos como *Unidroit Principles.*

O principal objetivo dos Princípios é fornecer aos agentes do comércio internacional um conjunto de regras uniformes que regulem vários aspectos de uma transação contratual, como: formação, validade, interpretação, adimplência, inadimplência, ao longo de situações especiais como *hardship* e força maior. Refletem conceitos encontrados em vários, senão todos, sistemas legais.

Na prática, autorizam aos advogados e às partes se beneficiarem de um conjunto de regras, permitindo-lhes contornar barreiras existentes, tais como qual lei deva ser aplicada, no que se refere à execução, negociação e adimplência de seus contratos.

Apesar de, em nome da autonomia, as partes poderem simplesmente escolher os princípios aplicáveis aos seus contratos, a visão dominante é a de que podem excluir regras imperativas de uma lei nacional bastando que a arbitragem tenha sido escolhida para resolver as disputas.

- Modelos de contratos comerciais

Existem várias formas padronizadas para contratos internacionais, editados por organizações de comércio, por exemplo, nas construções comerciais, para contratos internacionais de construção. As formas são muito populares nos países em desenvolvimento, em parte porque algumas dessas formas têm sido incorporadas como modelos de documentos de transações pelo Banco Mundial e outras instituições financeiras multilaterais. Ainda que os contratos sejam muito detalhados, sua validade estará sujeita a regras imperativas também da lei aplicável.

- Acordo quanto às leis de jurisdição relacionadas ao contrato e às partes

Na prática essa é uma técnica frequente e pressupõe a circulação de minutas para evitar conflitos posteriores com relação à lei que venha a gerir o contrato.

- Instrumentos internacionais

Convenções regionais e internacionais sobre reconhecimento e eficácia das cláusulas de escolha da lei devem ser adotadas garantindo a execução destas, de modo a que os tribunais façam valer tais acordos que buscam prevenir as referidas disputas.[9]

---

[9] No último encontro em *General Affairs*, a Conferência de Haia considerou o avanço sobre o tratado a respeito da escolha da lei em contratos internacionais. Cf. *Hague Conference on Private International Law – HCCH*, apr. 1-3, 2008. Disponível em: <http://www.hcch.net>.

5 Prevenção de conflitos que poderiam se tornar graves disputas por conflito de gestão: "matar logo no nascimento"

Parte da prevenção pressupõe que as partes entendam completamente a natureza da transação que estão entabulando e as consequências de um fracasso na execução (nos direitos de propriedade, na qualidade, no pagamento, nas obrigações, etc.), de modo que a possibilidade de desentendimento seja limitada e exista uma discussão aberta sobre como algumas diferenças de opinião acerca da natureza e da qualidade da relação podem ser resolvidas. Dentro desse "sistema legal" as técnicas seguintes devem ser levadas em consideração.

5.1 Mecanismos integrados para readaptação do contrato e revisão contínua

A execução de um contrato internacional de longa duração irá muitas vezes originar conflitos ou disputas decorrentes de eventos não conhecidos à época do acordo original, como aqueles decorrentes do aumento de custos ou dificuldade financeira resultando na impossibilidade de adimplir uma ou outra obrigação contratual ("força maior"). As partes desejarão fornecer seus próprios mecanismos para readaptar seu acordo original ao evento do qual essas questões decorram, à falta disso, o tribunal ou árbitro terminará o contrato ou modificará seus termos, dependendo da lei ou das leis aplicáveis ao contrato ou da forma como determinado pelo tribunal ou árbitro.[10]

5.2 Programas integrados de construção de relação

Contratos, especialmente contratos internacionais, são limitados em sua capacidade para impedir o surgimento de disputas. Embora um bom esboço de contrato evite tantas disputas quanto possível,[11] especialmente em relações de longo período, é impossível evitar todos os tipos de conflitos e disputas. No lugar de fornecer todas as contingências por meio de cláusulas substantivas, os contratos deveriam fornecer procedimentos que conduzissem a soluções rápidas e ideais quando do surgimento dos conflitos.

Nas relações longas, a prevenção de disputas ou administração de conflitos começa com a primeira interação.[12]

---

[10] Cf. MARTIN, Stefan. La prévention contractuelle des litiges dans le contrat international de construction. *Revue de Notariat, op. cit.*, p. 575-591.

[11] Cf. MARTIN, Stefan. La prévention contractuelle des litiges dans le contrat international de construction. *Revue de Notariat, op. cit.*, p. 550-575, para cláusulas de prevenção de conflitos em relação à força maior na construção internacional de contratos.

[12] Ver autoridades citadas em: BÜHRING-UHLE, Christian. *Arbitration and Mediation in International Business*: Designing Procedures for Effective Conflict Management, *op. cit.*, notas de rodapé 117-120; e HANCOCK, William A. Corporate Counsel's Primer on Alternative Dispute Resolution Techniques. *In*: CORPORATE COUNSEL'S GUIDE TO ALTERNATIVE DISPUTE RESOLUTION TECHNIQUES. Chesterland, Ohio: Business Laws, 1989.

Por exemplo, nos casos em que o sucesso do empreendimento dependa de um grande nível de cooperação, como no caso de uma aliança estratégica, existe um número de possíveis programas de construção de relacionamento, como o estabelecimento de parceria, formação de uma sociedade para operações de grande escala e que envolvam equipes regulares de técnicos das partes, supervisores locais e escritórios contratados de ambas as partes, todos colaborando em uma base regular para revisar o progresso no trabalho e identificar quaisquer problemas e potenciais disputas a partir do momento em que se tornaram evidentes.

Também, em alguns casos, pode se tornar exigível o monitoramento dos progressos da transação de forma mais intensa, considerando-se o seu grau de essencialidade para o negócio. Em grandes contratos de construção ou transações complexas, por exemplo, se locais ou internacionais típicos, as partes podem empregar um gerente de projeto, um engenheiro consultor, um árbitro ou um consultor de disputa para regularmente monitorar o progresso, identificar indícios de anormalidade, reduzir diferenças ou prevenir e resolver problemas imediatamente antes que se transforme numa verdadeira disputa. O consultor de resolução de disputa opera como educador, auditor e mediador da parte, com o objetivo de acabar ou prevenir problemas. Por ajudar pessoas envolvidas em conflitos a entender melhor o que está ocorrendo e quais opções elas têm para lidar com os seus problemas de maneira construtiva e como empregá-las, é possível que o consultor forneça uma assistência duradoura que terá um impacto melhor do que qualquer tipo de intervenção externa para resolução do conflito.[13]

Juntas de Resolução de Disputas estão crescendo em popularidade. Quando se leva em consideração que empresas envolvidas em negócios internacionais destinam de 8 a 10% dos seus custos a aspectos legais, não surpreende que esse serviço esteja sendo cada vez mais procurado e estimulado.[14] Estatísticas mostram que os custos de instalação e operação de uma Junta numa transação internacional são de aproximadamente 0,005% do projeto. Essas Juntas podem ser estruturadas para decisões obrigatórias ou não obrigatórias. Por questões técnicas, elas são geralmente obrigatórias. Em qualquer evento, mesmo se não resolverem todos os aspectos da disputa, desempenham um papel de filtro (seleção), de modo que somente as questões não resolvidas restariam para serem decididas por árbitros ou tribunais.

6 Prevenção de disputas por meio de como e onde disputas não resolvidas devem ser solucionadas

Quando o negócio é conduzido nos limites das fronteiras nacionais, o procedimento apropriado de resolução de disputas dependerá de uma variedade de

---

[13] BÜHRING-UHLE, Christian. *Arbitration and Mediation in International Business*: Designing Procedures for Effective Conflict Management, *op. cit.*

[14] Pelo Banco Mundial, ICC.

fatores, incluindo a identidade e a nacionalidade das partes, a natureza do acordo e o tipo de disputa que pode surgir do acordo. Opções incluirão litígios nos tribunais de um estado específico, arbitragem sujeita a regras de uma das respeitáveis instituições de arbitragem, tais como AAA, ICC, ou arbitragem *ad hoc*, sob qualquer lei nacional ou mediação. Independentemente do método escolhido, a melhor oportunidade para controlar a resolução de disputas futuras é logo no início, quando a documentação está sendo preparada.

Na verdade vem se tornando comum que as companhias que operam internacionalmente utilizem uma "política caseira" de resolução de disputas estabelecendo como e onde resolver as disputas e os tipos de cláusulas a serem usadas. As diretrizes devem refletir o procedimento adequado ao interesse, dependendo do tipo de disputa que possa surgir (ou que já tiver surgido).

6.1 Resolução de disputas perante os tribunais é preferível

6.1.1 Incerteza de jurisdição

Não existem regras aceitas universalmente regulando o exercício da jurisdição por tribunais nacionais e, portanto, os tribunais de diversos países podem ser competentes para abrigar uma disputa.

De fato, mesmo dentro de um único Estado, a jurisdição é comumente incerta, especialmente quando a base da jurisdição é pautada em fórmulas como uma conexão real ou substancial ou contatos mínimos com o foro. Além disso, nas jurisdições de *common law* e Québec, mesmo onde existe jurisdição, as leis permitem ao tribunal rejeitá-la com base na doutrina do *forum non conveniens*, ou para assumir jurisdição quando não há base na doutrina do *forum conveniens*, e ações relacionadas, medidas conservadoras, *anti suit injunctions*, etc. Na verdade, em todas as jurisdições, a conveniência do tribunal selecionado pelo demandante é fator predominante.

No Brasil, o art. 88 do Código de Processo Civil fornece o fundamento para a jurisdição simultânea quando o réu, qualquer que seja a sua nacionalidade, estiver domiciliado no Brasil, ou no Brasil tiver de ser cumprida a obrigação ou a ação se originar de fato ocorrido ou de ato praticado no Brasil. Há menos incertezas desde que não haja nenhum arbítrio judicial para invocar doutrinas de foro conveniente ou não conveniente.

6.1.2 Acordos sobre eleição de foro

A incerteza comercial que se origina do espectro de foros possíveis pode afetar o preço, os termos e até mesmo a existência do contrato. Portanto, a inclusão de acordos de eleição de foro que assumem a forma de cláusula de foro nos negócios contratuais é uma indispensável ferramenta para garantir ordem e previsibilidade em transações negociais internacionais, evitando incertezas no que diz respeito ao lugar em que a disputa pode ou deve ocorrer. Ao permitir às partes escolher o foro perante o qual as disputas serão resolvidas, possibilita-se a elas alocar eficientemente riscos e minimizar potenciais custos de litígios, reduzindo despesas e atrasos, evitando procedimentos dobrados e eliminando custosas disputas sobre a jurisdição.[15] Como as partes escolherão um tribunal cuja decisão provavelmente será proferida nas jurisdições onde será executado, o acordo de eleição de foro é de extrema importância.

Considero as cláusulas de seleção de foro mais importantes do que os acordos de eleição da lei, uma vez que as partes podem frequentemente fornecer mais contingências para reduzir a função de preenchimento das lacunas. A seleção de foro impacta muito mais — o procedimento a ser utilizado, o tipo de julgamento, juiz ou Júri, a prova, a descoberta, as medidas preliminares, a quantia a ser concedida, a eficácia do julgamento.

Apesar de a maioria das jurisdições reconhecerem acordos de eleição de foro, é raro que se apresentem sem limites ou condições. Embora tribunais nacionais geralmente executem livremente acordos de arbitragem, tribunais em algumas jurisdições (não no Québec) são, frequentemente, relutantes em fazer cumprir equivalentes acordos de eleição de foro, por uma variedade de razões como: o tema é inapropriado (por exemplo, consumidor, emprego ou interesse nacional), a cláusula de foro não foi livremente consentida (por exemplo, uma

---

[15] MITCHELL, Paul. Forum Selection Clauses and Fundamental Breach: *Z.I. Pomey Industrie v ECU-Line N.V.*, The Canmar Fortune. *Canadian Business Law*, v. 36, p. 457, 2002.

parte usou sua superioridade social ou econômica para impor sua escolha, de modo que a cláusula aparece de forma abusiva), quando a cláusula é unilateral (assimétrica), não foi adequadamente negociada, não foi realçada ou de outra maneira evidente, é parcial, desarrazoada e injusta, quando a transação não sustentar uma relação regular com o Estado dos tribunais escolhidos, quando a cláusula se tornar inconveniente para uma das partes ou quando um terceiro for afetado negativamente.

A relutância judicial em fazer cumprir as cláusulas de seleção de foro é especialmente curiosa porque acordos internacionais de eleição de foro servem ao mesmo propósito dos acordos de arbitragem internacional: permitem às partes contratar para reduzir, senão eliminar, o risco de serem arrastadas para um desconhecido e/ou inconveniente tribunal que poderá aplicar leis não usuais ou desfavoráveis. Na verdade, acordos de seleção de foro e de arbitragem se diferenciam em somente um aspecto: os foros designados pelo primeiro são públicos, enquanto os designados pelo último são privados. Como doutrinadores e juízes têm frequentemente afirmado, essa diferença não justifica a adoção de diferentes modelos de cumprimento.[16]

---

[16] YACKEE, Jason. A Matter of Good Form: The Downsized Hague Judgments Convention and Conditions of Formal Validity for the Enforcement of Forum Selection Agreements, 53 Duke L.J, p. 1179-1180. Veja o escrito de Madam Justice Huddart para o tribunal em *Sarabia v Oceanic Mindoro* (1996) 4 CPC (4th) (BCCA.) states, p. 20: "Since forum selection agreements are fundamentally similar to arbitration agreements. There is no reason for forum selection clauses not to be treated in a manner consistent with the deference shown to arbitration agreements. Such deference to forum selection clauses achieves greater international commercial certainty, shows respect for the agreements

No Brasil, parece que as cláusulas exclusivas de seleção de foro eleitas pela jurisdição estrangeira são exequíveis (salvo na presença de jurisdição exclusiva) e impedem um tribunal de exercer a jurisdição, mesmo quando os elementos do art. 88 do Código de Processo Civil estejam presentes. Ademais, quando os tribunais do Brasil são selecionados, não existem medidas discricionárias autorizando o tribunal a enviar o caso a um tribunal estrangeiro.

No Québec, por exemplo, são exequíveis acordos exclusivos de eleição de foro, negociados ou não, sendo ou não contratos de adesão, unilaterais ou não, concluídos ou não na internet. Existem, entretanto, poucas exceções quanto à eficácia: (i) acordos de eleição de foro para tribunais estrangeiros em contratos de consumo ou emprego não são opostos às partes protegidas (3149 do Código Civil do Québec – CCQ); (ii) designação de um país, cujos tribunais foram escolhidos, que está em guerra (3136 CCQ) ou urgência (3140 CCQ); ou (iii) contratos envolvendo matéria-prima (3151 CCQ).

Há uma possibilidade consideravelmente boa de os tribunais, na maioria dos países, efetivarem a cláusula. Todavia, isso não é garantido. Deve-se atribuir maior importância à assinatura ou adesão à recente Convenção Global sobre Acordos de Eleição de Foro, a seguir discutida.

---

that the parties have signed and is consistent with the principles of international comity". A mesma visão foi fortemente seguida pela Honourable Judge Lebel, *GreCon Dimter Inc. v J.R. Normand Inc.* REJB 2005-93019, July 22nd, 2005 46, par. 45 (2007) CSC.

6.1.3 A Convenção de Haia de 30 de junho de 2005 sobre acordos exclusivos de eleição de foro[17]

A Convenção responde às necessidades de um tratamento global que assegure efetividade aos acordos de eleição de foro que foram considerados indispensáveis para assegurar ordem e previsibilidade. Para esse fim, a Convenção estabelece regras uniformes que determinam: (i) as circunstâncias nas quais um tribunal deve fazer cumprir um acordo exclusivo sobre eleição de foro; (ii) quando uma corte pode rejeitar o cumprimento de um acordo sobre eleição de foro; (iii) quando deve reconhecer e fazer cumprir um julgamento feito por um tribunal estrangeiro escolhido

A convenção percorre um longo caminho para cumprir seu principal objetivo: assegurar que os acordos de eleição de foro sejam tão efetivos quanto possível nas transações de negócios internacionais. Isso é alcançado especialmente em razão do quorum imposto nas deliberações em relação aos Estados signatários. Não há dúvidas sobre a legitimidade dos acordos exclusivos de eleição de foro, não se excluindo os contratos de adesão ou os acordos impostos como demonstração do poder econômico de uma das partes.

As regras centrais da Convenção estão estabelecidas nos artigos 5, 6 e 8:

---

[17] Disponível em: <http://www.hcch.net>.

- O tribunal designado deve julgar o caso independentemente de qualquer doutrina de *forum non conveniens* (art. 5);
- O foro não designado deve declinar da jurisdição – existem cinco exceções (art. 6);
- Julgamento do tribunal selecionado deve ser cumprido – modelos consagrados de defesa (art. 8).

Todavia, para atingir seu objetivo declarado, a Convenção tem de minimizar imprevisibilidades e reduzir os incentivos a questões de litígios jurisdicionais. Limitações à autonomia da parte devem ser mantidas em patamares mínimos. Pode-se argumentar que a Convenção tenha criado demasiada flexibilidade e espaço para arbítrio judicial com suas cláusulas de fuga e uso de políticas públicas. Por exemplo, há oportunidades demais para revisar a validade da cláusula exclusiva de seleção de foro em três momentos: pelo tribunal escolhido quando exerce a jurisdição, pelo tribunal não escolhido quando tem que suspender ou descartar procedimentos contrários ao acordo exclusivo de eleição do foro e pelo tribunal de execução no momento de reconhecimento e aplicabilidade. Com exceção da incerteza resultante da eficácia dos acordos de eleição de foro, o resultado final é que há demasiado espaço para políticas domésticas e leis domésticas, que não devem, mas limitam o objetivo de atingir a busca pela uniformidade.[18]

---

[18] Para discussão, cf. TALPIS Jeffrey; KRYNIVYK, Nick. The Hague Convention on Choice of Court Agreements of June 30th, 2005: The Elephant that Became a Mouse, (2006)13 SW.J.L.&Trade Am.1.

6.2 Resolução de disputas por meio da arbitragem

6.2.1 A arbitragem tornou-se uma alternativa para a resolução de disputas contratuais internacionais

Os problemas mais conhecidos associados a disputas de litígios internacionais incluem: atrasos na determinação do foro adequado, múltiplos litígios que ocorrem para avaliar a eficácia dos julgamentos estrangeiros, ambiente legal combativo e formalista, altos custos e tribunais sobrecarregados e a incerteza na execução dos acordos de eleição de foro. Esses são apenas alguns dos fatores que afastaram as partes dos tribunais.

A arbitragem se tornou, então, a norma para resolver disputas decorrentes de contratos internacionais, em particular, por causa da neutralidade de seu lugar e dos árbitros, assim como suas perícias, a flexibilidade do processo, a confidencialidade dos procedimentos e a rapidez da resolução, em comparação aos tribunais. Além disso, o sistema legal nacional e internacional assegura que a arbitragem e as sentenças arbitrais terão eficácia em todas as jurisdições que adotaram a Convenção de Nova Iorque, vale dizer, mais de cento e vinte países, incluindo praticamente todos os países que participam ativamente do comércio internacional.[19]

---

[19] Convenção Interamericana sobre Eficácia Extraterritorial das Sentenças e Laudos Arbitrais Estrangeiros, June 10, 1958, 21U.S.T 2517, 220.U.N.T.s, entrou em vigor no dia 7 de junho de 1959. Para a atual lista das partes, cf. <http://untreaty.un.org>.

No que tange ao Brasil, faz parte da Convenção Interamericana de Arbitragem Internacional, de 1975 (Convenção do Panamá),[20] da Convenção Interamericana sobre Eficácia Extraterritorial de Sentenças e Laudos Arbitrais Estrangeiros de 1975, da Convenção de Nova Iorque (desde 2002), e adotou uma Lei de Arbitragem em 1996.

6.2.2 Princípio do reconhecimento e eficácia dos acordos de arbitragem

- Em geral

Em grande parte, o sucesso da arbitragem nos negócios internacionais está ligado à definição uniforme e limitativa das zonas possíveis de resistência à aplicação dos acordos de arbitragem.[21]

A Convenção de Nova Iorque inclui uma cláusula que faz referência aos tribunais de arbitragem. O artigo II-3 estabelece que "o tribunal de um Estado signatário, quando de posse de ação sobre matéria com relação à qual as partes tenham estabelecido acordo nos termos do presente artigo, a pedido de uma delas, encaminhará as partes à arbitragem, a menos que constate que tal acordo é nulo e sem efeitos, inoperante ou inexequível".

Nos Estados Unidos a jurisprudência é constante.

---

[20] Aberto para assinatura em 30 de janeiro de 1975.

[21] Cf. BRINER, Robert. Philosophy and Objectives of the Convention in Enforcing Arbitration Awards under the New York Convention, Experience and Prospects 1999.

A efetividade dos acordos de arbitragem para a arbitragem internacional foi resumida pela Suprema Corte dos Estados Unidos no caso *Scherk v. Alberto-Culver Co.*, como segue:

> Um acordo para arbitrar qualquer disputa decorrente de uma transação comercial internacional deve ser respeitado e executado pelos tribunais federais de acordo com as cláusulas explícitas do Ato de Arbitragem. (417 U.S. 506)

Nas províncias e territórios canadenses de common law, a jurisprudência interpretando o artigo 8 da Lei Modelo UNCITRAL sobre Arbitragem Comercial Internacional que incorpora o artigo II(3) da Convenção de Nova Iorque, segue a mesma linha. No Québec, artigo 940.1, do Código de Processo Civil, aplicável às arbitragens domésticas e internacionais, incorpora a mesma regra.

Permita-nos olhar com mais cuidado para a eficácia ou efetividade do acordo para arbitragem.

- A doutrina da autonomia do acordo de arbitragem

A doutrina estipula que a validade do acordo de arbitragem contida num contrato deve ser julgada independentemente da validade do resto do contrato. Isso pode ser útil quando o contrato estiver terminado ou quando seu conteúdo contiver uma nulidade. A regra está codificada em várias regras institucionais e sistemas legais no Québec Isso reforça a eficácia.

- Defesas limitadas para o cumprimento de acordos de arbitragem
Deve-se notar que um amplo poder discricionário para rejeitar o cumprimento de acordos de arbitragem está claramente excluído na Convenção de Nova Iorque.

- Invalidade do acordo
A cláusula aplicável sob a Convenção de Nova Iorque está no artigo II(3), o qual determina que o tribunal deve conduzir as partes para a arbitragem, a não ser que encontre um acordo nulo e sem efeito, deixando a questão aberta à lei aplicável.

A respeito do significado de nulidade e ineficácia, o conceito de invalidade substantiva se refere à fraude, erro, adulteração, coação e similares. Na arbitragem, essas exceções foram construídas de forma restrita e conduzem à excepcional invalidade do acordo.

- Inconveniência do local da arbitragem
Tribunais arbitrais não declinam normalmente de suas jurisdições por razões de inconveniência ou inadequado ao foro. Nas hipóteses em que as partes já invocaram a não conveniência do lugar da arbitragem, tais tentativas foram feitas no Canadá e nos Estados Unidos, não foram bem-sucedidas.

- Acordo é inoperante ou incapaz de ser operado
No acordo inoperante ou incapaz de ser executado, a Convenção de Nova Iorque, no seu artigo II(3) inclui

uma defesa contra o cumprimento do acordo de arbitragem. Na arbitragem as palavras são, normalmente, significados para cobrir os casos nos quais o acordo não pode produzir seus efeitos. Todos os argumentos sugeridos que incluem inconveniência do lugar da arbitragem, que antecipam problemas com eficácia da sentença ou que questionam a habilidade financeira de uma parte para se submeter à arbitragem são geralmente rejeitados pelos tribunais.[22]

A Suprema Corte dos Estados Unidos executou acordos de arbitragem, mesmo quando manifestamente unilaterais e que forneciam certas vantagens para apenas um das partes. Apesar de, na maioria dos casos, os acordos de arbitragem refletirem a posição da parte economicamente dominante, os tribunais dos Estados Unidos comumente ignoram suas características de unilateralidade e adesão, confirmando o acordo.

Por razões além do escopo desse paper, uma recente e lamentável decisão proferida pela Suprema Corte do Canadá, no caso *Dell Computer Corporation v. Union des Consommateurs*,[23] sustentou que um acordo de arbitragem, em princípio nos Estados Unidos sob a lei norte-americana, era oponível aos residentes de Quebec, apesar dos termos do art. 3149 do CCQ.

---

[22] Ver casos citados por A.J. Van den Berg. New York Convention of 1958 Consolidated Commentary, Yearbook Comm. arb. v. XXVIII (2003), p. 620-621.

[23] (2007)CSC 34, July 13th, 2007.

6.3 Resolução de disputas por mediação

As partes, em alguns contratos internacionais, algumas vezes, possuem certas reservas quanto ao uso da arbitragem, em razão de sua natureza de processo hostil e por ter se tornado muito parecido com litígios, diante de sua morosidade e custo.

Não é sempre rápida ou barata. Na verdade, arbitragem muitas vezes gera seu próprio litígio. As partes frequentemente montam contestações judiciais ao final do processo. Por outro lado, uma vez feita a eleição contratual para a arbitragem, esta não pode ser desfeita unilateralmente e o cliente sacrifica proteções fundamentais contra eventual tratamento arbitrário e injusto. A confirmação da neutralidade do árbitro é sempre um medo subjacente.

Praticamente todas as sociedades democráticas consideram o sistema recursal como uma importante rede de segurança. Cria uma oportunidade para corrigir erros de julgamentos num mesmo nível e serve como um incentivo para os juízes evitarem condutas arbitrárias e se empenharem na aplicação acurada da lei. Na prática, o direito de recurso contra uma decisão de arbitragem não existe. Afastar a possibilidade recursal é não apelar em casos comerciais complexos, por exemplo.

E, finalmente, o responsável pela decisão, às vezes, interpreta-a mal. Existe no mínimo uma percepção de, como em geral, é difícil os árbitros serem justos, chegar a uma ruptura do compromisso inicial que contorna as decisões sólidas de real justiça.

Nos Estados Unidos e no Canadá, a arbitragem não possui proteção contra ações de indenização.

Arbitragem é, naturalmente, útil em algumas situações, casos rotineiros de grande volume ou auditorias especializadas (mão de obra, construção, emprego) onde perícia industrial é importante. Não é desejável, porém, quando os bens sacrificados pelo cliente são importantes, quando, por exemplo, o direito ao recurso seja criticamente importante.

As partes, em contratos internacionais, na América do Norte, estão agora recorrendo mais comumente a alternativas informais para resolver disputas, domésticas e internacionais, ao menos como uma primeira alternativa. Os tipos mais comuns de Resolução Alternativa de Disputa (ADR) informal incluem negociação, mediação ou conciliação e rápidas avaliações neutras. Mediação ou conciliação aparece como o procedimento preferido.

6.3.1 Obstáculos reais e compreensíveis relacionados ao uso da mediação para resolver disputas internacionais[24]

A despeito de suas óbvias vantagens, a mediação, embora ganhe aos poucos espaço, continua sendo pouco

---

[24] Cf. McILWRATH, Michael; VILLARREAL, Elpidio; CRAFTS, Amy. Finishing before you Start: International Mediation. *In*: LEGUM, Barton (Ed.). *International Litigation Strategies and Practice*. Chicago: Section of International Law, American Bar Association, 2005.

utilizada como método para resolver disputas internacionais na área internacional. Algumas das razões são comuns às disputas domésticas.

- Falta de informação
Entre os países integrantes da NAFTA (Canadá, Estados Unidos e México) há um entendimento comum sobre o que é mediação, de modo que quando uma parte propõe à outra, seja para resolver disputas futuras no início da relação (quando deve acontecer) ou para resolver uma disputa existente, "eles saberão que ela é uma forma de negociação facilitada por um terceiro neutro que carece expressamente de autoridade para impor uma decisão obrigatória às partes".[25]

Todavia, tal situação no mundo de hoje é a exceção ao invés de ser a regra. Existe, no entanto, uma tendência ascendente encorajadora no sentido de generalização do conhecimento no que se refere à mediação. Por exemplo, em 2002, a UNCITRAL adotou um modelo de lei sobre conciliação internacional com a ativa participação de todos os estados membros e que encorajou sua utilização. Em 2004, a Diretoria da Comissão Europeia de Justiça e Assuntos Internos, como parte de mais uma iniciativa geral de promover melhor acesso à justiça, publicou um Código de Conduta para Serviços de Mediação

---

[25] McILWRATH, Michael; VILLARREAL, Elpidio; CRAFTS, Amy. Finishing before you Start: International Mediation. *In*: LEGUM, Barton (Ed.). *International Litigation Strategies and Practice, op. cit.*, p. 42.

na Europa e uma proposta para a legislação assegurar práticas e modelos uniformes nos Estados membros da União Europeia.

Além disso, ao menos no contexto internacional, tem sido astutamente notado que um problema de mercado com mediação (não dentro da NAFTA) começa com a adesão. Em parte para evitar confusão, muitas das instituições que fornecem serviços de mediação internacional empregam o termo de conciliação que, embora vago, ao menos conduz ao procedimento.[26]

- Lidar com objeções iniciais e obter o compromisso com o procedimento

Existem, essencialmente, três categorias de casos, mesmo no contexto internacional: (i) aqueles para os quais a mediação claramente não é uma boa ideia; (ii) aqueles para os quais ela claramente é uma boa ideia; e (iii) aqueles para os quais depende de uma avaliação de uma variedade de fatores.[27]

(i) Disputas não apropriadas à mediação:[28]

- Quando um incentivo da parte é estabelecer um precedente legal, comercial ou de outra

---

[26] McILWRATH, Michael; VILLARREAL, Elpidio; CRAFTS, Amy. Finishing before you Start: International Mediation. *In*: LEGUM, Barton (Ed.). *International Litigation Strategies and Practice, op. cit.*, p. 43.

[27] McILWRATH, Michael; VILLARREAL, Elpidio; CRAFTS, Amy. Finishing before you Start: International Mediation. *In*: LEGUM, Barton (Ed.). *International Litigation Strategies and Practice, op. cit.*, p. 43-44.

[28] McILWRATH, Michael; VILLARREAL, Elpidio; CRAFTS, Amy. Finishing before you Start: International Mediation. *In*: LEGUM, Barton (Ed.). *International Litigation Strategies and Practice, op. cit.*, p. 43-44.

natureza. Não é recomendável a utilização da mediação por duas razões: acordos de mediação não determinam quem está certo ou errado e somente vinculam as partes da disputa.

- Hipóteses em que a parte busca a "sorte grande", se a ação envolve julgamentos de Júri e a possibilidade de indenizações.
- Quando uma das partes requer uma ordem do tribunal para prevenir a possibilidade de danos imediatos, por exemplo: cautelar emergencial ou outra assistência protetora.
- Quando uma parte busca ativamente a atenção pública para a disputa; ou
- Quando não há interesse no acordo e a parte decide não negociar, porque seus argumentos são tão fortes que se sente confiante que pode ganhar no tribunal ou arbitragem;
- Casos em que a mediação, como um processo, é excluída por lei.

Com exceção das situações nas quais a disputa não pode ser negociada por lei, considerando a demora, os custos e circunstâncias imprevisíveis, a mediação ainda deveria ser considerada nas situações acima citadas.

(ii) Disputas em que claramente a mediação pode ser aplicada:[29]

---

[29] McILWRATH, Michael; VILLARREAL, Elpidio; CRAFTS, Amy. Finishing before you Start: International Mediation. *In*: LEGUM, Barton (Ed.). *International Litigation Strategies and Practice, op. cit.*, p. 44.

- Quando as partes desejam manter os custos baixos: uma alternativa à arbitragem ou nos casos em que são esperados custos elevados pelas partes;
- Quando as partes desejam resolver a disputa rapidamente;
- Quando diferenças na cultura, linguagem e regimes legais das partes podem ter pontos exagerados e acentuados de discordância;
- Quando os processos são propensos a serem prolongados e os julgamentos suscetíveis de recurso em função das complexidades dos fatos legais ou relações;
- Quando existe mais de uma ação envolvendo partes comuns;
- A disputa é privada e se deseja mantê-la assim;
- Quando a disputa é uma matéria privada e uma das partes quer mantê-la confidencial;
- Quando existem assuntos sensíveis envolvidos, alguns exigem a revelação da informação sensível, ou em qualquer outro caso quando as partes desejam evitar a atenção pública;
- Quando há o interesse na preservação de uma relação continua. Se um quer encerrar o problema e manter a relação. Disputas envolvendo relações negociais de longa duração podem, por exemplo, tirar proveito de uma aproximação orientada para o futuro da mediação, na solução de interesses-base ou problemas;

- Finalmente, quando uma parte tem dificuldade em iniciar negociações ou não tem habilidade para negociar.

(iii) Outros casos, área nebulosa:[30]

- Com relação à relação entre as partes: a conveniência de um caso para a mediação depende bastante da extensão e natureza da relação entre as partes. Nos casos em que o relacionamento é recente, ou se não existia um relacionamento anterior, a mediação pode não ser a melhor escolha para o caso;
- A respeito da autoridade das partes e seus representantes. Nos casos em que falta autoridade aos representantes de cada lado para resolver, porque a parte é incapaz de fornecer uma solução completa para a disputa, por exemplo, não há razão para se encaminhar para a mediação;
- É possível ainda que questões particulares ou o contexto do caso possa não ser propício para o estabelecimento de mediação.

---

[30] McILWRATH, Michael; VILLARREAL, Elpidio; CRAFTS, Amy. Finishing before you Start: International Mediation. *In*: LEGUM, Barton (Ed.). *International Litigation Strategies and Practice, op. cit.*, p. 44-45.

6.3.2 Advogados não consideram a mediação alternativa proveitosa

Quando a mediação é bem-sucedida, pode alcançar uma solução com um custo mais baixo e por meio de um processo menos litigioso. Muitos advogados, que não promovem mediação, em parte porque eles não consideram a mediação um empreendimento proveitoso, estão fazendo "vistas grossas" ao fato de que a mediação tem conduzido à satisfação de mais clientes, o que é sempre um objetivo importante. A não ser que a disputa seja daquelas em que a mediação não é apropriada, seria conveniente questionar a ética dos advogados que aconselham clientes contra a aceitação de um convite para resolver a disputa em curto tempo, por uma fração do preço do litígio e de uma maneira que possa ajudar, preservar e até mesmo fortalecer relações negociais.

6.3.3 Falta de equilíbrio dos poderes

Sente-se, algumas vezes, que se uma parte tiver menor poder que outra, a mediação pode não ser a melhor alternativa jurídica. Se uma parte tiver muito mais poder, seja financeiro, emocional ou intelectual, a outra parte pode estar em significativa desvantagem e rejeitar a possibilidade de confiar em um mediador que está disposto e é capaz de ajudá-la a articular seu ponto de vista e atentamente avaliar qualquer proposta de acordo que seja justa.

Esse não é um problema real para as disputas internacionais nas quais se constitui um advogado que pode promover uma solução apropriada para resolver problemas de falta de equilíbrio de poderes. Se se quer constituir um advogado, pode-se buscar um profissional com experiência em mediação e que sustente seus objetivos.

6.3.4 O potencial de demora

Muitas partes não escolhem a mediação porque temem que o réu utilize o processo como tática de retardamento. Esse problema pode ser contornado, pois é possível saber-se rapidamente se há uma chance de acordo.

6.3.5 A confidencialidade do processo

Há o temor de que se a mediação venha a falhar, a outra parte ou o mediador revele informações adversas aos interesses da parte. Acordos de mediação geralmente determinam que todas as comunicações, representações, admissões, propostas e ações (em resumo, tudo o que ocorre no decorrer do processo) permanecerão confidenciais e não será mencionado na apresentação de qualquer processo judicial ou arbitral subsequente. Esses acordos confidenciais, todavia, podem às vezes ter efeito limitado. Em alguns casos, a quebra do compromisso de confidencialidade pode dar causa à ação por danos porque os acordos somente vinculam as partes contratantes. Em todo caso, é sempre possível ao tribunal reabrir tal acordo ou requisitar como uma matéria de política pública e ordenar a divulgação de qualquer testemunho dos participantes do próprio processo da ADR.

É fácil compreender-se, diante das falhas da confidencialidade, a hesitação das partes em trocar livremente informações.

6.3.6 Nenhuma necessidade

Embora as técnicas envolvidas na mediação estejam presentes de alguma forma em quase todos os países,[31] há uma ideia comum equivocada de que a mediação não é necessária em países onde o estilo norte-americano de litígio não está presente.

6.3.7 A falta de tradição da mediação

Não há um histórico de mediação na América Latina. As partes desejam uma decisão de uma autoridade que seja vinculada. Esse é o obstáculo mais significativo na região. Contudo, o fator custo-benefício e outras vantagens irão um dia fazer desse procedimento, senão a norma, pelo menos a regra em termos de primeiro passo.

---

[31] Por exemplo, no caso de empresas que fazem negócios com a China, as tradições culturais enraizadas da China promovem solução de disputas por meio de negociação e mediação amigáveis. Tal postura é encontrada na filosofia de Confúcio, tão bem quanto se pode constatar a inadequação dos tribunais e uma estrutura social que se vincula a poder e status econômico. Neste contexto, até mesmo a arbitragem é compreendida como uma lamentável opção seguinte à tentativa de mediação.

6.3.8 Falta de sistema legal para executar acordos de mediação e acordos alcançados por meio da mediação

Embora a preocupação previamente discutida possa explicar uma certa resistência ao uso da mediação, na minha opinião, uma das razões, senão a razão essencial para o raro uso da mediação para resolver disputas internacionais, é que, em contraste à arbitragem, não existe, atualmente, tratados internacionais, e nem leis nacionais que garantam a efetividade ou eficácia dos acordos para mediação ou dos acordos alcançadas por meio de mediação, deixando estes acordos sujeitos aos tribunais civis.

Sob essa perspectiva, a resolução de conflito efetivo de uma disputa por mediação precisa de uma estrutura legal que garanta:

- A eficácia ou efetividade do acordo para mediação – A consagração legal, em certos litígios, da necessidade de utilização da mediação como condicionante para as disputas, litígio ou arbitragem;
- A eficácia do acordo alcançada por meio da mediação – O resultado da mediação precisa ter eficácia global, nos moldes de uma sentença arbitral sob a Convenção de NY.

O acordo para mediar pode ser integrado a um contrato como a cláusula de arbitragem, compondo uma cláusula de multi-etapas.

No estágio atual é difícil prever se os tribunais cumprirão tais acordos. Existem, contudo, sinais de uma forte política pública em favor da mediação.

O sinal mais otimista vem dos Estados Unidos, onde há um grupo crescente de precedentes que parecem indicar que os tribunais cumprirão os acordos, analogicamente à arbitragem ou abordando princípios contratuais como condição preexistente ao litígio.

Nas províncias canadenses em que vigora o *common law* permanece pouco claro se os tribunais farão cumprir tais acordos na sua forma de etapa simples ou multi.

No Québec, o acordo de mediação deve ser interpretado segundo as seguintes bases: como uma matéria de contrato, relacionado à boa-fé, que domina o Código Civil, e como parte de um movimento de política pública em favor das resoluções alternativas de controvérsias (ADR).

Os tribunais poderiam e deveriam:
- Conduzir os processos até serem esgotados os meios de resolução alternativa de disputa (ADR);
- Ordenar a submissão da disputa ao processo de resolução alternativa de disputa (ADR);
- Proibir uma parte de invocar prematuramente uma cláusula de arbitragem ou rejeitar a eficácia de uma cláusula de arbitragem onde não ocorra o processo preliminar de resolução alternativa de disputa (ADR);
- Condicionar o litígio a que o processo multietapas seja concluído.

A lei modelo da Comissão das Nações Unidas para o Direito Comercial Internacional sobre Conciliação

Comercial Internacional de 2002 compatibiliza-se com esse movimento para a Mediação que foi modelado pela lei modelo UNCITRAL sobre Arbitragem de 1985, assinada em dois de junho de 2002. Como a lei modelo sobre arbitragem não é um tratado e os países são convidados a integrá-lo nas suas leis nacionais, poucos o fizeram até agora: Croácia, Albânia e Hungria. Os Estados Unidos endossaram-no como um serviço adicional ao modelo de ato de mediação. A cláusula de mediação pode ser integrada ao contrato original, ou, uma vez iniciada a disputa, a parte deveria ser preparada para propô-la mais de uma vez.

Apesar de ter algumas fraquezas, a norma mencionada deu um pequeno passo para garantir o cumprimento de acordos de mediação, mas somente quando o acordo estiver incluído em um multipasso, ou cláusula de solução de disputa multi-etapas de acordo com o artigo 13, que é o mais próximo de uma doutrina de executoriedade.

O art.14 trata de outra medida necessária para fazer da mediação algo atraente para os operadores de negócios internacionais: a eficácia do acordo alcançado por meio de mediação. A disciplina, no entanto, é falha, pois se limita a dizer que é obrigatória e exequível. Deixa questões em aberto como: será eficaz como qualquer contrato sujeito a um regime especial? Será eficaz como uma sentença arbitral? A incerteza resultante deve manter as partes distantes do processo (embora a eficácia justa de um acordo alcançada por meio da mediação devesse ser uma consequência natural).

Seja como for, deixa-nos a esperança de que os legisladores dediquem uma atenção adicional aos artigos 13 e 14. Caso contrário, as partes usarão a Mediação-Arbitragem, ou somente a Arbitragem.

6.4 A opção preferível: multi-etapas ou cláusula passo a passo

Na verdade, é cada vez mais comum na América do Norte e em outros lugares, as partes empresariais incluírem cláusulas de resolução de disputas multi-etapas nos contratos comerciais, às vezes referidas como cláusulas passo a passo ou de assunto escalado, as quais devem incluir algumas ou todas as seguintes etapas:

- Discussão, consulta ou negociação pelos representantes das partes;
- Mediação ou conciliação;
- Perito em determinação ou valoração;
- Arbitragem ou litígio.

Essas cláusulas multi-etapas incentivam as partes a buscar uma solução consensual ou conciliatória para as disputas contratuais, enquanto fornecem um pano de fundo na forma de um processo de solução de disputas obrigatório, tais como a arbitragem ou litígio, se a aproximação consensual fracassar.

Essa é a melhor modulação. Fornece às partes uma estrutura clara, progredindo de um estágio ao outro com regras claras e limites de tempo administrando como elas irão se mover da colaboração à sentença, se necessário.

Veja-se algumas sugestões para evitar ciladas conhecidas.

Existem muitas dificuldades que podem ser criadas repentinamente a depender da maneira como alguém esboça os ajustes e critérios para as cláusulas passo-a-passo. As seguintes sugestões foram dadas por Bryan Duguid, advogado e árbitro, (documento não publicado):

- Deixe claro se a interpretação que se busca é obrigatória, auxiliadora ou permissiva: Existe um envolvimento contínuo "tem", "deve", e "pode", e "deve" tem uma natureza híbrida, permitindo tanto uma interpretação mandatária como auxiliadora. Diga "tem" se você deseja que assim seja. "Deve" pode não ser suficiente. Isso se aplica, por exemplo, quanto a certos passos no processo de resolução de disputas, se têm de ser seguidos e quais os limites de tempo que têm de ser satisfeitos.

- Não use requerimentos subjetivos ou ambíguos: É muito comum se depara com cláusulas que requerem "boa-fé", "melhores intenções", ou negociações, "cheias de significado" ou que afirmam que um processo de negociação ou mediação está concluído quando não mais se torna produtivo ou não rende mais frutos. Cláusulas dessa natureza são impraticáveis muitas das vezes, tanto tecnicamente como na prática. Uma menção a um cumprimento específico de uma obrigação em termos de "boa-fé" seria menos que claro.

- Use períodos de tempo simples e claros, que permitam uma determinação objetiva do início e fim do ponto de cada período: Para iniciar o tique-taque do relógio para qualquer estrutura de tempo particular, a cláusula deveria especificar que a ação unilateral por uma das partes é tudo que é exigido (por exemplo, mediante a emissão de um aviso para as outras partes), sem a necessidade de acordo mútuo, cooperação de terceiro, ou a ocorrência de um evento externo. Além disso, deveria existir um processo de descumprimento/revelia claro destinado à nomeação de qualquer terceira parte (como um mediador ou um perito), por exemplo, designada pela autoridade nomeada.

- Especificar o nível de gerência a ser envolvido em qualquer negociação obrigatória: Quando for escolher o nível de autoridade exigido, considere que, comumente, especificar o nível de gerência acima da posição do(s) indivíduo(s) compatibiliza-se com a implementação do contrato que conduzirá a opinião de uma figura maior, autoridade elevada para resolver, e com ligação pessoal reduzida às questões em litígio.

- Estipular que um indivíduo servindo como mediador pode não servir como árbitro para a mesma disputa, a não ser que todas as partes concordem: Enquanto existem diferentes escolas de pensamento no que se refere às funções da mediação e da arbitragem a serem exercidas pelo mesmo indivíduo, dirimir-se de plano esta questão é uma maneira simples de evitar o debate.[32]

Tais aspectos devem ser integrados ao contrato original, visto que é pouco provável, por razões óbvias, que as partes concordem com a resolução alternativa de disputa (ADR) uma vez iniciado o litígio. Nesse estágio as partes podem estar ocupadas sustentando seus argumentos e uma parte ou outra perceberá que o litígio oferece alguma vantagem estratégica a que não renunciará em favor da ADR. Estabelecendo-se as

---

[32] Citação original em inglês. (N.T.).

condições de início também elimina-se o estigma de requerer negociação ou mediação quando a disputa já surgiu, afastando-se o medo de aparecer como a parte mais fraca no litígio.

Porém, mesmo se não integrada desde o início, iniciada a disputa, uma das partes deveria estar preparada para propor a ADR mais de uma vez.

7 Evitar litígios com as partes não inteiradas do contrato, *i.e.*, autoridades públicas ou partes terceiras que surgem na ocasião ou como resultado da transação de negócios internacionais

Serão descritas abaixo técnicas e medidas para prevenir disputas que comumente envolvem terceiros e autoridades públicas, em decorrência de um negócio internacional. Representam uma espécie de auditoria legal para assegurar que tais conflitos sejam evitados.

7.1 Conformidade com os programas para prevenir disputas

Embora todas as empresas e seus representantes legais concentrem-se em suas atividades econômicas cotidianas, o caráter internacional da transação ou operação para além de uma jurisdição unitária, adiciona a necessidade de compatibilização dos negócios com as leis em vigor em todos os sistemas nos quais o empreendimento produza potencialmente algum efeito.

Deve ser considerado o potencial de disputa não só em relação às partes, como também em relação a terceiros ou autoridades públicas.

Advogados de empresas envolvidas em transações internacionais deveriam, portanto, esforçar-se para assegurar que seus clientes estão cientes de tudo, do universo legal e regulatório, dos modelos aplicáveis às operações internacionais ou transações da empresa. Uma auditoria legal ou *check list* é obrigatório para se prevenir disputas. Algumas áreas que merecem particular atenção são:

- Disputas de Direito Societário

O Direito Societário busca prevenir e limitar condutas ilegais. Levando-se em conta que as empresas estão operando internacionalmente, em sua maioria, a conformidade com as leis de todas as jurisdições potencialmente aplicáveis é necessária para minimizar conflitos e disputas. Por exemplo, a entidade criada em A será reconhecida em B?

- Disputas envolvendo lei de propriedade intelectual

A atividade preventiva pode se manifestar em auditorias relacionadas à propriedade intelectual, com o objetivo de identificar num determinado negócio se está sendo respeitado o uso correto da propriedade intelectual, minimizando-se a possibilidade de responsabilização pelo uso indevido de bem intelectual pertencente a terceiro. Tal postura implica levar-se em conta vários instrumentos internacionais e leis estrangeiras potencialmente aplicáveis.

Por exemplo, uma empresa sediada no Québec, fazendo negócios nos Estados Unidos desejará evitar ser chamada perante um tribunal dos Estados Unidos por infração aos direitos de propriedade intelectual, especialmente por que normalmente resultam em grandes indenizações. Similarmente, o registro ou patente de marca canadense não será eficaz nos Estados Unidos, cabendo à companhia canadense providenciar o registro de sua patente ou marca naquele país, caso queira proteger seus direitos de propriedade intelectual.

- Disputas envolvendo leis ambientais

Violações de leis ambientais podem produzir multas expressivas, prejuízos por responsabilidade civil e até mesmo implicações criminais. Para evitar esses problemas, as empresas deveriam estar comprometidas com a total conformidade com relação a todas as jurisdições envolvidas.

- Disputas por responsabilidade dos produtos

Programas de prevenção por responsabilidade do produto deveriam ser estabelecidos para assegurar que tais produtos sejam designados, manufaturados e vendidos de uma maneira que esteja de acordo com as leis (federais, estaduais ou provinciais) e regulamentos de todas as jurisdições perante as quais os produtos possam ser e vendidos e/ou usados, também para que os avisos e instruções estejam em conformidade com as determinações legais, evitando-se multas e litígios.

- Controle de exportação de produtos, serviços e tecnologias locais

Todo produto, serviço e forma de tecnologia exportados de um estado local para um estado estrangeiro estão sujeito a controles de exportação. Numerosas regras existem, as quais no âmbito doméstico são relativamente simples. Elas se tornam mais complexas, contudo, quando são expandidas no contexto internacional, visto que cada estado tem um labirinto de estatutos e regulamentações que devem ser observadas pelo exportador para evitar disputas.[33]

- Lavagem de dinheiro e financiamento de atividades terroristas

Os países vêm aumentando a preocupação com a lavagem de dinheiro e com o financiamento de atividades terroristas. Essas preocupações levaram ao estabelecimento de cooperações internacionais e transfronteiriças no sentido de localizar pessoas envolvidas em qualquer dessas atividades ou que sejam suspeitas de saberem de tais atividades e falharem em denunciá-las. No Canadá, por exemplo, novos tipos penais foram recentemente

---

[33] Cf. WENIG, Matthew H. Exporting U.S. Products, Services and Technologies: An Overeview of the Regulations and Considerations Regarding Compliance Programs. (1995), v. 23 Denv. J. Int'l L & Pol'y, 569.

criados com este propósito. Esse esforço internacional para prevenir lavagem de dinheiro e financiamento de atividades terroristas tem aumentado a responsabilidade potencial de várias corporações, assim como a responsabilidade pessoal de seus administradores e diretores.

- Consenso para evitar práticas corruptas

O governo dos EUA ampliou recentemente seu foco nas ilações do Ato de Práticas Corruptas Estrangeiras (FCP). Este Ato proíbe pagamentos corruptos para oficiais estrangeiros com a finalidade de obter ou manter negócios domésticos que operam no exterior. As sanções podem incluir restituição de lucros associados à violação, assim como penalidades criminais. Portanto, programas anticorrupção são importantes ao incluir situações em que a aquisição de uma companhia poderá ser enquadrada.

7.2 Reestruturar operações para minimizar ou evitar disputas

Por fim, e para finalizar este artigo, uma auditoria legal embasada em prevenção deve abordar recomendações para a reestruturação de operações ou para que as operações sejam feitas de forma compatível com a natureza global das operações da companhia.

Além da utilização de filiais, toda corporação com operações multinacionais deveria, entre outras coisas, regularmente operar com auditoria jurisdicional para fins de determinar, por exemplo, se a empresa controladora pode estar sujeita à jurisdição pessoal por reclamações relacionadas ou não às atividades da filial naquela jurisdição.[34]

Tal posicionamento é particularmente importante para companhias estrangeiras que mantêm negócios em países onde a jurisdição pode ser estabelecida em zonas exorbitantes ou tênues, tais como sob as leis dos Estados Unidos, onde a jurisdição geral incide sobre um acusado em atividade constante, permanente e substancial no foro, mesmo se as reclamações afirmadas não estiverem relacionadas a tais atividades.

Da mesma maneira, a aceitação da doutrina ou agência do alter-ego, ou a perspectiva unificada da empresa aumentam o potencial alcance e responsabilidade da empresa controladora. Para evitar litigar em um foro não antecipado,[35] auditorias jurisdicionais deveriam ser conduzidas para análise das circunstâncias da companhia em particular. Devem incluir, entre outros aspectos:

- A estrutura e os objetivos da controladora e da filial;
- Se diretores e administradores são os mesmos para a empresa controladora e filial;
- Se a empresa controladora financia a filial;
- Se a filial opera com os seus próprios bens.

---

[34] Cf. TROOBOFF, Peter D. Jurisdictional Audits. *The National Law Journal*, June 17th, 2002, p. B11. Disponível em: <http://www.NLJ.com>.

[35] Cf. TALPIS, Jeffrey. *If I am from Grand-Mere, why am I being sued in Texas?* Themis, monograph, Montreal, 2001, para estratégias de prevenção.

Obviamente, a auditoria legal ou *check list* levará em consideração questões tributárias, assim como leis trabalhistas de qualquer jurisdição na qual a companhia ou qualquer de suas afiliadas e subsidiárias opere.

Informação bibliográfica deste texto, conforme a NBR 6023:2002 da Associação Brasileira de Normas Técnicas (ABNT):

TALPIS, Jeffrey A. Prevenção de disputas decorrentes de transações internacionais. *In*: MEIRELLES, Jussara Maria Leal de; RIBEIRO, Marcia Carla Pereira (Coord.). *Direito e desenvolvimento*: biomedicina, tecnologia e sociedade globalizada. Belo Horizonte: Fórum, 2011. p. 215-271. ISBN 978-85-7700-476-8.

Biotecnologia e Patenteabilidade: Implantação de Políticas Públicas de Desenvolvimento Econômico e Social

Marcos Wachowicz

Sumário: 1 Introdução – 2 Tecnologia e processos biotecnológicos inovadores – **2.1** Políticas de desenvolvimento voltadas para a biotecnologia – **2.2** Mapeamento do desenvolvimento tecnológico mundial e a posição do Brasil – **2.3** A implantação de políticas de desenvolvimento no Brasil – **2.3.1** Biotecnologia – **2.3.2** Biodiversidade – **2.3.3** Meio ambiente – **2.3.4** Biopirataria – **2.4** A responsabilidade do Estado nos planos de desenvolvimento sustentáveis – **2.5** Limitações do Registro do Patrimônio Imaterial na OMPI e OMC – **3** Considerações finais – Referências

> *Investimento e difusão de novas tecnologias são os motores do crescimento econômico.*
>
> (Joseph Schumpeter e Robert Solow)

1 Introdução

Na busca de apresentar novas reflexões sobre a questão do desenvolvimento tecnológico e patenteabilidade de processos biotecnológicos inovadores que represente uma efetiva proteção jurídica da biodiversidade no Brasil, o presente trabalho pautou por uma abordagem interdisciplinar enfocando os aspectos jurídicos, sociológicos e econômicos para uma melhor compreensão do tema. Demonstra ainda, a urgência de um tratamento jurídico adequado que venha a conciliar as questões relativas ao direito ambiental, ao direito da propriedade intelectual, bem como, da legislação aplicável à diversidade biológica brasileira diante da problemática da biopirataria.

Sem dúvida a evolução tecnológica atual tem repercutido no Direito de maneira particularmente acentuada.[1] Contudo a doutrina até agora não possui um conceito unânime sobre o termo tecnologia, antes aponta vários entendimentos, veja-se, a princípio a definição de Aurélio Wander Bastos: "A tecnologia não é a máquina ou a invenção, mas a regra técnica desenvolvida para produzi-la e manipulá-la".[2] Ou ainda a descrição feita por António Marques dos Santos: "A tecnologia é um fator de produção, por um lado, e uma mercadoria, por outro, isto é, um bem suscetível de ser vendido e comprado no mercado mundial".[3]

---

[1] Neste sentido, cf. BASTOS; TAVARES. *As tendências do direito público*: no limiar de um novo milênio, p. 692.

[2] BASTOS. *Dicionário brasileiro de propriedade industrial e assuntos conexos*, p. 260.

[3] SANTOS. *Transferência internacional de tecnologia, economia e direito*: alguns problemas gerais, p. 214.

Diante da dificuldade em se chegar a um consenso a respeito do conceito de tecnologia moderna, é interessante observar, como expôs Luiz Alfredo Ribeiro da Silva Paulin, alguns limites em relação à matéria: "nesse plano geral, constata-se que dois elementos sobressaem, de forma invariável, nas inúmeras definições de tecnologia: primeiro é o conhecimento; o segundo envolve a utilização desse conhecimento no contexto de uma atividade produtiva".[4]

O conceito de tecnologia aqui adotado é o de conjunto de conhecimentos, especialmente técnicos, utilizados para transformar a natureza e viabilizar em termos práticos o conhecimento científico. Porém é da linguagem econômica que se extrai a conceituação do termo tecnologia, relacionado a conhecimentos empregados na produção e comercialização de bens e serviços, integrado por conhecimentos científicos, provenientes das ciências, assim como por conhecimentos empíricos resultado de observações, experiências, atitudes específicas e tradição.[5]

As novas tecnologias utilizadas nas pesquisas desenvolvidas nos diversos ramos do conhecimento humano permitem aos analistas projetar um crescimento exponencial da atividade científica inédito na história

---

[4] PAULIN, Luiz Alfredo R. da S. Contribuição ao estudo dos contratos internacionais de know-how. São Paulo, 1994. f. 374. Tese (Doutorado) – Faculdade de Direito, Universidade de São Paulo, 1994. f. 83.

[5] Cf. Glossário Finep. Disponível em: <http://www.finep.gov.br/o_que_e_a_finep/conceitos_ct.asp>. Acesso em: 31 maio 2011.

da humanidade.[6] Porém, o binômio tecnológico responsável por este avanço está na conjugação de duas áreas científicas, a saber:

(i) a informática com o poder computacional;[7] e

(ii) a biotecnologia com o sequenciamento do DNA.[8]

A biotecnologia é uma das ferramentas tecnológicas mais importantes da atualidade, suas aplicações tem estruturado novos sistemas econômicos e sociais a partir da manipulação das menores estruturas que compõe os seres vivos. Tecnicamente biotecnologia é um conjunto de tecnologias que utilizam sistemas biológicos.

O desenvolvimento no Brasil da biotecnologia está ligado a dois elementos que se apresentam indissociáveis:

(i) o conhecimento da biodiversidade dos ecossistemas; e,

---

[6] "O século XX foi marcado por transformações substantivas no campo da Ciência e da Tecnologia e, em especial, em suas inter-relações. Ao alcançar a última década deste século, alguns teóricos do desenvolvimento social afirmavam estar em marcha um novo período em que o Conhecimento assumiria, dentre os demais meios de produção — simplificadamente, capital e trabalho —, a dominância no processo de geração de riqueza" (MACEDO; BARBOSA. *Patentes, pesquisa e desenvolvimento*: um manual de propriedade intelectual, p. 11).

[7] "A maioria dos cientistas concorda num ponto essencial: esse novo mundo será, em grande medida, moldado pela convergência digital, resultante da fusão das tecnologias da informação (TI), das telecomunicações e de multimídia, ou, numa palavra, infocomunicação" (SIQUEIRA. *2015*: como viveremos: o futuro, na visão de 50 famosos cientistas e futurologistas do Brasil e do mundo, p. 14).

[8] "Desde a década de 1950, a capacidade de nossos computadores cresceu por um fator de aproximadamente 10 bilhões. De fato, como a capacidade de processamento dos computadores e o ritmo de seqüenciamento do DNA duplicam mais ou menos a cada dois anos, podemos calcular o intervalo aproximado em que muitos avanços decisivos terão lugar" (KAKU. *Visões do futuro*: como a ciência revolucionará o século XXI, p. 29).

(ii) a utilização desse conhecimento no contexto de uma bio-atividade produtiva.

Nesse sentido, a temática do presente estudo relaciona a questão do modelo de desenvolvimento e proteção da biodiversidade com os impactos dos modelos de desenvolvimento sobre as culturas indígenas, analisando a proteção cultural como instrumento indireto de proteção e utilização da biodiversidade.

2 Tecnologia e processos biotecnológicos inovadores

Assim a partir do entendimento de que a tecnologia é um conjunto ordenado de conhecimentos empregados na produção e comercialização de bens e serviços, e que está integrada por conhecimentos científicos, provenientes das ciências naturais, sociais e também, por conhecimentos empíricos resultado de observações, experiências, atitudes específicas, tradição.

Entende-se que biotecnologia não é uma nova ciência, mas antes, é uma ferramenta tecnológica cuja aplicação e estudo se realiza a partir da manipulação das menores estruturas que compõe os seres vivos.

A biotecnologia pode ser então definida como um conjunto de tecnologias que utilizando os sistemas biológicos vem estruturar novos sistemas econômicos e sociais altamente competitivos no mundo atual.

Os processos biotecnológicos inovadores estão presente na maioria dos setores produtivos, dentre os quais se destaca, a saber:

(i) no setor agrícola encontra-se processos inovadores no desenvolvimento do adubo composto, nos pesticidas, silagem, nas mudas de plantas e as plantas transgênicas;

(ii) na indústria alimentícia, no desenvolvimento de tecnologias na produção de pães, queijos, cervejas, proteínas unicelulares, aditivos;

(iii)na indústria química os processos biotecnológicos propiciaram a o surgimento de produtos inovadores como o butanol, acetona, glicerol, ácidos, etanol e o biogás;

(iv)no setor do meio ambiente, vários processos inovadores podem ser encontrados na recuperação de petróleo, tratamento do lixo e purificação da água;

(v) na indústria de Fármacos, processos biotecnológicos são utilizados largamente na produção de antibióticos, hormônios, vacinas, reagentes e testes para diagnósticos;

(vi na indústria cosmética, processos biotecnológicos são utilizados na produção de cremes, loções, xampus, condicionadores, lipossomas.

A implementação de políticas governamentais de desenvolvimento no século XXI passa necessariamente por questões de proteção ao meio ambiente.

Isto desde a Conferência das Nações Unidas sobre o Meio Ambiente e Desenvolvimento, denominada internacionalmente por ECO-92 que foi realizada em 1992 no Brasil, na cidade do Rio de Janeiro, houve a confirmação de um movimento global de preocupação com os efeitos perigosos do desenvolvimento econômico sobre a qualidade do meio ambiente.[9]

A partir da ECO-92 tornou-se clara a distinção entre o modelo de políticas para um desenvolvimento sustentado, e de outro modelo para políticas voltadas para um desenvolvimento sustentável, a saber:

(i) O primeiro modelo sustenta a política de desenvolvimento tão somente nas bases e princípios econômicos, levando em conta os interesses antropocêntricos na expansão da economia.

(ii) O segundo modelo de desenvolvimento sustentável busca através de uma visão sistêmica, alcança o meio ambiente como um todo, pautando o desenvolvimento em políticas de tutela ambiental.

Assim é que ganharam atenção mundial as questões relativas as políticas de desenvolvimento sustentáveis. E, principalmente no Brasil, a necessária reflexão sobre a implantação de políticas de fomento a processos biotecnológicos inovadores.

---

[9] A ECO-92, Rio-92, Cúpula, ou Cimeira da Terra, nomes pelos quais é mais popularmente conhecida a Conferência das Nações unidas para o Meio Ambiente e o Desenvolvimento (CNUMAD), realizou-se de 3 a 14 de junho de 1992 no Rio de Janeiro. O seu objetivo principal era buscar meios de conciliar o desenvolvimento socioeconômico e industrial com a conservação e proteção dos ecossistemas da Terra.

2.1 Políticas de desenvolvimento voltadas para a biotecnologia

O Governo Federal brasileiro sancionou o Decreto nº 6.041, de 08.02.2007, criando o Comitê Nacional de Biotecnologia (CNB), instituindo as bases de política governamental voltada para a biotecnologia, com foco nas áreas da saúde humana, agropecuária, industrial e ambiental.

A estimativa governamental é de investir R$10 bilhões no setor, nos próximos dez anos, no sentido de estabelecer um ambiente adequado para o desenvolvimento de produtos e processos biotecnológicos inovadores, visando estimular eficiência da estrutura produtiva nacional, com o aumento da capacidade de inovação das empresas brasileiras, a absorção de tecnologias, a geração de negócios e a expansão das exportações.[10]

O CNB é representativo de diversas esferas do governo federal sendo coordenado pelo Ministério do Desenvolvimento, e composto por representantes da Casa Civil e de mais sete ministérios: Saúde, C&T, Agricultura, Meio Ambiente, Educação, Desenvolvimento Agrário e Justiça. Também integram o comitê a Embrapa, a Agência

---

[10] "A nova política permitirá investimentos de R$10 bilhões em biotecnologia no Brasil nos próximos dez anos. Desse total, 60% viriam de recursos públicos, tanto do Orçamento Geral da União como do Banco Nacional de Desenvolvimento Econômico e Social (BNDES) e de fundos destinados a investimentos em pesquisa, ciência e tecnologia. Os 40% restantes seriam de parceiros privados" (BRASIL ganha política de biotecnologia. *Agência FAPESP*).

Brasileira de Desenvolvimento Industrial (ABDI), o CNPq e a CAPES, além de instituições que ajudarão a financiar os projetos como BNDES e a Finep. O Instituto Nacional de Propriedade Industrial (INPI) e a Agência Nacional de Vigilância Sanitária (Anvisa) são os demais representantes.

O Comitê Nacional de Biotecnologia será assessorado pelo Fórum de competitividade de Biotecnologia e por órgãos colegiados do governo federal, incluindo a Comissão Nacional de Biossegurança (CTNBio), a Comissão Nacional de Biodiversidade (Conabio), o Conselho de Gestão do Patrimônio Genético (CGEN), o Conselho Nacional de Saúde (CNS) e o Conselho Nacional de Segurança Alimentar e Nutricional (Consea).

Desta forma a implementação da política de biotecnologia no país passa a ser coordenada por uma instância colegiada multidisciplinar, de caráter consultivo e deliberativo, que é o CNB, com poderes para propor e implementar mecanismos de monitoramento e avaliação dos programas de biotecnologia, nas áreas de saúde humana, agropecuária, industrial e ambiental.

2.2 Mapeamento do desenvolvimento tecnológico mundial e a posição do Brasil

A implantação pelo Governo brasileiro de políticas governamentais e aporte de recursos em pesquisas e novos processos biotecnológicos inovadores é sem dúvida imprescindível para que se possa almejar alcançar um desenvolvimento sustentável para o país.

O Brasil necessita de ações governamentais com vistas à criação de novos sistemas socioeconômicos de produção que demandem processos biotecnológicos que possibilitem alterar favoravelmente, dentro do quadro mundial de desenvolvimento tecnológico, a posição ocupara pelo país.

A Organização Mundial de Propriedade Intelectual (OMPI) deu publicidade a uma pesquisa por ela própria realizada sobre o desenvolvimento tecnológico mundial, apontando que entre 1995 até 2005 o número de patentes concedidas em todo o mundo tem aumentado em média 3,6% ao ano, sendo concedida cerca de 600 mil patentes só no ano de 2005.

A pesquisa da OMPI revelou, ainda, que no final de 2005 estavam vigentes no mundo cerca de 5,6 milhões de patentes.

A pesquisa de 2005 da OMPI confrontando a relação direta entre as patentes concedidas por país e sua população, revelou um novo ranking liderado agora pelo Japão, que tem cerca de 3 mil patentes obtidas para cada milhão de habitantes. Em segundo lugar ficou a Coreia do Sul, na proporção de 2,5 patentes para cada milhão de habitantes. Estados Unidos, Alemanha e Austrália são respectivamente, 700, 600 e 500 patentes para cada milhão.

A pesquisa da OMPI detalhou as cinco regiões que mais recebem demandas para depósitos de patentes a saber: (i) Japão, (ii) Estados Unidos, (iii) China, (iv) Coreia do Sul, e (v) Escritório Europeu de Patentes. Destacando, ainda o fato de que estas cinco regiões representam 77% das demandas por depósitos de patentes e 74% das patentes concedidas em todo o mundo.

Neste quadro mundial uma comparação direta com o Escritório do Instituto Nacional de Propriedade Industrial (INPI) brasileiro revela que o Brasil está em 12º lugar entre os escritórios que mais concedem patentes no mundo. Porém, a OMPI verificou que houve uma redução de 13, 5% no número de patentes concedidas em 2005 comparativamente com o ano anterior.

O decréscimo em números absolutos na concessão de patentes do Escritório brasileiro merece uma análise mais detalhada. Em primeiro lugar, pelo fato de que o número de patentes concedidas para não residentes em 2005 ter sido maior do que as patentes concedidas para residentes vêm demonstrar que o país é repositório de tecnologia estrangeira, e revelar um arrefecimento do fluxo de investimentos internacionais. Isto se verifica pela redução das patentes concedidas comparativamente com os dados de 2004, no qual se constata uma redução de 1,8% no número de patentes concedidas para residentes e uma redução de 17% das patentes concedidas para não residentes.

A análise é clara, no tocante ao Brasil, por ser um país dependente tecnologicamente. Os dados obtidos atualmente pela OMPI revelam que o Brasil detém cerca de mil patentes, e, os Estados Unidos lideram o ranking, com cerca de 160 mil patentes.

Se realizarmos uma análise comparativa da evolução dos dados sobre patenteamento nos Estados Unidos, patentes originárias da Coreia do Sul e do Brasil entre os anos de 1969 e 2001, temos uma situação ainda mais preocupante no seguinte quadro comparativo:

País	1969	1975	1984	1988	1992	1996	1998	1999	2000	2001
Brasil	18	18	20	29	40	63	74	91	98	110
Coreia do Sul	0	7	29	97	538	1493	3259	3362	3314	3538

Fonte: NSF (2000).

A evolução tecnológica havida na Coreia do Sul é expressiva se considerada a sua posição nas últimas duas décadas. Isto a ponto de colocar o país em sétimo lugar no ranking das invenções, entre os países que mais registraram patentes em 2003, com 2.900 registros, enquanto o Brasil conseguiu apenas o registro de 221 patentes.[11]

2.3 A implantação de políticas de desenvolvimento no Brasil

A implantação de políticas de desenvolvimento para o país deve considerar quatro vetores: a biotecnologia, a biodiversidade, o meio ambiente e a biopirataria.

2.3.1 Biotecnologia

O desenvolvimento da biotecnologia e a proteção da biodiversidade biológica são indissociáveis da

---

[11] Ranking: 1º lugar Estados Unidos com 41.000, 2º lugar Japão com 16.700, 3º lugar Alemanha com 13.900, 4º lugar Inglaterra com 6.000, 5º França com 4.700, 6º lugar Holanda com 4.100, e em 7º Coreia do Sul com 2.900. Fonte: OMPI (2003)

implantação de políticas públicas que pautem por um desenvolvimento sustentável.

2.3.2 Biodiversidade

A biodiversidade, no caso brasileiro, é fator de competitividade do país para reverter o quadro de dependência tecnológica. Isto porque, o Brasil é um dos doze países no mundo que juntos concentram aproximadamente 70% da biodiversidade existente no planeta, e ainda, cerca de 15 a 20% dela está no Brasil, segundo o Ministério do Meio Ambiente.

A proteção da biodiversidade é emergencial para o país, na medida em que o próprio Ministério da Ciência e Tecnologia revela que 80% dos investimentos realizados na área da industria farmacêutica está concentrada nos sete países mais ricos do mundo e que grande parte da matéria-prima é formada por recursos genéticos colhidos no Brasil, em especial da Amazônia Legal.[12]

2.3.3 Meio ambiente

A urgência de um tratamento jurídico adequado que venha a conciliar as questões relativas ao direito ambiental, ao direito da propriedade intelectual, bem como, da problemática da biopirataria traz subjacente a

---

[12] Fonte: MCT e MMA. Disponível em: <http://www.comciencia.br/reportagens/biodiversidade/bio05.htm>. Acesso em: 31 maio 2011.

questão do modelo de desenvolvimento que se pretende implementar na Amazônia Legal[13] e a proteção da sua biodiversidade.

No Brasil, a Constituição Federal de 1988, em seu artigo 225, já determinava a incumbência do poder público de preservar a diversidade e a integridade do patrimônio genético do país e o dever do Estado em fiscalizar as entidades dedicadas à pesquisa e manipulação do patrimônio genético.

É necessário precisar, por exemplo, a questão do desenvolvimento, mensurando seu impacto sobre as culturas indígenas, analisando a proteção cultural como instrumento indireto de proteção e utilização da biodiversidade.

O recente estudo organizado por Débora Lima, do Departamento de Sociologia e Antropologia da Universidade Federal de Minas Gerais (UFMG), registrou que, mormente os índios desconheçam a expressão problemas ambientais, a maior etnia da Amazônia, com 35 mil índios, os ticunas, perceberam nos últimos anos que

---

[13] A Amazônia Legal é uma área que engloba vários Estados brasileiros pertencentes à Bacia Amazônica e, consequentemente, possuem em seu território trechos da Floresta Amazônica. Com base em análises estruturais e conjunturais, o governo brasileiro, reunindo regiões de idênticos problemas econômicos, políticos e sociais, com o intuito de melhor planejar o desenvolvimento social e econômico da região amazônica, instituiu o conceito de Amazônia Legal. A atual área de abrangência da Amazônia Legal corresponde à totalidade dos Estados do Acre, Amapá, Amazonas, Mato Grosso, Pará, Rondônia, Roraima e Tocantins e parte do Estado do Maranhão (a oeste do meridiano de 44° de longitude oeste), perfazendo uma superfície de aproximadamente 5.217.423 km² correspondente a cerca de 61% do território brasileiro.

os animais de pelo, pena e bico, assim como os peixes e a madeira já não são tão numerosos na várzea do Alto Solimões, fronteira com Peru e Colômbia.[14]

Preocupados com a escassez da "nossa terra" — como chamam o meio ambiente —, eles foram a campo com gravadores e câmaras fotográficas e recorreram até a Lei de Educação Ambiental para lutar pela preservação da natureza junto aos moradores do local.

2.3.4 Biopirataria

A questão da biopirataria, no caso brasileiro, pode ser relacionada a como proteger o conhecimento associado do índio brasileiro, na medida em que a propriedade intelectual tutela um bem abstrato e incorpóreo, oriundo do mundo das idéias, mas fruto do intelecto de uma pessoa singular, e o conhecimento indígena advém da observação coletiva da própria natureza.

Com efeito, a biopirataria, especialmente no Brasil, tem sido tema recorrente tanto na grande mídia, como nos meios acadêmicos, refletindo uma grande preocupação de ambientalistas, de órgãos governamentais e da comunidade acadêmica com a necessidade de uma tutela mais efetiva.

O sucesso de políticas governamentais de desenvolvimento biotecnológicos para o país é indissociável

---

[14] LIMA. *Ngiã nüna tadaugü i torü naãne*: vamos cuidar da nossa terra, p. 216; LIVRO ticuna retrata a várzea do Alto Solimões. *JC e-mail*.

da solução em relação à biopirataria, o que implica uma proteção jurídica do conhecimento tradicional associado existente no país, pautada por uma abordagem dos direitos ambientais, levando-se em consideração os aspectos jurídicos, sociológicos e econômicos de proteção do conhecimento tradicional associado.

A necessidade da regulamentação do acesso à diversidade biológica do país é premente, e decorre da proliferação de pesquisadores e de interesses estrangeiros sobre os princípios ativos das plantas usadas na medicina indígena.

O conhecimento indígena é utilizado por inúmeros países na produção de bens industriais, muito antes do desenvolvimento do sistema internacional de propriedade intelectual pela Convenção de Paris de 1883.

Como exemplo, veja-se a transferência de 70 mil sementes de seringueiras do Brasil, levadas para a Inglaterra no ano de 1876, e que mais tarde foram enviadas para o Sri Lanka, Cingapura e para a Malásia.[15]

Recentemente, no Brasil, tome-se o caso da pesquisa desenvolvida pela Universidade do Estadual Paulista (Unesp), a partir dos conhecimentos tradicionais que uma aluna colombiana possuía sobre determinado tipo de café (*calycophyllum Spruceanum*), chamado de mulateiro-da-várzea. Tal conhecimento desvelou que o pó feito da casca da referida planta era usado tradicionalmente pelos índios da amazônia para combater uma doença

---

[15] WANDSCHEER. *Patentes & conhecimento tradicional*: uma abordagem sociambiental da proteção jurídica do conhecimento tradicional, p. 66.

de pele causada por aracnídeo e para embelezamento da pele e cabelo.

A partir destas informações, os estudos de laboratórios concluíram que a planta possui compostos antioxidantes que impedem o envelhecimento da pele, com evidente interesse comercial, fazendo surgir um impasse entre a ação de reconhecimento das propriedades e o conhecimento tradicional de um povo.

É preciso ter-se claro que o uso em si do que é de seu conhecimento tradicional não fere o direito dos povos indígenas em seus usos e costumes. Os problemas a serem considerados, no entanto, podem ser assim agrupados:

(i) Restrições à utilização de seus próprios saberes, como acontece quando do patenteamento de um ou mais produtos originários de suas culturas;

(ii) Impossibilidade de usufruírem economicamente da sua exploração.

A apropriação dos saberes indígenas e do patrimônio genético da biodiversidade existente na Amazônia legal, cuja exploração econômica em outros países se opera sem repartição equitativa dos benefícios decorrentes da industrialização e proteção patentária é, desde 1997, objeto de estudos pelo Congresso brasileiro, no caso da associação Selvaviva, dirigida por um austríaco, que comercializava, sem autorização plantas medicinais e o conhecimento tradicional de comunidades indígenas associado a elas.

2.4 A responsabilidade do Estado nos planos de desenvolvimento sustentáveis

As repercussões do desenvolvimento e as articulações de problemas ecológicos obrigam à aceitação de uma nova modalidade de responsabilidade do Estado, a denominada responsabilidade de longa duração, entendida a partir de quatro primados basilares:

(i)   o princípio do desenvolvimento sustentável;

(ii) o princípio do aproveitamento racional dos recursos;

(iii) o princípio da salvaguarda da capacidade de renovação e estabilidade ecológica destes recursos; e,

(iv) o princípio da solidariedade entre gerações.[16]

A responsabilidade de longa duração pressupõe a obrigatoriedade de o Estado adotar medidas de proteção adequadas para uma existência condigna das futuras gerações ordenadas à garantia da sobrevivência da espécie humana, o que não se pode extrair das políticas atuais de desenvolvimento.

O impacto no plano cultural também não pode ser menosprezado, uma vez que a busca do desenvolvimento afeta e altera o modo de convivência do próprio ser humano em sociedade, na medida em que vem sendo atingidas muitas comunidades e populações ribeirinhas da floresta amazônica.

---

[16] CANOTILHO; LEITE. *Direito constitucional ambiental brasileiro*, p. 6.

2.5 Limitações do Registro do Patrimônio Imaterial na OMPI e OMC

As limitações ao registro do patrimônio imaterial, mais especificamente no que tange ao conhecimento tradicional e o acesso ao patrimônio genético, são objeto de discussão em nível internacional, em organismos como a Organização Mundial da Propriedade Intelectual (OMPI) e a Organização Mundial do Comércio (OMC).

Na OMPI, as conclusões em relação ao conhecimento tradicional associado aos recursos genéticos inclinam-se para a inclusão dos conhecimentos tradicionais no estado da técnica, o que pressupõe a revisão dos critérios existentes e a necessidade de elaboração de novos critérios que permitam uma integração eficaz dos dados de catalogação dos conhecimentos tradicionais no estado da técnica suscetível de busca.

Além disso, prevê a criação de um sistema *sui generis* específico para a proteção dos conhecimentos tradicionais e a elaboração de um estudo técnico sobre os requisitos de divulgação de patentes relativas aos recursos genéticos e aos conhecimentos tradicionais.

Por outro lado, no que tange a posição adotada pela OMC deste a adoção do Acordo TRIPs, em 1994, que foi recepcionado pela legislação brasileira pelo Decreto Legislativo 30, de 15 de dezembro de 1994, implantou-se um sistema normativo eficiente para proteção da propriedade intelectual, na medida em que se estabelece parâmetros mínimos a serem respeitados para a elaboração das leis nacionais.

O Brasil tem postulado reiteradas vezes junto à OMC a possibilidade de modificações no Acordo TRIPs, com vistas à incorporação dos princípios da Convenção da Diversidade Biológica (CDB).

A posição brasileira é clara, no sentido da modificação do artigo 27.3 do TRIPs, para a inclusão de condicionantes para a concessão de patentes, com base nos princípios da CDB. Vale dizer: os escritórios de patentes nacionais ao analisar um processo ou produto derivado de recursos genéticos ou de conhecimento tradicional associado deveriam exigir a comprovação de três aspectos complementares:

a) divulgação quanto à origem, declarando-se em que país foi obtido o recurso genético ou o conhecimento tradicional;

b) comprovação do consentimento prévio da autoridade nacional do país correspondente; e

c) comprovação de repartição justa e equitativa dos benefícios decorrentes daquela proteção intelectual.

Assim, uma vez adotado tal procedimento, independentemente do país no qual a patente fosse concedida, o INPI local, ao requisitar o cumprimento dos quesitos supra, teria garantido que a proteção intelectual tenha sido processada pelo INPI do país de origem ou detentor do conhecimento tradicional.

Por outro lado, a proteção dos conhecimentos tradicionais dos povos no Brasil tem sido percebida especialmente em relação ao controle do acesso ao patrimônio genético e à proteção dos conhecimentos tradicionais fundadas na Medida Provisória nº 2.186 de

2001, que vincula estes temas à justa e equitativa repartição de benefícios.

Contudo, esta legislação não protege os povos e seus saberes, antes, estimula a apropriação individual dos recursos genéticos nacionais.

As novas políticas públicas traçadas pelo Governo brasileiro, coordenadas agora pelo Comitê Nacional de Biotecnologia (CNB), na medida em que buscam estabelecer um ambiente adequado para o desenvolvimento de novos produtos e processos biotecnológicos, estimulando o aumento da capacidade de inovação das empresas brasileiras, não poderão tratá-los isoladamente, sem considerar a preservação da biodiversidade, a tutela acesso ao patrimônio genético, a criação de um banco de dados nacional dos conhecimentos tradicionais a ela associados.

No Brasil, também foi determinada pelo Governo Federal, por meio do Decreto 3551, de 04 de agosto de 2000, a criação pelo Ministério da Cultura de um Banco de Danos Nacional, para a realização do registro *sui generis* dos conhecimentos tradicionais no Livro de Registro de Saberes.

Trata-se de registro de propriedade imaterial não vinculado ao Instituto Nacional de Propriedade Industrial (INPI), que é órgão por excelência especializado no registro de tecnologia e que teria dificuldade de compreender e mensurar as especificidades socioculturais intrínsecas aos conhecimentos tradicionais inerentes à cultura do índio brasileiro.

Contudo, além do Ministério da Cultura é essencial para a consecução ampla do banco de dados dos conhecimentos tradicionais, a participação do Ministério do Meio Ambiente, da Fundação Nacional do Índio (FUNAI) e do próprio INPI, no aprofundamento e desenvolvimento do modelo proposto pelo Decreto nº 3.551/2000, não apenas para o Registro de Bens Culturais de Natureza Imaterial que constituem patrimônio cultural brasileiro, mas também, para uma maior efetividade do Programa Nacional do Patrimônio Imaterial.

3 Considerações finais

As relações do desenvolvimento com o meio ambiente sempre foram conflituosas, a exemplo do que já aconteceu com a Revolução Industrial e a extração de carvão para a produção da energia necessária à produção dos bens industriais. Na sociedade industrial, as exigências de energia e o modelo de crescimento estiveram em antagonismo com o meio ambiente conduzindo a consequências devastadoras para o equilíbrio ambiental.

A estrutura socioeconômica baseada exclusivamente na extração e produção de bens industriais, bem como na sua utilização é, sem dúvida, nociva, poluente e de crescimento limitado.

A tensão entre a natureza e o desenvolvimento da sociedade aparece nos riscos do esgotamento e dos desperdícios das fontes de energia não renováveis, ligados ao modelo da sociedade industrial com a devastação ambiental; nos riscos de contaminação ambiental decorrente da falta de uma efetiva adoção de tecnologias não poluentes e não esgotáveis e nos riscos da reprodução, em países em desenvolvimento, do modelo energético advindo do meio tecnológico industrial.

Estima-se que o desenvolvimento no século XXI se promova de maneira mais limpa e menos devastadora ao meio ambiente do que já o foi, segundo a experiência histórica, reduzindo-se sobremaneira suas repercussões no plano ambiental como se espera de um desenvolvimento de índole sustentável.

A transformação efetiva da estrutura dos modelos de produção baseados na produção industrial, para o novo modelo da revolução tecnológica, poderá propiciar novos pontos de equilíbrio, muito mais satisfatórios, entre o desenvolvimento racional e equilibrado, bem como entre o ser humano e o meio ambiente.

Assim, o desenvolvimento de novos produtos e processos biotecnológicos inovadores não podem ser tratados isoladamente, sem considerar a preservação da biodiversidade, a tutela acesso ao patrimônio genético e dos conhecimentos tradicionais a ela associados.

Referências

BASTOS, Aurélio Wander. *Dicionário brasileiro de propriedade industrial e assuntos conexos*. Rio de Janeiro: Lumen Juris, 1997.

BASTOS, Celso Ribeiro; TAVARES, André Ramos. *As tendências do direito público*: no limiar de um novo milênio. São Paulo: Saraiva, 2000.

BRASIL ganha política de biotecnologia. *Agência FAPESP*, São Paulo, 9 fev. 2007. Disponível em: <http://www.agencia.fapesp.br/6718>. Acesso em: 31 maio 2011.

CANOTILHO, José Joaquim Gomes; LEITE, José Rubens Morato (Org.). *Direito constitucional ambiental brasileiro*. São Paulo: Saraiva, 2007.

KAKU, Michio. *Visões do futuro*: como a ciência revolucionará o século XXI. Tradução de Maria Luiza X. de A. Borges. Rio de Janeiro: Rocco, 2001.

LIMA, Débora (Org.). *Ngiã nüna tadaugü i torü naãne*: vamos cuidar da nossa terra. Belo Horizonte: Ed. UFMG, 2006.

LIVRO ticuna retrata a várzea do Alto Solimões. *JC e-mail*, São Paulo, n. 3181, 11 jan. 2007. Disponível em: <http://www.jornaldaciencia.org.br/Detalhe.jsp?id=43718>. Acesso em: 31 maio 2011.

MACEDO, Maria Fernanda Gonçalves; BARBOSA, A. L. Figueira. *Patentes, pesquisa e desenvolvimento*: um manual de propriedade intelectual. Rio de Janeiro: Fiocruz, 2000.

PAULIN, Luiz Alfredo Ribeiro da Silva. *Contribuição ao estudo dos contratos internacionais de know-how*. 1994. 374 f. Tese (Doutorado em Direito) – Faculdade de Direito, Universidade de São Paulo, São Paulo, 1994.

SANTOS, António Marques dos. *Transferência internacional de tecnologia, economia e direito*: alguns problemas gerais. Lisboa: Centro de Estudos Fiscais, 1984.

SIQUEIRA, Ethevaldo. *2015*: como viveremos: o futuro, na visão de 50 famosos cientistas e futurologistas do Brasil e do mundo. 2. ed. São Paulo: Saraiva, 2004.

WANDSCHEER, Clarissa Bueno. *Patentes e conhecimento tradicional*: uma abordagem socioambiental da proteção jurídica do conhecimento tradicional. Curitiba: Juruá, 2004.

Informação bibliográfica deste texto, conforme a NBR 6023:2002 da Associação Brasileira de Normas Técnicas (ABNT):

WACHOWICZ, Marcos. Biotecnologia e patenteabilidade: implantação de políticas públicas de desenvolvimento econômico e social. *In*: MEIRELLES, Jussara Maria Leal de; RIBEIRO, Marcia Carla Pereira (Coord.). *Direito e desenvolvimento*: biomedicina, tecnologia e sociedade globalizada. Belo Horizonte: Fórum, 2011. p. 273-296. ISBN 978-85-7700-476-8.

Análise Econômica do Direito à Informação para o Consumo e a Construção de um Modelo de Desenvolvimento Sustentável[1]

Leonel Betti Jr.

Sumário: 1 Introdução – **2** O consumo e o papel da informação nos mercados – **3** O direito à informação e o consumo no ordenamento jurídico brasileiro – **4** A questão ambiental – **4.1** A degradação ambiental como falha informacional sistêmica – **5** Perspectivas: o direito à informação ambientalmente adequada

1 Introdução

O presente trabalho buscará analisar a questão do fornecimento de informações por parte dos fornecedores

---

[1] Trabalho apresentado, com pequenas variações, no *workshop* de pesquisa "Por uma noção de sociedade de informação", realizado no âmbito do Programa Nacional de Cooperação Acadêmica (PROCAD), "Sociedade de informação, democracia, desenvolvimento e inclusão tecnológica" promovido em conjunto pela PUCPR, UFSC, UNISANTOS e UNIBRASIL. Desde logo, o autor agradece as críticas e sugestões recebidas naquela oportunidade e à CAPES, financiadora do projeto.

aos consumidores, tendo em vista a perspectiva surgida através da constatação dos efeitos nocivos decorrentes da degradação ambiental, ou melhor, da tomada de consciência acerca do que se pode resumir como a *questão ambiental*.[2]

Em um primeiro momento, será exposto o papel que as informações relativas à qualidade e características dos produtos e serviços desenvolvem na formação das preferências dos consumidores e, mais especificamente, como a assimetria de informações entre compradores e vendedores pode levar aqueles à procederem escolhas prejudiciais aos seus próprios interesses.

Em um segundo momento, será apresentada a questão da degradação ambiental e como ela se relaciona com o consumo. Conectando esta parte com a exposição antecedente, a proposta que se apresenta é a de que os efeitos ambientalmente indesejáveis do consumo decorrem não somente das falhas de mercado geralmente relacionadas ao problema ambiental (externalidades negativas e uso de bens comuns) mas, também, de um déficit informacional dos consumidores em relação aos dados pertinentes ao impacto ambiental dos produtos e serviços e às consequências coletivas de seus próprios hábitos de consumo.

Por fim, com base nas premissas e inferências expostas, o trabalho buscará indagar como a regulação

---

[2] Expressão utilizada para significar o conjunto de circunstâncias atinentes à interação entre sociedade e meio ambiente, principalmente no que diz respeito aos impactos deletérios do modo de produção e consumo sobre a capacidade de suporte deste (esgotamento de recursos, poluição, etc.).

jurídica pertinente à informação para o consumo pode contribuir para a construção de um modelo de desenvolvimento sustentável.

2 O consumo e o papel da informação nos mercados

Segundo define a teoria econômica clássica, as transações econômicas são realizadas por agentes que buscam alocar recursos visando maximizar a utilidade que tais alocações podem lhes proporcionar. Tal perspectiva pressupõe que os agentes tenham acesso às informações pertinentes e possam, ainda que em nível superficial, processar tais informações de acordo com suas preferências (paradigma da racionalidade).

Uma das pedras angulares desse marco teórico é a noção de que os preços transmitem informações, contendo em si os dados relevantes e essenciais aos agentes interessados. Em outras palavras: os preços constituiriam sinalização precisa e suficiente acerca das características e das circunstâncias de escassez ou abundância (tanto presente quanto potencial/futura) dos produtos e serviços.[3] Desta forma, a tomada de escolha com base nos preços (ou seja, nas informações a eles subjacentes), conduziria ao equilíbrio do mercado e à alocação mais eficiente de recursos.

---

[3] NUSDEO, Fábio. *Curso de economia*: introdução ao direito econômico. São Paulo: Revista dos Tribunais, 1997. p. 143.

Sem embargo, as circunstâncias postas pela realidade (e bem constatadas pelos economistas) provaram que, na prática, os mercados apresentam distorções na transmissão de informações, o que leva os agentes a procederem escolhas deletérias aos seus próprios interesses e, em última análise, prejudiciais aos interesses comuns da sociedade. Neste particular, a teoria das falhas de mercado identifica a dinâmica da assimetria de informações.

A teoria da assimetria de informações (ou dos mercados com informações assimétricas) tem por base a constatação de que os agentes econômicos possuem diferentes graus de acesso às informações relevantes e, também, diferentes possibilidades de processamento dessas informações. Assim, tomam suas decisões com base em uma percepção imperfeita/parcial da realidade. Em 2001, o Prêmio Nobel de Economia[4] foi concedido a George Akerlof (University of California/Berkeley), Michael Spence (Stanford University) e Joseph Stiglitz (Columbia University), por suas pesquisas na compreensão (e possíveis formas de atenuação) dos efeitos provocados pela assimetria de informações nos mercados.

Akerlof, em seu seminal artigo "The Market for Lemons: Quality Uncertainty and the Market Mechanism", demonstrou que a assimetria de informações (ou déficit informacional dos consumidores) pode dar origem ao que denominou *seleção adversa*.[5] Tal fenômeno ocorre

---

[4] *Bank of Sweden Prize in Economic Sciences in Memory of Alfred Nobel.*

[5] Para um resumo dessas questões, cf.: Markets with assymmetric information. Disponível em <http://nobelprize.org/nobel_prizes/economics/laureates/2001/public.html>. Acesso em: 31 maio 2011.

quando os vendedores são mais bem informados do que os compradores acerca da qualidade dos produtos (aí, então, a assimetria). Se o mercado não é regulado e a informação pertinente é transmitida unicamente pelo mecanismo de preços, os produtos de alta e baixa qualidade concorrem entre si tendo a expressão monetária como único critério de diferenciação disponível aos consumidores. Assim, a procura pelos produtos de alta qualidade é drasticamente reduzida (em razão de seu preço mais elevado), o que levará à inviabilização de sua oferta e, portanto, à exclusão do mercado. Logo, em razão dessa "seleção adversa", restarão disponíveis aos consumidores apenas os produtos de baixa qualidade.[6]

Diz-se "seleção adversa" justamente porque, em tese, o mecanismo de mercado deveria servir para selecionar os produtos de maior qualidade ofertados a um preço mais razoável, levando a uma alocação ótima dos recursos sociais (escassos) e, em última análise, ao melhor atendimento dos legítimos interesses dos consumidores (e, portanto, de toda a sociedade). Em razão do apontado déficit (assimetria) de informações, é possível que, na ausência de regulação (ou na presença de regulação ineficiente), se dê circunstância diversa: a seleção dos produtos de baixa qualidade, ofertados a um preço desproporcionalmente alto (o que é possível pela ausência de

---

[6] Akerlof denomina tais produtos problemáticos de "limões", posto que utiliza como base empírica o mercado de carros usados e estes, quando problemáticos e de baixa qualidade, são coloquialmente denominados de *lemons* na América do Norte (de forma semelhante a que, no Brasil, rotula-se algo problemático como "abacaxi").

concorrentes de maior qualidade) e, portanto, gerando-se efeitos prejudiciais aos interesses públicos.

Encerrando o ponto, vale destacar que o fenômeno consubstanciado no apontado déficit informacional é praticamente inerente ao mercado de produção e consumo massificados, na medida em que os produtores/fornecedores detém todas as informações acerca da própria concepção dos bens de consumo, controlando e determinando suas características, qualidade, quantidade, forma e riscos de utilização etc.. Na outra ponta, os consumidores não detém os dados relevantes acerca do que consomem, seja porque efetivamente não têm acesso a essas informações ou porque, mesmo que elas estejam disponíveis (em algum lugar), o custo de sua obtenção (ainda que apenas em tempo) é por demais desvantajoso.[7]

3 O direito à informação e o consumo no ordenamento jurídico brasileiro

A liberdade de iniciativa é definida no art. 170, *caput*, da Constituição de 1988 como fundamento da Ordem Econômica. A finalidade desta ordem é propiciar

---

[7] Na proporção do aumento dos custos de transação e de oportunidade. Imagine-se o caso dos carros usados: para obter informações seguras acerca da real situação do automóvel o potencial comprador deverá levá-lo até um mecânico de confiança, para que este proceda uma revisão do veículo. Desta forma, o possível adquirente suportará não apenas maiores custos financeiros (pagamento ao mecânico) mas, também, do custo de oportunidade na forma do tempo que gastará no procedimento (no qual deixará de fazer qualquer outra coisa).

a todos existência digna, conforme os ditames da justiça social, observando-se princípios dentre os quais se destacam — por sua relevância ao tema proposto — os insculpidos nos incisos IV e V do art. 170: a livre concorrência e a defesa do consumidor. Pode-se, assim, dizer que, na formatação da Ordem Econômica definida na Constituição de 1988, a liberdade de iniciativa econômica é instrumentalizada (por valores como a livre concorrência e a defesa do consumidor) com vistas a propiciar condições de existência digna a todos (o que constitui a própria *finalidade* da ordem econômica).[8]

A liberdade de iniciativa econômica não é apenas a liberdade de o fornecedor desenvolver e ofertar seus produtos e serviços no mercado, mas, em igual medida, é a liberdade de o consumidor escolher, dentre esses, aqueles mais adequados à satisfação de suas necessidades. Em sentido socio-sistemático, a Constituição erige a livre concorrência como princípio da ordem econômica, assumindo-a como o meio hábil para, além de estimular uma produção mais adequada, garantir diversidade e possibilidades de escolha aos consumidores (de forma que o mecanismo de mercado possa produzir seus efeitos

---

[8] "Existência digna" pressupõe "existência", que se dá inserta em um "meio" (ou "meio ambiente"). Por isso, consoante a própria natureza humana e instinto de autopreservação (individual e social), a Constituição estabelece que todos têm direito a um meio ambiente equilibrado, essencial à sadia qualidade de vida, impondo ao Poder Público e à coletividade o dever de defendê-lo e preservá-lo para as presentes e futuras gerações. Note-se, ademais, que a defesa do meio ambiente também é princípio da ordem econômica (art. 170, VI). A assertiva é importante para conectar o direito à informação (objeto deste tópico) com o próximo.

desejáveis de seleção dos produtos de maior qualidade ofertados a preços mais razoáveis, maximizando-se o benefício social).

Ante diversas possibilidades de eleição, o consumidor decide e age (ou seja, exerce efetivamente sua liberdade) com base nas informações que possui sobre os produtos/serviços e, também, com as que detém acerca dos próprios fornecedores/ofertantes.[9] Como visto acima, todavia, não é raro que ocorram distorções em razão de diferenças (assimetria) nas possibilidades de acesso e assimilação das informações disponíveis, o que pode levar os consumidores a escolhas deletérias aos seus próprios interesses (seleção adversa). Neste contexto, torna-se juridicamente relevante regular a qualidade destas informações e garantir que os consumidores tenham fácil acesso à elas, minimizando — *senão anulando* — os custos de sua obtenção (ao diminuir/extinguir estes custos de transação, abre-se margem ao rearranjo alocativo mais eficiente dos recursos disponíveis, na esteira do Teorema de COASE).

Por tais razões, o sistema jurídico, partindo do pressuposto de vulnerabilidade do consumidor, consagra o princípio do acesso, veracidade, adequação e suficiência da informação,[10] evitando que, nas transações

---

[9] Por isso, a valorização da "marca" como um dos (senão "o") mais importantes ativos intangíveis de uma empresa.

[10] "Art. 6º São direitos básicos do consumidor: (...) II - a educação e divulgação sobre o consumo adequado dos produtos e serviços, asseguradas a liberdade de escolha (...); III - a informação adequada e clara sobre os diferentes produtos e serviços (...); IV - a proteção contra a publicidade enganosa e

econômicas, o consumidor seja vítima de abusos, que influenciem — *ilegitimamente* — seu processo de escolha.

A informação (considerada em sentido amplo) é pressuposto de existência e desenvolvimento da vida em sociedade. É com base na transmissão/recepção de informações (comunicação) que os indivíduos constroem relações sociais e, em momento anterior, os próprios conceitos pertinentes à sua existência e percepção do mundo. Justamente pelo papel fundamental que a informação desempenha no processo de desenvolvimento humano, a Constituição Federal veio a positivar o acesso à informação como direito fundamental (art. 5º, XIV). Dentro de determinados limites estabelecidos pelo próprio texto constitucional,[11] a livre difusão de informações é de interesse público, na medida em que a profusão de conhecimento é reconhecidamente um agente de melhorias na qualidade de vida geral.[12]

Neste contexto, é imprescindível que o potencial adquirente de um produto ou serviço possa, previamente, ter acesso às informações pertinentes ao objeto da contratação, tanto para que possa decidir *de forma*

---

abusiva, métodos comerciais coercitivos ou desleais; (...) Art. 31. A oferta e apresentação de produtos ou serviços devem assegurar informações corretas, claras, precisas, ostensivas (...)" (CDC).

[11] Tais limites são a inviolabilidade da intimidade, vida privada, honra e imagem das pessoas (art. 5º, X), o resguardo profissional do sigilo de fonte (art. 5º, XIV) e aquele necessário à segurança da sociedade e do Estado (art. 5º, XXXIII).

[12] Dentre desta perspectiva, o CDC coloca a educação e informação de fornecedores e consumidores como forma de melhoria do mercado de consumo (art. 4º, IV).

qualificada entre as opções disponíveis no mercado quanto para que, após a contratação, possa usufruir dos produtos/serviços de forma adequada, satisfazendo suas necessidades sem incorrer em riscos à sua saúde e segurança.

Pode-se dizer que a intrínseca vulnerabilidade do consumidor em face do fornecedor decorre mais da diferença de quantidade/qualidade de informações detidas acerca do produto (assimetria de informações) do que da diferença de poder econômico *per se* (como pode parecer à primeira vista). É o fornecedor quem domina o processo produtivo, ou seja: projeta, fabrica, traça estratégias de marketing e detém todo o conhecimento pertinente à composição, qualidade, quantidade, forma e riscos de utilização dos produtos e serviços.

Na medida em que esse déficit de informação é nocivo à satisfação das necessidades dos consumidores (pois dá margem a escolhas manipuladas, inconscientes e, por isso, potencialmente desvantajosas), a *lei* veio a reconhecer a natural vulnerabilidade desta categoria de indivíduos e, nesta medida, estabeleceu uma moldura normativa que visa o restabelecimento do equilíbrio informacional nas relações de consumo.[13]

Conforme ensina Rizzatto Nunes, o dever de informar é o princípio fundamental da Lei nº 8.078/90

---

[13] Em verdade, a Lei têm por finalidade estabelecer o equilíbrio em todos os aspectos da relação de consumo. Este trabalho, todavia, tem por foco apenas o aspecto informacional.

(Código de Defesa do Consumidor – CDC)[14] e, junto com o princípio da transparência,[15] *"traz uma nova formatação aos produtos e serviços oferecidos no mercado*, tornando a informação parte integrantes daqueles, que sequer podem ser ofertado sem ela".[16]

A questão da informação permeia todo o Direito das Relações de consumo, não se restringindo à mera formalidade na transmissão de dados. Todo o regramento pertinente às práticas comerciais e publicitárias enganosas/abusivas busca assegurar que o consumidor receba informações *verazes* acerca dos produtos e serviços, tornando-se verdadeiramente livre para escolher aqueles que melhor sirvam à satisfação de suas necessidades. É interessante notar que a própria adequação dos produtos/serviços à finalidade a que se destinam passa pela qualidade das informações disponibilizadas acerca de suas características. Neste sentido, um fato

---

[14] "Art. 6º São direitos básicos do consumidor: (...) II - a educação e divulgação sobre o consumo adequado dos produtos e serviços, asseguradas a liberdade de escolha e a igualdade nas contratações; III - a informação adequada e clara sobre os diferentes produtos e serviços, com especificação correta de quantidade, características, composição, qualidade e preço, bem como sobre os riscos que apresentem; (...) VI - a efetiva prevenção e reparação de danos patrimoniais e morais, individuais, coletivos e difusos; (...)" (CDC).

[15] "Art. 4º A Política Nacional das Relações de Consumo tem por objetivo o atendimento das necessidades dos consumidores, o respeito à sua dignidade, saúde e segurança, a proteção de seus interesses econômicos, a melhoria da sua qualidade de vida, bem como a transparência e harmonia das relações de consumo, atendidos os seguintes princípios: I - reconhecimento da vulnerabilidade do consumidor no mercado de consumo; (...)" (CDC).

[16] NUNES, Luiz Antonio Rizzatto. *Curso de direito do consumidor*: com exercícios. São Paulo: Saraiva, 2004. p. 129.

do produto (acidente de consumo, causador de dano) não raro é precedido (*causado*) pelo não fornecimento[17] de informações claras, suficientes e precisas acerca das formas de utilização daquele bem.

Interpretando o direito à informação de forma sistemática, percebe-se que sua finalidade não se restringe a possibilitar que os consumidores possam realizar escolhas qualificadas (capazes de satisfazer suas legítimas necessidades). Para além da mera opção, o direito à informação serve, também, para resguardar a saúde e segurança dos consumidores, permitindo que estes conheçam a forma adequada de fruição dos produtos e os riscos aos quais se encontram expostos.[18]

Apresentados os pressupostos relativos ao papel que a informação desempenha nas relações econômicas em geral, bem como o tratamento dado à matéria pelo Direito pátrio, resta apresentar o problema da degradação ambiental e como este se relaciona com o consumo. Mais especificamente, resta analisar *como o processo de degradação ambiental decorrente do binômio produção/consumo se relaciona com as informações que os consumidores detêm*

---

[17] Em descumprimento do dever legal.

[18] "Art. 8º Os produtos e serviços colocados no mercado de consumo não acarretarão riscos à saúde ou segurança dos consumidores, exceto os considerados normais e previsíveis em decorrência de sua natureza e fruição, obrigando-se os fornecedores, em qualquer hipótese, a dar as informações necessárias e adequadas a seu respeito. Parágrafo único. Em se tratando de produto industrial, ao fabricante cabe prestar as informações a que se refere este artigo, através de impressos apropriados que devam acompanhar o produto." (CDC)

acerca dos fatores pertinentes a tal processo e aos produtos e serviços que lhe são ofertados. Em seguida, serão apresentadas, sucintamente, as consequências das constatações inferidas para a interpretação da legislação posta.

4 A questão ambiental

Não é o objeto deste trabalho expor as minúcias da questão ambiental. Entretanto, para que se apresente a ideia da sustentabilidade dentro do contexto de desenvolvimento, fazem-se necessárias algumas considerações — *ainda que generalíssimas* — sobre alguns aspectos do tema.

O problema da degradação ambiental provocada pelas correntes relações de produção e consumo tem pautado parte significativa das discussões políticas (e jurídicas) hodiernas. Este fenômeno é resultado de uma tomada de consciência da sociedade, decorrente da difusão de informações sobre a questão. Em razão do forte apelo que a causa ambiental possui,[19] observa-se o surgimento do anseio social por um modelo de desenvolvimento sustentável, capaz de lidar com o problema da escassez de forma a garantir o suprimento das necessidades socioeconômicas das presentes e futuras gerações.

Cada vez mais, a preocupação socioambiental se faz presente, do cotidiano do cidadão comum às discussões acadêmicas em todas as áreas do conhecimento.

---

[19] A degradação ambiental, por minar o suporte de recursos dos quais a espécie humana extrai as condições para a sua sobrevivência, pode, se não contida, levar à extinção da espécie.

Foi-se o tempo em que a pauta era apenas exclusiva de "ecologistas". A ampla divulgação dos problemas climáticos, poluição e deterioração de recursos naturais fez surgir um âmbito de debate no qual se desenvolve *a urgência por um modelo de desenvolvimento sustentável.*

A solução do problema da degradação ambiental depende da adequação dos padrões de produção e consumo à capacidade de suporte do ecossistema global. Tal meta, em tese, poderia ser alcançada pela regulação "comando e controle" destes padrões, pela atribuição de direitos similares aos de propriedade em relação aos bens comuns e, mais significativamente, pela conscientização de todos por meio da educação.

A educação, vista como solução mais eficiente, todavia, produz efeitos sólidos apenas no longo prazo e, dada a urgência da questão, faz-se presente a necessidade de que medidas efetivas sejam implementadas imediatamente. Quanto à regulação direta, existe o problema do que a teoria econômica denomina "dependência da trajetória". Dado o cenário atual, medidas drásticas que determinassem uma alteração brusca dos parâmetros produtivos provocaria, no curto prazo, instabilidade social (desemprego e outros efeitos deletérios decorrentes).Tendo em mente que uma das funções precípuas do Direito é garantir a paz e a estabilidade social, resta claro que tal caminho não é o mais razoável. Somente um sistema jurídico capaz de incorporar e canalizar o constante movimento de evolução dos valores fundamentais de uma sociedade pode levar adiante transformações sociais sem a necessidade de rupturas abruptas e revoluções que, por instaurarem insegurança e instabilidade, no curto e médio prazo geram mais prejuízos do que benefícios socioambientalmente desejáveis. O anseio social por um modelo de desenvolvimento sustentável constitui, sem dúvida, um câmbio de valores sociais nos termos referidos. Desta forma, a hermenêutica jurídica não lhe pode ser indiferente.

A saída do dilema apontado, com efeito, passa pela adoção de mecanismos do próprio mercado que, identificando as motivações dos agentes econômicos, possam canalizar suas escolhas para as alternativas mais sustentáveis, de forma a se criar um modelo de transição não traumática ("constante e silenciosa").

Nesse contexto, identifica-se o processo de conscientização do consumidor, que passa a perceber que quaisquer medidas de regulação estatal e/ou iniciativa industrial são inócuas se não acompanhadas por uma mudança em seus próprios hábitos. O surgimento deste consumidor consciente, preocupado com a repercussão socioambiental dos seus hábitos de consumo (e que busca influenciar os hábitos de seus pares) gera demanda por produtos e serviços socioambientalmente adequados.

Em contrapartida à demanda, a própria oferta passa por uma adaptação. Esse movimento dialético, com efeito, tem potencial para ser a força motriz da necessária mudança dos padrões de consumo, rumo à instauração de um processo desenvolvimento[20] sustentável. Essa

---

[20] Aqui, "desenvolvimento" deve ser entendido não apenas como crescimento econômico mas, em verdade, como um conjunto de processos sociais — no qual aquele está contido em conjunto com outros — que maximizam

mudança deve ser incentivada, canalizando-se a atividade econômica para um modelo mais sustentável do que o atual (sob pena de inviabilidade intrínseca e colapso do sistema). Em face desse cenário, a regulação modernamente preconizada — sob o prisma do Direito Econômico — tem potencial para incentivar a tal mudança.

4.1 A degradação ambiental como falha informacional sistêmica

Em última análise, a crise ambiental decorre de uma falha macrológica do mercado. O modo de produção e consumo insustentável é, em suma, decorrente de uma má administração de recursos no tempo; um problema de suprimento das necessidades humanas sobre bases escassas. A teoria econômica geralmente identifica tal problema com duas grandes falhas de mercado: externalidades negativas e o uso de bens comuns.

As externalidades negativas se fazem presentes quando os efeitos negativos de determinada atividade não significam custos diretos ao agente produtor, atingindo terceiros que não são por ela beneficiados. Em outras palavras, os custos da atividade não são integralmente

---

as possibilidades de exercício efetivo de liberdades susbstanciais. Cf. SEN, Amartya. *Desenvolvimento como liberdade*. Tradução de Laura Teixeira Motta. São Paulo: Companhia das Letras, 2000; e STIGLITZ, Joseph E. *Towards a New Paradigm for Development*: Strategies, Policies and Processes. Geneva: UNCTAD, 1998.

suportados (internalizados) pelo agente responsável, vindo a ser suportados pelos demais agentes (coletividade/sociedade) sem que estes possam exercer qualquer influência (como ter a oportunidade de impedi-los) sobre o processo. Nestes casos, o preço cobrado pelo produto/serviço não sinaliza, adequada e suficientemente, o real custo social daquela atividade econômica, provocando prejuízos difusos/coletivos de alta monta. Já a questão do uso de bens comuns relaciona-se intimamente à questão das externalidades. Em seu clássico artigo "The Tragedy of the Commons", Garret Hardin identificou tal falha de mercado como o dilema no qual diversos indivíduos agindo em seu próprio interesse podem vir a destruir uma fonte limitada de recursos comuns (não individualmente apropriada por alguém), mesmo que seja claro a todos que, no longo prazo, tal destruição será prejudicial a todos.

Estas teorizações são valiosas na busca por soluções para a questão ambiental, principalmente no que diz respeito à atribuição de responsabilidades compartilhadas em virtude do risco gerado, internalização dos custos ambientais e instituição de direitos similares ao de propriedade com vistas a uma melhor administração dos escassos recursos comuns. Todavia, a busca por soluções jurídico-econômicas socioambientalmente adequadas não pode limitar-se a tais âmbitos de análise, principalmente porque tais constatações focam mais nas consequências da produção e não constituem instrumental teórico afeito ao trato do *consumo*, fenômeno massificado que, indubitavelmente, está no centro das relações socioeconômicas hodiernas. Neste sentido, a proposta do presente trabalho é a de que a teoria da assimetria de informação pode ser extrapolada para a análise da questão ambiental, ajudando na procura por novas soluções para o problema difuso que se apresenta.

O déficit de informação se faz presente porque a maior parte da população consumidora não tem acesso a dados qualificados sobre a degradação provocada pela produção e, *tampouco, acerca das consequências de seus próprios hábitos de consumo*. Assim, a informação disponível não fornece aos agentes sinais claros sobre os custos socioambientais que decorrem das relações econômicas do seu cotidiano.[21] Mais marcadamente, a degradação ambiental decorre de externalidades, na medida em que os custos ambientais (poluição e descarte de resíduos, por exemplo) provocados superam, em escala, os benefícios sociais da produção/consumo, não sendo internalizados pelos agentes econômicos e, por isso, não refletidos nos preços.[22] Em um círculo vicioso, as externalidades acabam sendo suportadas por toda a sociedade e esta, em razão do déficit de informação, não

---

[21] Por isso, a importância de iniciativas de educação e conscientização dos consumidores e de fornecimento de informações ambientalmente qualificadas por parte dos fornecedores de produtos e serviços.

[22] A internalização de custos ambientais não é uma fórmula mágica para resolver todos os problemas do meio ambiente. Sem embargo, é a forma de se fazer refletir os custos ambientais nos preços, de forma que estes passem a emitir sinais mais claros para os consumidores, alterando a relação de oferta e demanda por commodities ambientais o que, aí sim, seria capaz de levar ao equilíbrio sustentável.

percebe a circunstância com clareza (o que lhe suprime a possibilidade de agir).

Por constituir um problema econômico em essência, este estudo arrisca-se a concluir que a solução da crise ambiental passa, necessariamente, pela utilização de instrumentos do próprio mercado, como a adequada regulação no que toca o fluxo de informações pertinentes. Esta deve incorporar à sua lógica a demanda social por sustentabilidade e tratar os obstáculos da escassez compatibilizando a utilização do suporte de recursos naturais com as exigências de desenvolvimento das presentes e futuras gerações.

Se do ponto de vista ortodoxo é pacífico que a assimetria de informações leva à seleção adversa em relação à qualidade e utilidade do produto para o consumidor individualmente considerado (que acaba fazendo escolhas contrárias ao seu próprio interesse particular), do ponto de vista do atendimento dos interesses difusos pode-se considerar que a assimetria leva à não percepção das externalidades ambientais (devido ao alto custo de transação envolvido).

Via de regra, os consumidores, mesmo aqueles interessados em direcionar seus hábitos de forma consciente, não têm acesso às informações pertinentes ao impacto ambiental da produção e do descarte dos produtos que utilizam. Os custos (de transação e de oportunidade) para se reunir tais informações (quando os produtores não as disponibilizam) são por demais elevados. Isso leva à seleção de produtos apenas pelo preço e, como é cediço, *produtos ambientalmente adequados, por internalizarem o custo ambiental, costumam ser mais caros do que suas contrapartes.*

Assim, produz-se uma seleção adversa em nível sistêmico: mantém-se baixa a demanda por produtos ambientalmente adequados (posto que mais caros), situação que, em um círculo vicioso, colabora para manter elevados seus custos de produção. Desta forma, diminuem-se os incentivos para que os empresários produzam produtos "mais" ecologicamente adequados e, no pior cenário possível, abre-se margem para que os que o fazem sejam excluídos do mercado. Nesta medida, todos os consumidores (cidadãos) acabam tendo seus legítimos interesses à liberdade, saúde, segurança (dignidade, enfim) postos em xeque pela degradação do meio ambiente.

5 Perspectivas: o direito à informação ambientalmente adequada

A solução do problema da degradação ambiental depende da adequação dos padrões de produção e consumo à capacidade de suporte do ecossistema global. Evitando-se um modelo que altere os parâmetros de produção de forma demasiadamente brusca, faz-se necessária a concepção e implementação de um *modelo de transição gradativa*, que utilize os próprios mecanismos do mercado para conduzi-lo a um modelo mais sustentável.

Dentro desta lógica, ressalta-se a potencialidade da demanda dos cidadãos/consumidores (cada vez mais conscientes) por produtos e serviços ambientalmente adequados. Se a educação/conscientização é por demais lenta para que se evite, em tempo hábil, os efeitos deletérios da degradação ambiental, é imprescindível que a regulação colabore para acelerar o processo, maximizando sua efetividade.

Como visto, a obtenção de informações ambientalmente pertinentes acerca dos produtos e serviços é por demais custosa ao consumidor. Neste sentido, faz-se necessário que o Estado intervenha nas relações de consumo, determinando que aquele que naturalmente detém tais dados (o fornecedor), compartilhe-os com os demais agentes (consumidores e concorrentes). Se é verdade que, como prediz o Teorema de COASE, na presença de externalidades, a existência de custos de transação impede a alocação mais eficiente de recursos, resta claro que o Estado deve garantir a supressão dos custos de transação e oportunidade que se colocam como obstáculos para que os consumidores tenham acesso à informação ambientalmente qualificada sobre os produtos e serviços que lhes são ofertados.

Assim, a solução do déficit informacional dos consumidores em relação aos impactos ambientais dos produtos e serviços depende da criação de mecanismos que façam com que aqueles sinalizem tais informações aos consumidores,[23] diminuindo o custo de sua obtenção.

Vale observar que é consenso que a forma mais eficiente de adequar a produção à utilização racional de

---

[23] Por meio de preços ou de informações *stricto sensu*.

recursos ambientais é o desenvolvimento de mecanismos que levem à internalização das externalidades negativas, refletindo-as nos preços. Ocorre que, preponderantemente, tem-se buscado tal objetivo por instrumentos jurídico-econômicos como a tributação ambientalmente orientada e a já referida instituição de direitos similares ao de propriedade (como no caso do comércio de créditos de carbono/direitos de emissão). Estes simulam e influenciam a dinâmica de mercado de maneira que se pode dizer — na falta de expressão melhor — *mais artificial* (que pode ser eficiente até certo ponto mas não inteiramente sustentável). A vantagem de se agregar a questão da informação para o consumo à política relativa ao problema ambiental é a de que a questão da formação das preferências dos consumidores encontra-se no cerne das relações de mercado. Assim, a abordagem regulatória correlata atua incentivando um movimento espontâneo do mercado e, portanto, tem potencial para ser muito mais efetiva.

Ademais, em termos positivos, a transmissão de informações por meio dos preços (unicamente) pode ser eficiente (e por isso indispensável), mas não é clara para o consumidor, não se enquadrando nos parâmetros postos pelo CDC. Conclui-se, portanto, que a eficiência da sinalização via preços não significa que se deva prescindir da disponibilização direta, clara e ostensiva, das informações ambientalmente pertinentes (que pode vir a ser ainda mais eficiente e, no médio prazo, colaborar para alterar os preços de forma espontânea, potencializando a dinâmica alocativa de recursos para a realização da finalidade juridicamente desejável da sustentabilidade socioeconômica).

Dentro deste contexto, uma constatação fundamental deste trabalho é a de que as normas veiculadas pela legislação consumerista posta *já determinam* que tais informações sejam disponibilizadas aos consumidores. Explica-se: considerando a evolução natural das sociedades, os textos normativos devem ser interpretados de acordo com as necessidades de cada época, adequando-se ao espírito do tempo no qual se dá o trabalho de reconstrução aplicativa da norma. Se, quando da edição do CDC, o conceito de informações pertinentes ligava-se à forma de utilização, qualidade e etc. dos produtos e serviços, hoje, dada a conscientização acerca da urgência da questão ambiental, é inegável que a exigência de informações claras e suficientes sobre produtos e serviços compreende as informações ambientalmente pertinentes àqueles bens de consumo.[24]

Dado o grau de conscientização que a sociedade vem alcançando acerca dos problemas decorrentes da degradação ambiental (provocada pelo atual modelo econômico), o direito à informação acerca das características e riscos inerentes à utilização dos produtos e serviços não pode mais ser compreendido sob o ponto de vista individual (apenas daquele que adquire e efetivamente

---

[24] A própria técnica normativa utilizada pelo CDC — a das cláusulas abertas — já visa, justamente, permitir a evolução dinâmica da interpretação do conteúdo normativo em face das transformações decorrentes da evolução dos legítimos anseios (necessidades) sociais.

utiliza o produto). Tal perspectiva não é mais suficiente e não atende às legítimas expectativas de uma sociedade que, cada vez mais, almeja a sustentabilidade. Assim, *faz-se necessária a busca por um novo paradigma, que defina aqueles termos de "características", "qualidade" e "riscos de utilização" sob a perspectiva complexa das necessidades (legítimas, frise-se) difusas decorrentes da questão ambiental.*[25]

Se, no passado, as características e a qualidade do produto eram entendidas como relacionadas à sua composição e forma de utilização, hoje tais conceitos devem abarcar as características ambientalmente pertinentes ao ciclo produtivo e formas de descarte daquele produto (e seu invólucro, etc.). Se os riscos de utilização eram compreendidos como os riscos à integridade física/saúde do utente, hoje tais riscos devem ser compreendidos como o risco de dano difuso à coletividade, na forma de impacto ambiental.

A demanda social por esta espécie de informação já se faz presente. A tendência do consumo consciente e sustentável tende a se expandir. Ao lado de desemprego, violência, habitação e saúde, a questão ambiental é uma das mais prementes preocupações dos cidadãos. Uma interessante pesquisa do Instituto Akatu, "Descobrindo o Consumidor Consciente",[26] constatou que 94% dos

---

[25] Essa ressignificação do direito à informação para o consumo é questão que merece uma análise mais detida do que é possível nos limites propostos ao presente capítulo. Por hora, para efeitos de síntese conclusiva, basta esboçá-la e firmar o comprometimento de, em um futuro próximo, melhor desenvolver o tema em estudo específico.

[26] Disponível em: <http://www.ethos.org.br/_Uniethos/Documents/Conclusoes_Akatu.pdf>. Acesso em: 30 maio 2011.

ouvidos acreditam que as empresas deveriam se preocupar mais com o meio ambiente; 72% desse total afirmou que pagaria mais por um produto ou serviço desde que a empresa realizasse projetos em favor do meio ambiente e 70% pagariam mais pelo mesmo produto se ele fosse inofensivo ao meio ambiente. Ainda, constatou-se que 37% dos consumidores pagariam mais por um produto que possuísse alguma espécie de "selo ambiental" (desses, 80% aceitariam pagar um sobrepreço de 25% a 35%). O mesmo Instituto, por meio de pesquisa intitulada "Como e por que os brasileiros praticam o consumo sustentável" realizada em 2006, aferiu que, para 83% das pessoas ouvidas, "a origem dos produtos que consumimos é muito importante pois sua produção pode ter causado danos para o meio ambiente e para a sociedade".[27]

Se a necessidade social existe, a regulação estatal deve a ela corresponder, garantindo livre acesso e difusão das informações pertinentes, para que os consumidores possam realizar suas escolhas de forma qualificada.

Com efeito, a disponibilização de tal espécie de informação colabora para a formação das preferências dos consumidores, alterando, ainda que mediatamente, a demanda; integrando o movimento de alteração da demanda, acaba por influir sobre os preços e, por consequência, a condicionar a oferta (formando um verdadeiro ciclo virtuoso). Ademais, é razoável inferir

---

[27] INSTITUTO AKATU. *Pesquisa nº 7*: sumário e conclusões: como e por que os brasileiros praticam o consumo sustentável. São Paulo: Instituto Akatu, 2007. p. 14.

que a oficialização (em termos de políticas públicas) da obrigação do fornecimento de tais informações acabará produzindo efeitos multiplicadores sobre a educação dos cidadãos no que atine à preservação ambiental.

Quiçá, em um futuro não muito distante, o consumidor possa ir ao supermercado e comparar os indicadores ambientais dos produtos com a mesma naturalidade que hoje compara informações nutricionais.

Informação bibliográfica deste texto, conforme a NBR 6023:2002 da Associação Brasileira de Normas Técnicas (ABNT):

BETTI JR., Leonel. Análise econômica do direito à informação para o consumo e a construção de um modelo de desenvolvimento sustentável. *In*: MEIRELLES, Jussara Maria Leal de; RIBEIRO, Marcia Carla Pereira (Coord.). *Direito e desenvolvimento*: biomedicina, tecnologia e sociedade globalizada. Belo Horizonte: Fórum, 2011. p. 297-322. ISBN 978-85-7700-476-8.

O Processo Judicial Eletrônico: Reflexos e Consequências da Sociedade da Informação na Administração do Poder Judiciário

Paulo Cezar Alves Sodré

Sumário: 1 Sociedade da Informação – 2 Características da Sociedade da Informação – 3 O Processo Judicial Eletrônico como consequência e reflexo da Sociedade da Informação na administração do Poder Judiciário no Brasil – 4 A mudança de paradigma e os pontos sensíveis do Processo Judicial Eletrônico – 5 Considerações finais – Referências

1 Sociedade da Informação

De uma análise detalhada dos conceitos sobre a modernidade (incluindo a sua origem), e da pós-modernidade, algumas ideias básicas comuns podem ser extraídas. A primeira é de que a modernidade representou na história da civilização ocidental uma ruptura sem precedentes com a então sociedade tradicional. Ruptura de valores, de pensamentos, da forma de ver o mundo e de se situar nele. No que diz respeito à pós-modernidade o debate que se tem, é se já se pode falar em pós-modernidade, ou se ainda estamos na modernidade. E se já estamos na pós-modernidade, que pós-modernidade é essa? É uma ruptura com a modernidade, com a inserção de novos valores, contrapondo os anteriores ou é apenas a superação desses valores sem, entretanto, representar uma ruptura?

É no contexto desse debate, notadamente marcado por novidades, angústias e incertezas, que se discute a denominada "Sociedade da Informação", sociedade essa cunhada primeira vez por Daniel Bell, ainda na década de 1970.

Daniel Bell, discorrendo sobre o que ele denominou de sociedades pós-industriais, após descrever um quadro de composição da economia em relação à participação do setor primário (agricultura), secundário (a manufatura ou indústria) e terciário (serviços), traçou como primeira característica da sociedade pós-industrial o fato do surgimento de uma economia de serviços. Em outras palavras, a sociedade pós-industrial teria como primeira característica "já não estar a maior parte da força de trabalho aplicada à agricultura ou à manufatura, e sim aos serviços, os quais se definem, residualmente, como comércio, finanças, transporte, saúde, recreação, pesquisa, educação e governo".[1]

---

[1] BELL. *O advento da sociedade pós-industrial*: uma tentativa de previsão social, p. 28.

Partindo do conceito da transição de uma sociedade industrial para uma sociedade de serviços, Bell afirma que o recurso essencial dessa nova sociedade, vem a ser o conhecimento. Segundo ele, o "conhecimento teórico afirma-se progressivamente como um recurso estratégico, como um princípio fundamental de uma sociedade".[2] Sendo certo que o conhecimento teórico, ou seja, a informação, é a base e a essência da denominada Sociedade da Informação, estava, nesse momento, embora sob outras palavras, reconhecida a existência da "Sociedade da Informação".

Mas porque Sociedade da Informação? Qual a origem desse nome? Porque não outro nome? Bell, ao justificar o nome por ele atribuído de sociedade pós-industrial já reconhecia que poderia ter atribuído no lugar de sociedade pós-industrial outra expressão. "Têm-me perguntado por que dei a este conceito especulativo o nome de sociedade 'pós-industrial', e não o de sociedade do conhecimento, ou Sociedade da Informação, ou sociedade profissional, denominações que, de certa forma, estariam em condições de descrever certos aspectos mais visíveis do que vem por aí".[3] Releva consignar que não obstante, Bell em sua obra tenha tentado explicar o porquê da sua opção pelo termo "pós-industrial", o fato de as indagações persistirem até hoje, demonstra que ele não obteve êxito em sua explicação.

---

[2] BELL. *O advento da sociedade pós-industrial*: uma tentativa de previsão social, p. 48.

[3] BELL. *O advento da sociedade pós-industrial*: uma tentativa de previsão social, p. 53.

Embora a expressão predominante seja Sociedade da Informação, há de se reconhecer que essa expressão, além de não contemplar a plena realidade a que se propõe, também não é reconhecida por todos, como a expressão mais adequada. Ao lado da expressão Sociedade da Informação, existem outras tantas, das quais se destacam sociedade do conhecimento, sociedade informacional, era do acesso, era digital, era tecnotrônica, etc.

Jeremy Rifkin utiliza a expressão "era do acesso" por entender que estamos em uma época de transição cultural, de uma sociedade cujos valores principais estão baseados no conceito de propriedade, para uma sociedade onde os valores principais passam a ser não a propriedade, mas sim o acesso. O estar conectado. Mas conectado não só a uma rede de computadores — embora dê destaque nuclear a esse respeito —, e sim a uma nova espécie de sociedade, onde estar integrado, onde interagir é fundamental.[4]

Manuel Castells, por sua vez, faz uma distinção entre Sociedade da Informação e sociedade informacional, expressão por ele preferida. Isso porque segundo ele, o que faz a atual sociedade uma sociedade informacional e não meramente Sociedade da Informação é o fato de que o que caracterizaria a primeira é a circunstância de nela ocorrer a produção da informação. Com efeito, ao efetuar a distinção entre as duas denominações, afirma:

---

[4] Cf. RIFKIN. *A era do acesso*: a transição de mercados convencionais para *networks* e o nascimento de uma nova economia.

(...) o termo informacional indica o atributo de uma forma específica de organização social em que a geração, o processamento e a transmissão da informação tornam-se as fontes fundamentais de produtividade e poder devido às novas condições tecnológicas surgidas nesse período histórico. Minha terminologia tenta estabelecer um paralelo com a distinção entre indústria e industrial.[5]

Da mesma forma, Gustavo Cardoso, embora concordando com a expressão informacional utilizada por Castells, por representar segundo ele, melhor a atual sociedade, acaba por dar a sua definição não de sociedade informacional, mas sim de Sociedade da Informação. Segundo Cardoso:

(...) podemos definir sociedade de *informação como um processo de mudança social baseado na informação*, a qual é, por sua vez, a expressão do conhecimento humano. A Sociedade da Informação é fruto do processo tecnológico que nos permite processar, armazenar, selecionar e comunicar informação em todas as formas disponíveis — oral, escrita e visual — sem limitações de distância, tempo e volume — adicionando novas capacidades ao ser humano e mudando a maneira como vivemos e trabalhamos em conjunto.[6]

Se entre os autores não há consenso sobre a adequação da expressão Sociedade da Informação, o mesmo ocorre com determinadas instituições mundiais. O Banco

---

[5] CASTELLS. *A sociedade em rede*, v. 1, p. 65.
[6] CARDOSO. *A mídia na sociedade em rede*: filtros, vitrines, notícias, p. 37.

Mundial consagrou a expressão Sociedade da Informação. A ONU (Organização das Nações Unidas) realizou em 2003 (em Genebra) e em 2005 (Tunis), a reunião da Cúpula Mundial sobre a Sociedade da Informação, o que já revela a qual nome ela aderiu. Por seu turno, a UNESCO, órgão ligado à ONU, claramente afirma que a melhor expressão é sociedade do conhecimento e não Sociedade da Informação. A esse respeito colhe-se o discurso do representante da UNESCO no Brasil, Vincent Defourny, realizado no *I Fórum de Informação para Todos*, ocorrido no Brasil, em 13 de maio de 2008, onde expressamente aquele representante não só afirmou que a UNESCO prefere a expressão sociedade do conhecimento, como também que a expressão Sociedade da Informação está contida no conceito de sociedade do conhecimento.[7]

O fato é que a expressão Sociedade da Informação, por mais que não agrade a todos, ou ainda, por mais que não retrate fielmente o fenômeno que se propõe a representar, consolidou-se no tempo, sendo, portanto, difícil ser substituído por outro. A não ser que uma eventual outra expressão tivesse a acolhida unânime, o que até agora não ocorreu.

2 Características da Sociedade da Informação

As características básicas da mencionada Sociedade da Informação (ou para aqueles que não concordam com

---

[7] DEFOURNY. Palestra no I Fórum de informação para todos. Brasília, 13 maio 2008. Disponível em: <http://www.unesco.org/new/pt/brasilia>.

a expressão, a sociedade informacional, do conhecimento, era do acesso etc.), tem sido objeto de estudo e debate em função da necessidade de se caracterizar, ou ao menos entender que sociedade é essa a que nos referimos. Afinal, pode se falar efetivamente em uma Sociedade da Informação, e se possível, em que consiste a Sociedade da Informação, quais suas características básicas?

Gustavo Cardoso entende que não é possível falar concretamente em uma Sociedade da Informação, mas somente como construção cultural. Já Javier Del Arco não só defende a existência efetiva de uma Sociedade da Informação, como também elenca dez de suas características (exuberância, onipresença, irradiação, velocidade, multilateralidade/centralidade, interatividade/unilateralidade, desigualdade; heterogeneidade; desorientação; cidadania passiva).[8] Daniel Bell, na década de 1970, afirmava que a sociedade pós-industrial (leia-se Sociedade da Informação) estava relacionada fundamentalmente com o conhecimento teórico, como função estratégica, sendo esse fator, também uma característica.

Antes de efetuar uma análise em relação às características apontadas por Del Arco, convém, por questões metodológicas classificar as características da Sociedade da Informação sob três grupos: o primeiro seria as características relacionadas às informações consideradas em si mesmas; a segunda as características da própria Sociedade da Informação; e a terceira a relação entre a

---

[8] Cf. ARCO. *Ética para la sociedad red*.

Sociedade da Informação e as instâncias governamentais. Por óbvio, ressalte-se que as características a seguir especificadas não esgotam todas as existentes – e nem se poderia ter essa pretensão, dado à multiplicidade de fatos e circunstâncias existentes na Sociedade da Informação.

Das características apontadas por Del Arco, se destacam três que se enquadram no primeiro grupo (as informações consideradas em si mesmas) quais sejam, exuberância, velocidade e interatividade. Exuberância, no sentido de existir uma quantidade enorme de dados e informações, informações que são produzidas de forma cada vez mais intensa. Informações sempre existiram nas sociedades, inclusive nas mais primitivas, porém, não tanto quanto hoje. Velocidade no tráfego da informação, sendo em alguns casos, de forma instantânea com o próprio fato que lhe deu origem. Interatividade, pois os meios disponíveis hoje, em especial, a internet, permitem uma interatividade entre o emissor e o receptor da informação, conduzindo à consolidação e construção da informação.

Em relação às características pertinentes à própria Sociedade da Informação, podem ser apontadas as que vêm sendo debatidas nos foros nacionais e internacionais, e que recaem sobre o progresso tecnológico e a forma como ele se dá, é dizer:

a) a rapidez do desenvolvimento tecnológico;
b) a criação de comunidades de incluídos e excluídos do mundo digital; e
c) a conexão da sociedade em rede.

A rapidez e celeridade em que ocorre progresso tecnológico e a forma como se dá a sua inserção no dia a dia dos usuários é algo espantoso, muito embora, por inúmeras razões — quase todas por questões financeiras —, grande parte das pessoas no mundo inteiro não se beneficiem desse progresso, por não terem acesso às novas tecnologias.

Disso decorre a segunda característica, que é exatamente a existência de excluídos e incluídos digitalmente. Castells, a propósito desse aspecto afirma que começam a existir comunidades de incluídos e excluídos em função daquilo que ele denomina de divisão digital.[9] O mesmo afirma Rifkin, que, ao comentar sobre a era do acesso, defende a tese de que cada vez mais estamos assistindo a migração para uma sociedade do acesso. Conectar-se (a uma rede, uma comunidade fechada ou mesmo inserido em uma simples sociedade), será para as gerações futuras algo mais importante do que até mesmo a propriedade. Segundo Rifkin:

> Com o acesso, a distinção é entre aqueles que têm e aqueles que não tem posses. Com o acesso, a distinção é entre aqueles que estão ligados e aqueles que estão desconectados. Tanto as relações de propriedade quanto as de acesso, então, são relacionadas à inclusão e à exclusão. No primeiro caso, a separação é entre os ricos e os pobres. (...) No último caso, a separação é entre aqueles que estão dentro e aqueles que estão fora.[10]

---

[9] Cf. CASTELLS. *A galáxia da internet*: reflexões sobre a internet, os negócios e a sociedade.

[10] RIFKIN. *A era do acesso*: a transição de mercados convencionais para *networks* e o nascimento de uma nova economia, p. 145.

Quanto à terceira característica desse grupo, temos senão a mais importante, certamente uma das mais importantes, que é a conexão da sociedade em rede. Não por acaso, pensadores de diversas áreas estão se dedicando ao estudo do tema. Fritjof Capra, na área da ciência e meio ambiente, e na sociologia e na área de informação, entre outros, pode se citar, Manuel Castells, Gustavo Cardoso, Javier Del Arco, bem como Jeremy Rifkin. Existem diversas redes ou espaços e ambientes virtuais, em torno das quais comunidades são criadas, com interesses afins e temáticos (*second life*, *orkut*, etc.). Isso sem contar as inúmeras redes corporativas de discussões, seja de servidores públicos, de promotores de justiças, de juízes, de advogados, de professores, de jornalistas, de profissionais liberais, de estudantes, de pesquisadores, etc. Mas, sem dúvida alguma, quando se fala em rede, o que primeiro vem à mente é a rede das redes, ou seja, a internet. Aliás, sem ela todas as outras antes mencionadas não poderiam existir.

A última característica, que compõe o terceiro grupo (relação das instâncias governamentais com a Sociedade da Informação), refere-se à forma como os governos, estados e instituições mundiais reagem e interagem com a Sociedade da Informação.

Embora não caiba aos governos e estados a criação da tecnologia, a maneira como eles reagem ou interagem com a tecnologia será de fundamental importância para a inclusão ou exclusão de uma dada sociedade no atual mundo competitivo, marcado pela existência de avançadas tecnologias. Após efetuar uma análise do papel do Estado na evolução da tecnologia, em épocas distinta (China, Rússia e Japão, os dois primeiros de forma negativa e o terceiro de forma positiva), Castells, conclui que o "papel do Estado, seja interrompendo, seja promovendo, seja liderando a inovação tecnológica, é um fator decisivo no processo geral, à medida que expressa e organiza as forças sociais dominantes em um espaço e uma época determinados".[11]

A participação estratégica dos governos e instituições mundiais é tão importante que, patrocinado pela Organização das Nações Unidas (ONU), já se realizou por duas vezes em 2003 (Genebra) e 2005 (Tunis), a Cúpula Mundial da Sociedade da Informação, onde foram debatidos vários temas relacionados a essa nova sociedade, principalmente no que diz respeito à elaboração de políticas públicas para a inclusão digital e desenvolvimento social, face às novas tecnologias.

No Brasil, o governo federal tem envidados esforços para operacionalizar a inclusão digital de sua população, inclusive com a criação de sítios eletrônicos específicos, entre eles o sítio <http://www.governoeletronico.gov.br>. Segundo informação constante do sítio acima mencionado, sete são as diretrizes gerais do governo brasileiro relacionada ao governo eletrônico, e por consequência, à Sociedade da Informação:

   a) A prioridade do governo eletrônico é a promoção da cidadania;
   b) A inclusão digital é indissociável do governo eletrônico;

---

[11] CASTELLS. *A sociedade em rede*, v. 1, p. 49.

c) O *software* livre é um recurso estratégico para a implementação do governo eletrônico;

d) A gestão do conhecimento é um instrumento estratégico de articulação e gestão das políticas públicas do governo eletrônico;

e) O governo eletrônico deve racionalizar o uso de recursos;

f) O governo eletrônico deve contar com um arcabouço integrado de políticas, sistemas, padrões e normas; e

g) Integração das ações de governo eletrônico com outros níveis de governo e outros poderes.

É nesse contexto de alta definição tecnológica, de inclusão e exclusão digital (não só de pessoas, mas de sociedades como um todo), da convivência social em rede, da circulação e interatividade da informação, da governança eletrônica que deve ser analisado o Processo Judicial Eletrônico. Nesse último aspecto, levando-se em consideração a responsabilidade de inclusão digital, respeito à cidadania, utilização de *software* livre e gestão do conhecimento, como instrumento estratégico. Enfim, uma abordagem do Processo Judicial Eletrônico, como consequência e reflexo da Sociedade da Informação, principalmente na administração do Poder Judiciário no Brasil.

3 O Processo Judicial Eletrônico como consequência e reflexo da Sociedade da Informação na administração do Poder Judiciário no Brasil

No Brasil, o Processo Judicial Eletrônico não foi o primeiro, nem muito menos o mais importante ato de governança eletrônica. Outros o precederam, sendo dois em igualdade de importância. O primeiro foi a instituição do voto eletrônico nas eleições de 1996. Inicialmente restrito a uma parcela da população, já nas eleições do ano de 2000, atingiu a totalidade dos eleitores; o segundo foi a utilização da rede mundial de computadores para a transmissão da declaração de Imposto de Renda, perante a Secretaria da Receita Federal. Iniciado no ano de 1997, hoje praticamente 100% das declarações são efetuadas pela internet. Como se vê, esses dois projetos, apesar do receio inicial, contam hoje, se não com a aprovação unânime, com a concordância da expressiva maioria dos brasileiros, e mais, com o reconhecimento da comunidade internacional, servindo inclusive de modelo para alguns países.

Já o Processo Judicial Eletrônico, longe está de ser uma unanimidade. É alvo de duras críticas e apesar de andar a passos largos no âmbito federal, em alguns estados da federação, precisa ainda da iniciativa do Conselho Nacional de Justiça para se consolidar. Não obstante, o denominado processo judicial eletrônico é uma realidade em si mesmo e é inegável que é consequência e reflexo da mencionada Sociedade da Informação, nele se podendo enxergar vários fatores que caracterizam dita sociedade.

Antes de efetuar uma análise das características inerentes à Sociedade da Informação e que permeiam o Processo Judicial Eletrônico, necessário se faz, uma análise dos aspectos estruturais que o compõem. Embora tenha se tornado comum a expressão "Processo Judicial Eletrônico" ou "Processo Virtual", a Lei nº 11.419/2006 cuida de vários outros aspectos, tanto que o legislador preferiu utilizar a expressão "informatização do processo judicial".

Poderíamos, mediante um corte meramente didático, analisar as inovações da Lei nº 11.419, sob quatro aspectos relacionados à divisão estrutural da lei: o primeiro, constante do capítulo I, onde são traçadas as regras gerais da informatização do processo judicial; o segundo, constante do capítulo II, que dispõe sobre a comunicação eletrônica dos atos processuais; o terceiro, contido no capítulo III, onde são disciplinadas as regras do processo eletrônico; e, por fim, o capítulo IV, onde são tratadas as regras gerais.

Quanto ao primeiro aspecto, a lei ao dispor sobre a informatização do processo judicial, regulamentou algo que já existia, em parte, no âmbito dos Juizados Especiais Federais, e estendeu tal prática para os demais segmentos da estrutura judiciária que é a utilização do meio eletrônico para envio de petições e de recursos, possibilitando dessa forma, a interatividade entre o usuário do sistema e o órgão judiciário, eliminando barreiras e distâncias geográficas, tornando o ato, uma prática instantânea.

No segundo aspecto, temos uma das mais importantes inovações da lei, que foi a instituição do diário eletrônico, que mesmo não sendo de uso obrigatório, já se tornou realidade em todos os tribunais superiores e em três, dos cincos tribunais regionais federais, e logo, certamente será uma prática de todos os tribunais. A sistemática adotada de associar a intimação no diário eletrônico, com aquela pessoal, mediante correio eletrônico — para aqueles que se cadastrarem previamente — além de possibilitar economia de recursos e menor poluição ambiental, com a extinção da circulação no formato papel, opera uma revolução na forma de intimação, principalmente nas cidades localizadas no interior do país, onde não circula o tradicional *Diário da Justiça*.

Isso porque, ao não ter mais a necessidade — principalmente nas comarcas do interior que são a maioria —, de se expedir intimação por correio ou por mandado, ou mesmo nas capitais, de se aguardar a interminável demora na publicação dos atos no *Diário da Justiça* impresso, haverá não só uma economia de recursos materiais e humanos, assim como a celeridade processual. E trará uma outra importante consequência: a possibilidade de integração geográfica, incluindo digitalmente advogados que atuam nas mais remotas e distantes cidades do país, onde embora não circule o *Diário da Justiça*, a internet chega normalmente.

O terceiro aspecto tem a ver especificamente com os "sistemas eletrônicos de processamento de ações judiciais por meio de autos total ou parcialmente digitais", que vem a ser o mencionado Processo Judicial Eletrônico. É sem dúvida, de longe, o aspecto mais inovador da lei e do processo judicial brasileiro, desde a instituição do judiciário no país. Embora já existisse (também conhecido por "Processo Virtual") no âmbito dos Juizados Especiais Federais, requer um aprimoramento, seja na regulamentação técnica, seja na experiência prática, para substituir o velho e tradicional processo "em papel". Com a sua implementação, o que se espera, de forma radical, é a drástica eliminação na duração do tempo de tramitação do processo, uma vez que o processo deixa de existir fisicamente, e, portanto, tem a sua tramitação processual potencializada.

Embora não seja objeto deste estudo a análise processual da Lei nº 11.419, não se pode deixar de consignar o grande avanço que foi, com forte impacto na celeridade processual, a exemplo do que já ocorria nos Juizados Virtuais — ao menos no âmbito do TRF da 1ª Região —, a permissão, contida em lei, para que ocorra a citação por via eletrônica, inclusive naqueles processos em que a Fazenda Pública seja ré.

Por fim, no último capítulo, onde estão disciplinadas as disposições gerais e finais, há uma importante orientação, que se espera, seja a regra a ser adotada pelos tribunais, que é a utilização do *software* livre quando do desenvolvimento dos programas de informatização do processo judicial.

Expostas, de forma sintética, o conjunto de medidas introduzidas pela Lei nº 11.419, resta a análise das características da Sociedade da Informação (da informação em si mesma; da Sociedade da Informação propriamente dita e das relações dos órgãos governamentais com a Sociedade da Informação) encontradas no Processo Judicial Eletrônico.

Em relação à informação em si mesma, a velocidade e a interatividade, são fatores inerentes ao Processo Judicial Eletrônico. A velocidade na tramitação do processo, na transmissão dos atos processuais e na comunicação das partes, proporcionará a instantaneidade da circulação das informações, correspondente ao momento ou quase próximo ao momento em que se deu a prática do ato processual. A interatividade, pois o usuário do Processo Judicial Eletrônico, mediante cadastro ou assinatura digital, irá interagir, produzindo informações e alimentando o sistema processual com essas informações.

Ressalte-se aqui como de relevante importância, o conhecimento teórico, como ferramenta estratégica da Sociedade da Informação,[12] sem o qual não poderia ter sido desenvolvida a concepção e operacionalização do Processo Judicial Eletrônico.

Quanto às características da Sociedade da Informação propriamente dita, temos como já mencionado anteriormente, a existência do Processo Judicial Eletrônico, como consequência específica do célere desenvolvimento tecnológico. Já a possibilidade de os advogados praticarem os atos processuais, de forma interativa com os sistemas processuais do judiciário, a partir do seu próprio local de trabalho (residência, escritório, órgão público, assistência judiciária das universidades, etc.), irá acelerar o processo de inclusão digital, com repercussão, inclusive,

---

[12] Cf. BELL. *O advento da sociedade pós-industrial*: uma tentativa de previsão social.

na formação profissional dos operadores jurídicos. Se já não existiam, passarão a existir nas universidades, disciplinas voltadas à capacitação dos futuros operadores jurídicos, a fim de que adquiram os instrumentos técnicos necessários para o exercício da prática jurídica, em um ambiente imerso em novidades tecnológicas. Aos atuais operadores jurídicos, principalmente aqueles desvinculados de órgãos públicos e das grandes bancas de advocacia e que não estejam ambientados com as diversas ferramentas tecnológicas, é certo que poderão ter no princípio um pequeno problema de adaptação.

Mas, o que de início pode parecer problema, se tornará, para esses profissionais, a chance de serem envolvidos pelo processo de inclusão digital, o que, aliás, frise-se, não é uma realidade específica dos advogados. Todos os profissionais, principalmente os liberais, formados em uma geração anterior (médicos, odontólogos, fisioterapeutas, jornalistas, professores, arquitetos, engenheiros, etc.), em um momento ou outro, para sobreviverem em um mercado competitivo, deverão se adaptar à realidade das Tecnologias da Informação e da Comunicação (TIC). A diferença, nesse caso, é que o órgão judiciário, ao criar um cenário no qual será estabelecida a informatização do processo judicial, será o indutor da inclusão digital, de um sem número de operadores jurídicos, advogados ou não.

Uma outra característica do Processo Judicial Eletrônico e que está ligado umbilicalmente à Sociedade da Informação é a conexão em rede, principalmente a internet. A Lei nº 11.419, por várias vezes, se refere expressamente à operacionalização das novidades, no âmbito de uma "rede", com a opção preferencial pela "rede mundial dos computadores", ou seja, a internet. Sem ela não seria possível a criação do *Diário da Justiça Eletrônico*; a transmissão de petições e recursos e a intimação e citação das partes, pelo correio eletrônico, nos casos previstos em lei. Internamente, há ainda, uma outra excepcional possibilidade de conexão em rede entre a primeira instância, os tribunais intermediários e os tribunais superiores, utilizando-se de redes internas próprias, ou mesmo, da própria internet, para o processamento dos feitos.

O último grupo de características da Sociedade da Informação e que se encontra presente no Processo Judicial Eletrônico é o papel do governo na Sociedade da Informação. Nesse caso, agindo não como inibidor e sim como indutor. Indutor da inclusão digital, da cidadania, da interação com outras esferas do governo e fomentando a criação de *software* livre, etc. O aspecto da inclusão digital já foi por demais comentado linhas atrás. A promoção da cidadania se faz possível, pelo Processo Judicial Eletrônico, pois todas essas inovações, em última análise, têm por finalidade central diminuir a distância temporal entre o ajuizamento da ação judicial e a decisão final, em outras palavras, por cobro à morosidade processual. Em um país, no qual existem milhões de demandas processuais, a promoção da celeridade certamente irá proporcionar o resgate da cidadania, pois se imagina que será elevada a qualidade na prestação jurisdicional, fazendo com que o cidadão tenha uma resposta o mais rápido possível à sua pretensão quando se dirige ao Judiciário, e no rol dessas pretensões, pode se dizer que a maioria delas está relacionada a valores ínsitos à cidadania.

O Processo Judicial Eletrônico, para se tornar viável, deverá obrigatoriamente promover uma interação técnica e operacional com todas as esferas do governo, seja entre o judiciário e a advocacia pública (interação dos diversos sistemas de informatização), seja entre o judiciário e o Ministério Público e os órgãos policiais.

Enfim, há ainda um outro aspecto de vital importância que é a previsão contida em lei, de utilização na concepção da informatização judicial, de forma preferencial de programas com código aberto, ou seja, de *software* livre. Esse fator, além de ir ao encontro das políticas públicas é também uma das características da governança eletrônica, típica da Sociedade da Informação, de evitar que os órgãos públicos fiquem reféns da tecnologia dominadas por poucas empresas e a custos astronômicos.

Dentro desse contexto, pode se afirmar que o Processo Judicial Eletrônico ou a informatização do processo judicial é consequência e reflexo da Sociedade da Informação na Administração do Poder Judiciário. É consequência, pois, sem os recursos tecnológicos hoje existentes, como por exemplo, a internet, sequer poderia se falar em Processo Judicial Eletrônico, pois inviável seria o processamento e a transmissão de dados, com a interatividade entre os tribunais e os usuários, no caso, os operadores jurídicos. É reflexo, porque contém em si algumas das principais características da Sociedade da Informação, pois o Processo Judicial Eletrônico tem por objetivo além da celeridade processual, a modernização do Poder Judiciário, mediante uma relação de inclusão digital, entre esse ramo do setor público e parte da sociedade, representada no caso, por advogados, os quais, por sua vez, representam milhões de cidadãos, podendo se afirmar que indiretamente haverá no âmbito do Poder Judiciário a inclusão digital não só dos operadores jurídicos, mas também de seus representados, no caso, repita-se, do cidadão brasileiro.

4 A mudança de paradigma e os pontos sensíveis do Processo Judicial Eletrônico

Thomas S. Kuhn, ao introduzir no mundo científico o conceito de paradigma, definiu-o como sendo "realizações científicas universalmente reconhecidas que, durante algum tempo, fornecem problemas e soluções modelares para uma comunidade de praticantes de uma ciência"[13] e considera um novo paradigma como uma verdadeira revolução científica, substituindo e suplantando o anterior. Ellen Gracie Northfleet, então presidente do Supremo Tribunal Federal, ao se referir à aprovação da Lei nº 11.419, que introduziu o processo eletrônico judicial, considerou ser aquele fato "uma

---

[13] KUHN. *A estrutura das revoluções científicas*, p. 13.

mudança de paradigma para toda a justiça brasileira".[14] Embora não tenha declinado as razões pelas quais assim se expressou, o fato é que ela estava certa, ainda que por outros motivos.

Dos três tópicos fundamentais da Lei nº 11.419 (transmissão de petição e recursos, intimação pelo *Diário da Justiça Eletrônico* e informatização do processo judicial), os dois primeiros, embora de vital importância para a celeridade processual e combate à morosidade judicial, por si só, não são revolucionários. São instrumentos que aperfeiçoam o sistema atual. Contudo, quando se fala em informatização do processo judicial, leia-se, Processo Judicial Eletrônico, estamos de fato frente a uma mudança de paradigma, uma verdadeira revolução, sem precedente em qualquer outro país.

A mudança de paradigma pode ser analisada sob mais de um aspecto, mas no que diz respeito à Sociedade da Informação, a mudança aqui verificada é a do papel para a tela do computador, produzindo impactos nas estratégias de administração de recursos tecnológicos e gestão humana, bem assim nas estruturas culturais e biológicas das pessoas envolvidas nesse processo, consequências essas aqui denominadas de pontos sensíveis do Processo Judicial Eletrônico.

Tais pontos sensíveis podem ser analisados a partir das ponderações efetuadas por Paulo Cristóvão de Araújo Silva Filho, membro da Comissão Nacional do Sistema Processual do Conselho Nacional de Justiça

---

[14] NORTHFLEET. Abertura do ano judiciário 2007. *In*: STF. *Relatório de atividades*: biênio 2006-2008, p. 12.

(CNJ). Segundo ele, o Processo Judicial Eletrônico, traz em si quatro problemas (pontos sensíveis) a serem solucionados, quais sejam:

a) o do controle estratégico a incidir sobre o processo de informatização do processo judicial;

b) o da necessidade de reestruturação da estrutura administrativa dos órgãos judiciais, em virtude da mão de obra administrativa que irá ficar ociosa;

c) a readaptação cultural dos operadores jurídicos, especialmente os advogados e magistrados em decorrência da nova tecnologia introduzida em seu dia a dia; e

d) o biológico, decorrente da necessidade de adaptação do ser humano, que deixa o parâmetro papel, para o ambiente da tela do computador.[15]

Por entender que há pertinência temática, passo à análise dos pontos sensíveis suscitados por Silva Filho, com a junção entre o terceiro e o quarto, ou seja, o cultural e o biológico.

O controle estratégico nada mais é do que a definição a ser efetuada pelos órgãos judiciários sobre qual a opção a ser adotada, dentre aquelas facultadas pela Lei nº 11.419, ou seja, programas com código aberto, também conhecido como *software* livre, ou desenvolvidos e vinculados a empresas que, por consequência, detém os direitos sobre os programas desenvolvidos. A questão é

---

[15] SILVA FILHO. Processo eletrônico: futuro do Poder Judiciário? [mensagem pessoal]. Mensagem recebida por <paulo.sodre@trf1.gov.br> em 17 set. 2008.

de grande relevância. Basta consignar que um dos fatores que fez com que a internet se desenvolvesse com tamanha rapidez e eficiência foi a circunstância dela ter sido operacionalizada, desde a sua concepção, a partir de códigos abertos. Por código aberto, ou *software* livre se entende os programas de computadores que podem ser usados, copiados, estudados, modificados e redistribuídos pelos usuários, pressupondo, portanto, que o usuário tenha acesso ao código-fonte do programa. A Lei nº 11.419 não obriga a utilização de código aberto, mas sim orienta que este seja utilizado de forma preferencial.

No âmbito federal, a situação não é tão complexa, pois temos cinco Tribunais Superiores e cinco Tribunais Regionais Federais (TRFs), sendo que estes últimos podem ser coordenados pelo Conselho da Justiça Federal (CJF), o qual certamente irá adotar um sistema padronizado para todos eles. E mais, o Conselho da Justiça Federal irá trabalhar em cooperação e em conjunto com o Conselho Nacional de Justiça (CNJ), aliás, o que já vem fazendo, tanto assim que já existe uma Comissão Nacional do Sistema Processual do CNJ, CJF e TRFs.

O problema maior em decorrência das distintas realidades e das diversas práticas de gestão é conciliar a política de informatização a ser adotada nos 27 Tribunais de Justiça existentes no país. André Andrade revela, com base em pesquisa por ele efetuada, que dos 27 tribunais estaduais, 14 têm sistemas de informatização desenvolvidos pelos próprios tribunais, sendo que os 13 restantes terceirizaram o desenvolvimento de seus programas.[16]

---

[16] ANDRADE. Porque a justiça não se comunica?: um problema de estrutura organizacional. *AR – Revista de Derecho Informático.*

Diante desse quadro, existem algumas indagações a serem respondidas. Possuem, os órgãos judiciais, pessoal tecnicamente competente para desenvolver os sistemas de informatização processual, com código aberto, de forma que possam constantemente ser ajustados às necessidades das inovações tecnológicas? A terceirização do desenvolvimento do sistema de informatização do processo judicial eletrônico, pelos tribunais, e, portanto, para diversas empresas, além de gerar dependência tecnológica, não irá gerar uma incompatibilidade entre os diversos sistemas? Essas duas perguntas nos conduzem a tantas outras, sendo as principais a que se seguem. O Poder Judiciário no Brasil tem uma política definida sobre informatização, em especial, do processo judicial eletrônico? Se não tem, tem a intenção de elaborar e implementar tal política de forma unificada? O Conselho Nacional de Justiça (CNJ), na qualidade de órgão constitucional, legitimamente responsável pela implantação de um planejamento administrativo para o judiciário brasileiro, teria competência e vontade política, para fixar as diretrizes básicas da informatização do processo judicial eletrônico?

Inevitavelmente, cabe sim ao CNJ a função primordial de fixar as diretrizes básicas para a elaboração do Processo Judicial Eletrônico, fixando entre tais diretrizes, a adoção do *software* livre e a instituição de uma plataforma tecnológica, que permita que tais processos judiciais, possam ser compatíveis entre si, sob pena de instaurar-se o caos e a ineficiência nos mais diversos órgãos judiciário do país. Dentro dessas diretrizes, todas as indagações anteriormente efetuadas, podem e devem ser respondidas, a partir de um amplo debate — que não houve antes da edição da Lei nº 11.419 — não só entre os diversos órgãos judiciários, mas também, de maneira a envolver a sociedade como um todo.

No que diz respeito à reestruturação administrativa, Paulo Cristóvão de Araújo Silva Filho argumenta que em decorrência da implantação do processo judicial eletrônico, o tempo gasto com a tramitação do processo será encurtado e serão os processos concentrados nos gabinetes dos juízes, havendo assim, um paradoxo, pois se de um lado os processos tramitarão mais rápido, por outro, há uma probabilidade que demorem mais para serem julgados.[17] Se não haverá a necessidade de tanta mão de obra, como existe hoje nos cartórios e nas secretarias dos órgãos judiciários, o que os servidores excedentes, que não poderão ser demitidos/exonerados (por se tratarem de profissionais concursados e com a garantia de permanência no serviço público) irão fazer? Silva Filho trabalha com a hipótese de que essas pessoas passem por um treinamento para trabalharem diretamente com os juízes, auxiliando-os, na resolução dos processos, antevendo, entretanto, realidades distintas, nas diversas esferas da justiça (federal, trabalhista e estadual), em decorrência do grau de excelência, diversificado entre tais órgãos jurisdicionais.

A preocupação tem sua razão de ser. Segundo a Ministra Ellen Gracie, em 1992 ela detectou, com base em

---

[17] SILVA FILHO. Processo eletrônico: futuro do Poder Judiciário?. [mensagem pessoal]. Mensagem recebida por <paulo.sodre@trf1.gov.br> em 17 set. 2008.

pesquisa realizada em processos constantes do arquivo da Justiça Federal, que 70% do tempo gasto com a tramitação do processo, se refere ao tempo por ela denominado de "tempo neutro", ou seja, aquele utilizado com juntada de documentos, aposição de carimbos, inserção de certidão nos autos e movimentação física dos autos (da secretaria/cartório para o gabinete do juiz, remessa para o Ministério Público ou para as procuradorias jurídicas, vistas para as partes etc.).[18] Com a criação do Processo Judicial Eletrônico, tais atividades deixarão de existir e em consequência o processo tramitará mais rápido e menos pessoas serão necessárias para essa atividade, meramente burocrática. Esse é, inclusive um aspecto que não é exclusividade do setor público, quando passa por transformações desse tipo. Jeremy Rifkin, ao comentar sobre aquilo que ele denomina como "desmaterialização do espaço do escritório" na iniciativa privada, relata que um estudo britânico sugere que as instalações físicas das empresas "encolherão em pelo menos 25% nos próximos anos, à medida que as empresas fazem as transições para o comércio eletrônico e para uma atividade organizacional baseada em redes".[19]

O dilema que se apresenta é o de como reestruturar os serviços das secretarias e cartórios dos órgãos judiciários, especificamente em relação ao treinamento

---

[18] NORTHFLEET. Abertura do ano judiciário 2007. *In*: STF. *Relatório de atividades*: biênio 2006-2008, p. 27.

[19] Cf. RIFKIN. *A era do acesso*: a transição de mercados convencionais para *networks* e o nascimento de uma nova economia.

de servidores. Sem desmerecer qualquer servidor público, o fato é que a grande maioria deles foi selecionada e admitida para trabalhar com serviços burocráticos. Terão eles capacidade e competência técnicas para mudar de atividade, é dizer, de meros condutores de processos para auxiliarem diretamente os julgadores, subsidiando a pesquisa e coletas de dados? E da mesma forma, terão os setores de gestão de recursos humanos dos diversos órgãos judiciais, capacidade e competência técnica para treinarem esses servidores? E mais quem são esses servidores? Qual a capacitação técnica deles hoje? Enfim, são perguntas que se põem em função da nova situação a ser criada por um novo paradigma e que não se sabe se os órgãos judiciários estão aptos a resolvê-los.

Quanto aos aspectos culturais e biológicos, o ponto mais sensível está vinculado à mudança da forma de expressão não verbal, mais especificamente a escrita, para a virtual. Desde os primeiros sinais de comunicação escrita, passando pela descoberta do papel, até a invenção da imprensa, que possibilitou a ampla divulgação dos livros, até então reproduzidos, apenas de forma artesanal pelas mãos dos copistas,[20] a humanidade já havia adotado o papel como instrumento de leitura.

Embora a transmissão da informação se desse antes mesmo da popularização da imprensa, pela utilização do papel, foi sem dúvida alguma, após o advento da imprensa, no século XV, que o papel se tornou o maior

---

[20] Cf. LE GOFF. *Os intelectuais na Idade Média.*

referencial na transmissão e guarda da informação. Lá se vão quase seiscentos anos. É bem verdade que, cada vez mais, a transmissão e a guarda da informação se dá por outros meios que não o papel, como por exemplo, o meio magnético ou digital. Mas o fato, é que o bom e velho papel continua sendo ainda, senão o maior, certamente um dos preferenciais meio de armazenamento e transmissão da informação, principalmente no meio acadêmico e em determinados segmentos profissionais, entre eles, o relacionado à prática judiciária.

A história do processo judicial, nos países como o Brasil, que adotam o sistema germano-romano, está visceralmente ligada ao papel. Quando se fala em processo judicial, mesmo para aqueles que não lidam diariamente com as demandas judiciais, o que vem a mente é um calhamaço de papel, usualmente denominado de autos, feito ou processo. Mudar, do paradigma do papel, no âmbito do processo judicial, para um ambiente sem papel, totalmente virtual, vinculado a uma tela de computador, além de ser um choque para a maioria dos operadores jurídicos, acaba por ser tornar uma verdadeira revolução cultural.

Disso decorre um outro fator, que é o aspecto biológico. "O ser humano evoluiu em um mundo de reflexos. Tudo o que víamos — e que era necessário para sobreviver e reproduzir — era um reflexo da luz que o Sol ou o fogo traziam. Nossos olhos se desenvolveram para isso e mudar essa realidade é trazer um elemento de instabilidade para o corpo". Nessa mesma linha de raciocínio, Alexandre Vidigal de Oliveira entende que há de se fazer uma distinção entres as habilidades do ser humano de ler e ver. Segundo ele:

> O ver e o ler, por exemplo, são recursos distintos. Nem tudo que se vê é lido: o analfabeto vê mas não lê. Nem tudo que é lido é visto: o cego lê, mas não vê. Há assim, uma diferença enorme entre o ver e o ler. O sentido da visão é o que o homem mais se utiliza, e o faz mais vendo e menos lendo. O ver é constante, o ler é eventual. O ver, mesmo constante, não gera exaustão. Já o ler, longe da capacidade do quanto podemos ver, é naturalmente fatigante. O ver, assim, facilita a eficiência da assimilação mental da informação.[21]

Em outras palavras, o ser humano ainda não está preparado — e não sei se estará preparado um dia — para desenvolver atividades físico-intelectuais, de forma permanente, vinculado a uma tela de computador, com uma percepção sensorial voltada só para a leitura. Uma coisa é utilizar-se da tela do computador, visualizando imagens e gráficos, como fazem os arquitetos, engenheiros e médicos outra é fazer a análise de processos judiciais, passando telas e mais telas. A experiência nos Juizados Especiais Federais tem demonstrado que um processo com até 50 páginas é fácil de ser analisado. A partir desse número, há sérios complicadores. Como se analisar um processo com 250 páginas, na tela de um computador? E mais, e aqueles processos, com 10 ou mais volumes, cada um com 200 ou mais páginas?

---

[21] OLIVEIRA. Processo virtual e morosidade real. *In*: FREITAS; KÄSSMAYER (Coord.). *Revista IBRAJUS 1:* Poder Judiciário e administração da justiça, p. 98-99.

Somente a evolução tecnológica é que poderá resolver esse impasse. Tecnologia frise-se, que hoje ainda não existe. Haveria a necessidade de se ter filmes ou "papéis" eletrônicos, que representassem a tela do computador como fonte de luz natural. Eles "funcionam do ponto de vista evolutivo, como papéis: neles, lê-se em razão do reflexo da luz que nele incide, o que traz a mesma sensação de ler o papel". Entretanto, como reconhece Silva Filho, a tecnologia existente, além de cara, só produz esse tipo de "papel" em dimensão máxima de 9,7 polegadas, tamanho insuficiente para visualizar por completo os documentos constantes no Processo Judicial Eletrônico.

5 Considerações finais

Ainda que o significado "Sociedade da Informação" não corresponda à exata dimensão daquilo a que ele se propõe a expressar e mesmo considerando que outras expressões, como sociedade informacional ou sociedade do conhecimento, possam ser consideradas mais representativas da era em que vivemos, fato é que a primeira expressão se consolidou nos dias atuais, tendo sido adotada, inclusive pela maioria das instituições governamentais.

Assim, mesmo com a ressalva da discordância por parte de muitos, quanto à expressão "Sociedade da Informação", pode se afirmar que o Processo Judicial Eletrônico é consequência e reflexo da Sociedade da Informação. Nesse sentido traz consigo, algumas das principais características da Sociedade da Informação: a velocidade, a interatividade no processamento das informações e a sua divulgação e a utilização em rede. E mais, a utilização da informação como conhecimento teórico estratégico é decorrente do avançado progresso tecnológico e com isso promove a inclusão digital, direta e indireta dos operadores jurídicos, em especial dos advogados. E ainda, é fruto da relação da ação governamental com a Sociedade da Informação e produz nesse contexto, o desenvolvimento da cidadania, a interação entre os diversos órgãos governamentais.

Ao propiciar o encurtamento da distância temporal entre o momento inicial da ação judicial e a sua decisão final, em decorrência da eliminação de atos meramente burocráticos, o Processo Judicial Eletrônico, também conhecido como "Processo Virtual", se constitui em um novo paradigma substituindo o anterior, marcado por um excesso de atos repetitivos e burocráticos. Em seu lugar, nasce o novo paradigma, marcado pela instantaneidade da informação, com forte aptidão para colaborar na eliminação da morosidade processual.

Entretanto, como qualquer novo paradigma, traz consigo, perplexidades, dúvidas e contradições, que precisam ser solucionadas. É o caso dos pontos sensíveis do Processo Judicial Eletrônico, entre os quais se destacam a necessidade de se definir qual a plataforma em que ele se dará (*software* com código aberto ou não); a forma como se dará a realocação dos servidores, cuja mão de obra, não mais será utilizada na condução da tramitação do processo, que migrará para o ambiente virtual; o tempo necessário para a adaptação dos operadores jurídicos, com a nova ferramenta tecnológica, em decorrência da experiência cultural anterior; e a implementação de recursos tecnológicos novos, hoje inexistentes, não para minorar, mas sim para solucionar os problemas biológicos decorrentes da utilização massiva e intensiva do computador, em especial, da tela do computador, como ferramenta de trabalho, em substituição ao processo no formato de papel.

A maneira como não só os órgãos dos Poder Judiciário, mas também o restante da sociedade, resolverem, ou tentarem resolver esses sérios pontos sensíveis é que irá determinar se o Processo Judicial Eletrônico, como fruto da Sociedade da Informação e novo paradigma insurgente, irá ou não, se consolidar como a grande inovação do Poder Judiciário no Brasil, capaz de diminuir de forma significativa a morosidade processual.

Referências

ANDRADE, André. Porque a justiça não se comunica?: um problema de estrutura organizacional. *AR – Revista de Derecho Informático*, Lima, n. 121, ago. 2008. Disponível em: <http://www.alfa-redi.org/rdi-articulo.shtml?x=10747>. Acesso em: 1º jun. 2011.

ARCO, Javier del. *Ética para la sociedad red*. Madrid: Dykinson, 2004.

BELL, Daniel. *O advento da sociedade pós-industrial*: uma tentativa de previsão social. Tradução de Heloysa de Lima Dantas. São Paulo: Cultrix, 1977.

CARDOSO, Gustavo. *A mídia na sociedade em rede*: filtros, vitrines, notícias. Rio de Janeiro: FGV, 2007.

CASTELLS, Manuel. *A galáxia da internet*: reflexões sobre a internet, os negócios e a sociedade. Tradução de Maria Luiza X. de A. Borges. Rio de Janeiro: Jorge Zahar, 2003.

CASTELLS, Manuel. *A sociedade em rede*. Tradução de Roneide Venancio Majer e Klauss Brandini Gerhardt. 10. reimpr. São Paulo: Paz e Terra, 2007. (A era da informação. Economia, sociedade e cultura; v. 1).

KUHN, Thomas S. *A estrutura das revoluções científicas*. 9. ed. Tradução de Beatriz Vianna Boeira e Nelson Boeira. São Paulo: Perspectiva, 2007.

LE GOFF, Jacques. *Os intelectuais na Idade Média*. 2. ed. Tradução de Marcos de Castro. Rio de Janeiro: J. Olympio, 2006.

NORTHFLEET, Ellen Gracie. Abertura do ano judiciário 2007. *In*: SUPREMO TRIBUNAL FEDERAL. *Relatório de atividades*: biênio 2006-2008. Brasília: STF; Secretaria do Tribunal; Assessoria de Gestão Estratégica, 2008. Disponível em: <http://www.stf.gov.br/arquivo/cms/principalDestaque/anexo/relat2006a2008.pdf>. Acesso em: 1º jun. 2011.

OLIVEIRA, Alexandre Vidigal de. Processo virtual e morosidade real. *In*: FREITAS, Vladimir Passos de; KÄSSMAYER, Karin (Coord.). *Revista IBRAJUS 1*: Poder Judiciário e administração da justiça. Curitiba: Juruá, 2008. Disponível em: <http://www.ibrajus.org.br/revista/artigo.asp?idArtigo=57>. Acesso em: 1º jun. 2011.

RIFKIN, Jeremy. *A era do acesso*: a transição de mercados convencionais para *networks* e o nascimento de uma nova economia. Tradução de Maria Lucia G. L. Rosa. São Paulo: Makron Books, 2001.

Informação bibliográfica deste texto, conforme a NBR 6023:2002 da Associação Brasileira de Normas Técnicas (ABNT):

SODRÉ, Paulo Cezar Alves. O processo judicial eletrônico: reflexos e consequências da sociedade da informação na administração do Poder Judiciário. *In*: MEIRELLES, Jussara Maria Leal de; RIBEIRO, Marcia Carla Pereira. (Coord.). *Direito e desenvolvimento*: biomedicina, tecnologia e sociedade globalizada. Belo Horizonte: Fórum, 2011. p. 323-356. ISBN 978-85-7700-476-8.

Sobre os Autores

Bruno Torquato de Oliveira Naves
Doutor em Direito pela PUC Minas. Coordenador do Curso de Especialização em Direito Civil do IEC-PUC Minas. Professor dos Cursos de Graduação e Especialização em Direito na PUC Minas.

Carlos María Romeo Casabona
Catedrático de Derecho Penal, Universidad del País Vasco. Director de la Cátedra Interuniversitaria Fundación BBVA – Diputación Foral de Bizkaia de Derecho y Genoma Humano Universidad de Deusto y Universidad del País Vasco (Bilbao, España).

Caroline Sampaio de Almeida
Mestre em Direito Econômico e Social pela PUCPR.

Cláudio Smirne Diniz
Mestre em Direito pela PUCPR. Doutorando em Direito pela PUCPR. Promotor de Justiça no Estado do Paraná.

Diogo Luna Moureira
Mestre em Direito Privado pela PUC Minas. Graduando em Filosofia pela UFMG. Tutor de Ensino na PUC Minas Virtual.

Giovani Ribeiro Rodrigues Alves
Acadêmico de Direito da Universidade Federal do Paraná.

Jeffrey A. Talpis
Professor de Direito da Universidade de Montreal (School of Law University of Montreal).

Jussara Maria Leal de Meirelles
Graduada em Direito pela Universidade Federal do Paraná (1983), com Mestrado em Direito das Relações Sociais pela Universidade Federal do Paraná (1993), Doutorado em Direito das Relações Sociais pela Universidade Federal do Paraná (1999) e Pós-Doutorado no Centro de Direito Biomédico da Universidade de Coimbra (2008). Professora Titular de Direito Civil da Pontifícia Universidade Católica do Paraná. Procuradora Federal na Universidade Federal do Paraná.

Leide da Conceição Sanches
Bacharel em Direito, Licenciada em Sociologia, com especialização Bioética e em Direito Civil. Mestranda em Sociologia pela UFPR. Professora de Sociologia e Antropologia da Saúde nas Faculdades Pequeno Príncipe, Curitiba/PR.

Leonel Betti Jr.
Advogado. Especialista Direito Empresarial. Mestrando em Direito Econômico e Socioambiental pela Pontifícia Universidade Católica do Paraná (PUCPR). Bolsista PROSUP/CAPES.

Marcia Carla Pereira Ribeiro
Graduada em Direito pela Universidade Federal do Paraná (1987), com Mestrado em Direito pela Universidade Federal do Paraná (1994), Doutorado em Direito pela Universidade Federal do Paraná (1998). Professora titular da Pontifícia Universidade Católica do Paraná. Professora adjunta da Universidade Federal do Paraná. Procuradora do Estado do Paraná (ex-Procuradora Geral). Presidente da Associação Brasileira de Direito e Economia (ABDE) e da Associação Paranaense de Direito e Economia (ADEPAR).

Marcos Wachowicz
Professor na Universidade Federal de Santa Catarina (UFSC), regime DE. Professor Permanente no Curso de Pós-Graduação Mestrado/Doutorado em Direito da UFSC. Doutor em Direito pela Universidade Federal do Paraná (UFPR). Mestre em Direito

pela Universidade Clássica de Lisboa. Especialista em Direito da Propriedade Intelectual e Direito e Tecnologia da Informação.

Maria de Fátima Freire de Sá
Doutora em Direito pela UFMG. Coordenadora do Curso de Especialização em Direito Civil do IEC-PUC Minas. Professora dos cursos de Graduação, Especialização, Mestrado e Doutorado em Direito na PUC Minas.

Mário Antônio Sanches
Doutor em Teologia, mestre em Antropologia Social e Especialista em Bioética. Professor de Teologia e Bioética no Bacharelado em Teologia da PUCPR.

Paulo Cezar Alves Sodré
Juiz Federal. Especialista em Direito Público e em Ciências Penais. Mestrando do Curso Direito, Estado e Sociedade pela Universidade Federal de Santa Catarina (UFSC).

Rosalice Fidalgo Pinheiro
Mestra e Doutora em Direito das Relações Sociais (UFPR). Professora adjunta de Direito Civil das Faculdades Integradas do Brasil (UNIBRASIL). Professora titular de Direito Civil do Centro Universitário Curitiba (UNICURITIBA). Professora do Programa de Mestrado em Direito da UniBrasil. Professora convidada dos Cursos de Especialização da PUC-PR, da Escola Superior de Advocacia da OAB/PR (ESA) e da Fundação Escola do Ministério Público do Estado do Paraná (FEMPAR). Professora pesquisadora do Núcleo de Estudos em Direito Constitucional da UniBrasil (NUPECONST) e do Núcleo de Estudos em Direito Civil da UFPR (Projeto de pesquisa "Virada de Copérnico").

Stefan Martin
M. Fisc. (Aix-en-Provence), LL. M. (Université Laval), D.E.A. (Paris II - Direito da propriedade intelectual). Associado ao escritório de advogados Fraser Milner Casgrain (Montreal). Professor da Faculdade de Direito da Universidade de Montreal (Canadá).

Esta obra foi composta em fonte Palatino Linotype, corpo 10,5
e impressa em papel Offset 75g (miolo) e Supremo 250g (capa)
pela Gráfica e Editora O Lutador.
Belo Horizonte/MG, julho de 2011.